BRAVISSIMO! 2

> **“E ti vengo a cercare**
> **con la scusa di doverti parlare**
> **perché mi piace ciò che pensi e che dici**
> **perché in te vedo le mie radici.”**
>
> Franco Battiato (1945), *E ti vengo a cercare*

Marilisa Birello
Albert Vilagrasa

1. PREMESSA

Bravissimo! è un corso d'italiano per stranieri basato sull'apprendimento orientato all'azione, che il QCER (Quadro Comune Europeo di Riferimento per le lingue) definisce in questo modo:

«L'approccio adottato qui è, in termini generali, orientato all'azione, nel senso che considera le persone che usano e apprendono una lingua innanzitutto come "attori sociali", vale a dire come membri di una società che hanno dei compiti (di tipo non solo linguistico) da portare a termine in circostanze date, in un ambiente specifico e all'interno di un determinato campo di azione. Se gli atti linguistici si realizzano all'interno di attività linguistiche, queste d'altra parte si inseriscono in un più ampio contesto sociale, che è l'unico in grado di conferir loro pieno significato» (*Quadro Comune Europeo di Riferimento per le lingue: apprendimento, insegnamento, valutazione,* p. 11).

Le otto unità di *Bravissimo! 2* sono costruite intorno a un compito finale, proponendo così una "didattica per progetti" per l'italiano lingua seconda (L2)*. Il concetto di "compito" è introdotto seguendo quanto indicato nel QCER:

«si parla di "compiti" in quanto le azioni sono compiute da uno o più individui che usano strategicamente le proprie competenze per raggiungere un determinato risultato» (Idem, p. 11).

Questa evoluzione metodologica può essere riassunta nei tre seguenti aspetti.

1. L'approccio orientato all'azione e l'apprendimento attraverso i compiti

L'approccio orientato all'azione si fonda sull'idea di compito e sulle azioni che i discenti devono portare a termine per arrivare alla sua realizzazione. Il compito (Il nostro progetto) è indicato all'inizio di ogni unità di *Bravissimo!* insieme alle competenze necessarie per poterlo realizzare, cioè le capacità di eseguire una determinata azione in lingua straniera.
Per preparare lo studente in maniera più efficace e cosciente al compito finale vengono proposti, all'interno dell'unità, dei "compitini" (azioni intermedie) che facilitano lo sviluppo di quelle competenze di cui avrà bisogno per la realizzazione del compito previsto.

2. Un insegnamento centrato sullo studente

Uno dei cambiamenti più importanti apparsi nel QCER consiste nel considerare gli apprendenti come degli attori sociali. In questa prospettiva gli studenti sono coinvolti in un progetto comune che richiede l'impiego di strategie di comunicazione e apprendimento, mettendo in gioco aspetti interculturali che favoriscono lo sviluppo della competenza di mediazione. L'approccio orientato all'azione rende lo studente protagonista del proprio apprendimento e tiene presente i suoi bisogni e le sue competenze nella realizzazione delle attività. In questa linea, partendo dalla propria identità ed esprimendosi secondo i propri criteri, l'apprendente sviluppa in modo naturale le competenze comunicative nella lingua obiettivo.

3. Dei processi autentici di comunicazione

Questa visione dello studente, considerato non più come semplice ricettore ma come attore, è uno dei punti basilari su cui si fonda *Bravissimo!* che presenta delle situazioni di apprendimento / insegnamento che tengono conto al tempo stesso dei bisogni e delle caratteristiche degli apprendenti e delle risorse disponibili. A questo fine si richiede al discente di reagire come se si trovasse in una situazione comunicativa autentica fuori dall'aula. La comunicazione che si stabilisce durante l'esecuzione del compito è autentica e l'aula – questo spazio condiviso con lo scopo di imparare (e usare) una lingua – diventa il luogo in cui vivere delle esperienze comunicative ricche e reali come quelle che si vivono al di fuori.

Gli autori e Casa delle Lingue

*Con "italiano L2" si fa riferimento all'italiano insegnato e appreso come lingua non materna, tanto in una situazione in contesto (in Italia) che fuori contesto (all'estero).

2. INTRODUZIONE

***Bravissimo!* è un corso d'italiano per stranieri rivolto a giovani e adulti. Si compone di otto unità ognuna delle quali è suddivisa in sette sezioni:**

1. PRIMO CONTATTO

- I documenti presentati propongono un primo contatto con certi aspetti della realtà italiana.
- Lo studente entra in contatto con le parole e le espressioni utili per parlare di questa realtà.
- Si avvicina alla lingua italiana in modo intuitivo e attivando per quanto possibile le sue conoscenze pregresse.

2. TESTI E CONTESTI

- Attraverso testi orali e scritti, fotografie o illustrazioni, l'apprendente è stimolato a reagire e a interagire con i compagni.
- I documenti proposti (orali, scritti o iconici) permettono allo studente di sviluppare e migliorare le competenze e le strategie di comprensione.
- Lo studente familiarizza con una serie di risorse linguistiche (lessicali, grammaticali, testuali...) necessarie per la realizzazione del compito, che è l'obiettivo dell'unità.

3. ALLA SCOPERTA DELLA LINGUA

- L'apprendente osserva delle produzioni che evidenziano una particolare risorsa linguistica (grammaticale, lessicale, funzionale...).
- Successivamente cerca di capire il funzionamento di questa risorsa e di costruire una regola. Questo lavoro viene svolto in collaborazione con i compagni o con l'insegnante.
- Quindi lo studente applica questa regola nelle sue produzioni personali.
- Tale sequenza di osservazioni, oltre alla comprensione e all'applicazione, favorisce l'autonomia dello studente.

4. QUALCOSA IN PIÙ

Attraverso dei documenti di varia tipologia si forniscono allo studente dei contenuti che ampliano aspetti lessicali e socioculturali legati ai temi trattati nell'unità e che possono essere utili per approfondire le proprie conoscenze.

5. RISORSE E UN PO' DI ALLENAMENTO

- Si propone una concettualizzazione delle risorse dell'unità che serve per verificare e ridefinire le regole che l'apprendente ha costruito.
- Le spiegazioni grammaticali, trattate in modo più ampio e classificate per categorie linguistiche, si trovano anche nel riepilogo grammaticale alla fine del manuale.
- Grazie allo strumento della "mappa mentale" si propongono delle attività per riprendere i contenuti lessicali che gli studenti devono costruire a partire dai propri bisogni.
- **Suoni e lettere** propone delle attività per lavorare sulla fonetica e sull'intonazione dell'italiano.

6. IN AZIONE E... IL COMPITO!

- Attività orali e scritte più complesse che raccolgono i contenuti su cui si è lavorato fino a questo momento. Preparano lo studente in modo più specifico per eseguire il compito finale.
- Per realizzare il compito finale, allo studente è richiesto, attraverso un lavoro in collaborazione con altri studenti, di mettere in moto tutte le conoscenze, le strategie e le risorse di cui dispone.
- Il compito attiva la comprensione, l'interazione e la produzione.

7. AL DI LÀ DELLA LINGUA

I documenti contenuti in questa sezione apportano una visione autentica della realtà italiana e aiutano a capire meglio alcuni aspetti culturali e sociali dell'Italia.

PROVE UFFICIALI

Ogni due unità si propongono due pagine dedicate alle certificazioni ufficiali di livello A2 con delle attività volte alla preparazione di diversi esami di lingua italiana. Si forniscono degli esempi delle varie tipologie di prove contenute in questi esami e si danno dei consigli utili.

DIARIO D'APPRENDIMENTO

Ogni due unità si presenta il diario di apprendimento che permette allo studente di valutare le proprie conoscenze e le competenze acquisite nelle due unità di riferimento e di riflettere sull'evoluzione del suo apprendimento.

STRUTTURA DEL LIBRO DELLO STUDENTE

LE PAGINE DI APERTURA DELL'UNITÀ:
per entrare in contatto e osservare

Il compito finale sul quale è incentrata l'unità.

I temi e le risorse trattati nell'unità e utilizzati per realizzare il compito.

Le competenze sviluppate nel corso dell'unità.

TESTI E CONTESTI:
per familiarizzare e interagire con i compagni

L'attività è accompagnata da un documento audio. L'attività sviluppa la comprensione orale.

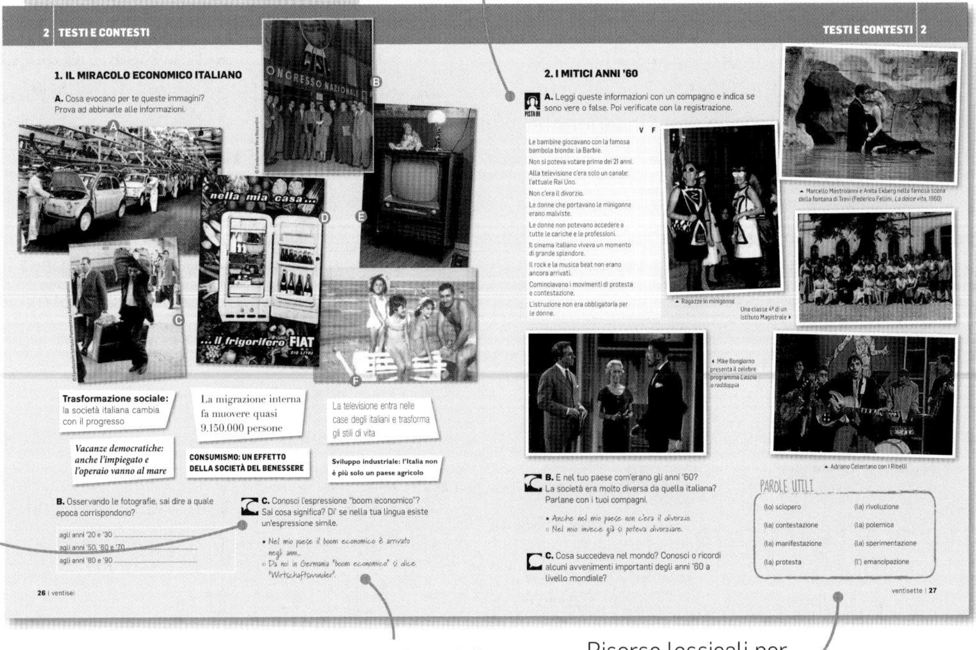

L'attività sviluppa l'interazione orale.

Il testo in rosso indica il modello di lingua per le produzioni orali.

Risorse lessicali per la produzione.

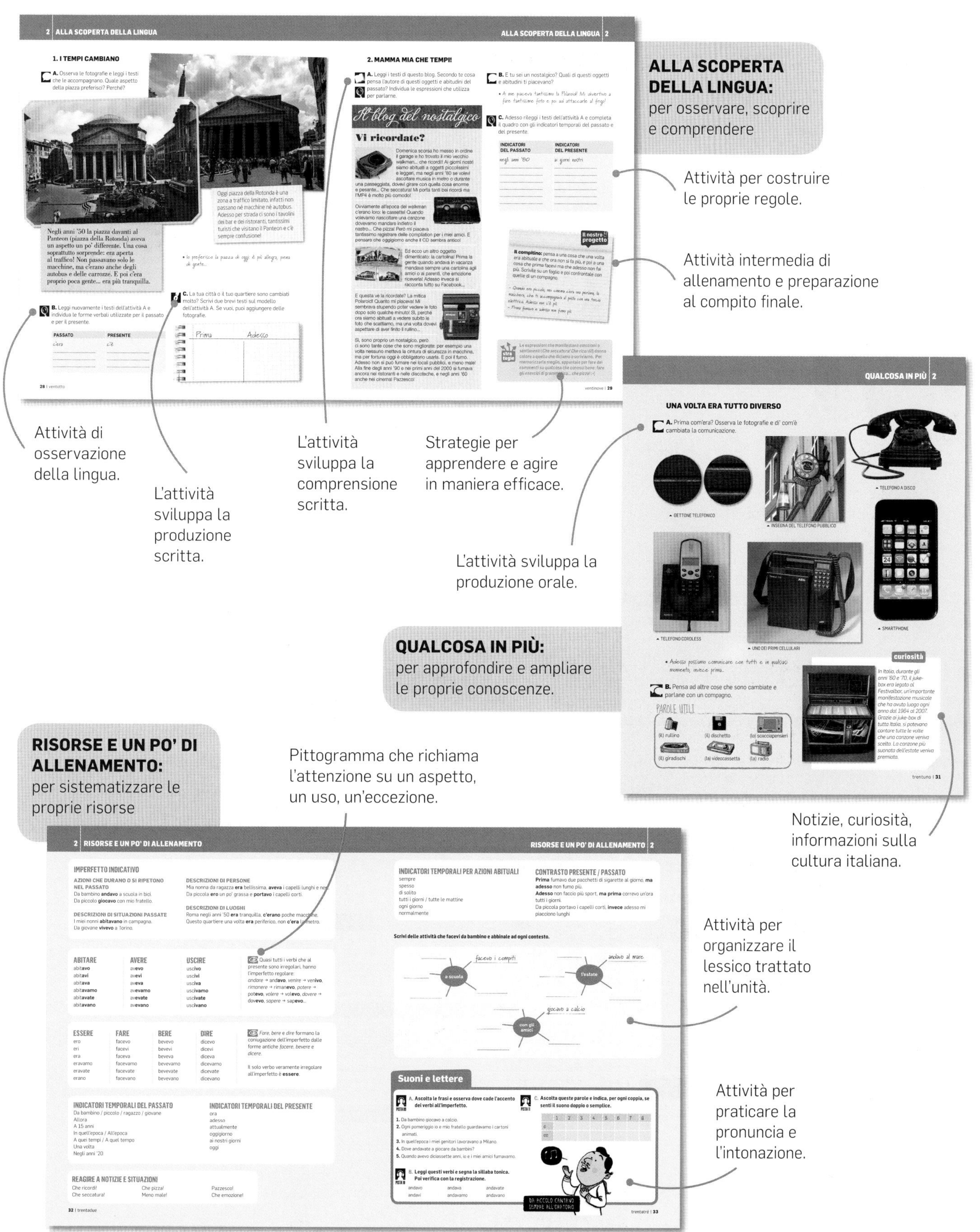

ALLA SCOPERTA DELLA LINGUA: per osservare, scoprire e comprendere

Attività per costruire le proprie regole.

Attività intermedia di allenamento e preparazione al compito finale.

Attività di osservazione della lingua.

L'attività sviluppa la produzione scritta.

L'attività sviluppa la comprensione scritta.

Strategie per apprendere e agire in maniera efficace.

L'attività sviluppa la produzione orale.

QUALCOSA IN PIÙ: per approfondire e ampliare le proprie conoscenze.

Notizie, curiosità, informazioni sulla cultura italiana.

RISORSE E UN PO' DI ALLENAMENTO: per sistematizzare le proprie risorse

Pittogramma che richiama l'attenzione su un aspetto, un uso, un'eccezione.

Attività per organizzare il lessico trattato nell'unità.

Attività per praticare la pronuncia e l'intonazione.

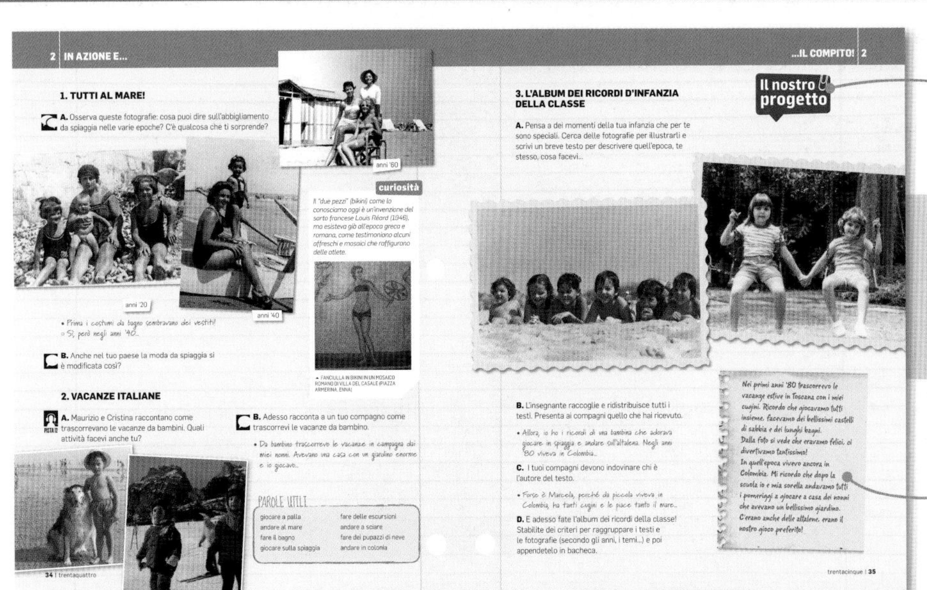

Il marchio che segnala il compito finale.

IN AZIONE E...
...IL COMPITO!:
per mettere alla prova le proprie conoscenze e realizzare un progetto con i compagni.

Il testo in blu indica il modello di lingua per la produzione scritta.

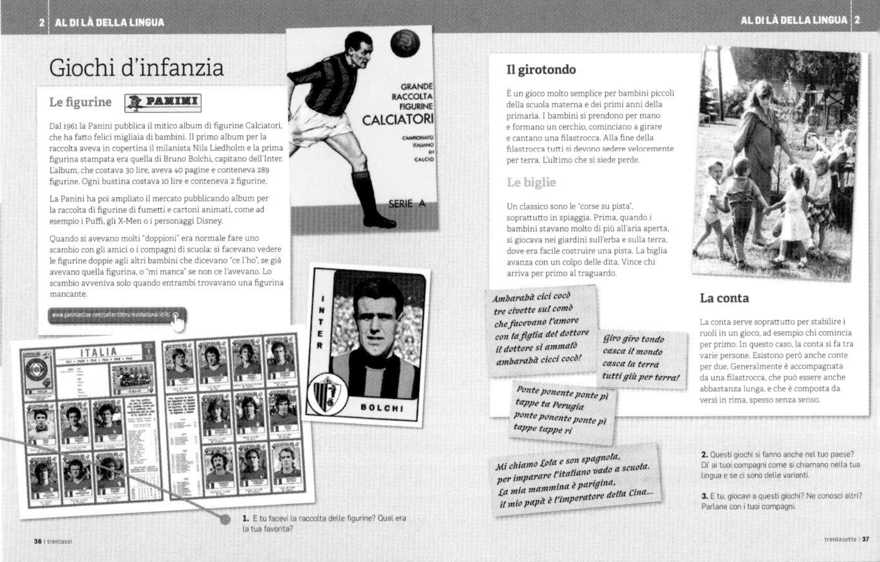

AL DI LÀ DELLA LINGUA:
per conoscere e scoprire la cultura italiana e compararla con la propria.

Attività che sviluppa la competenza interculturale.

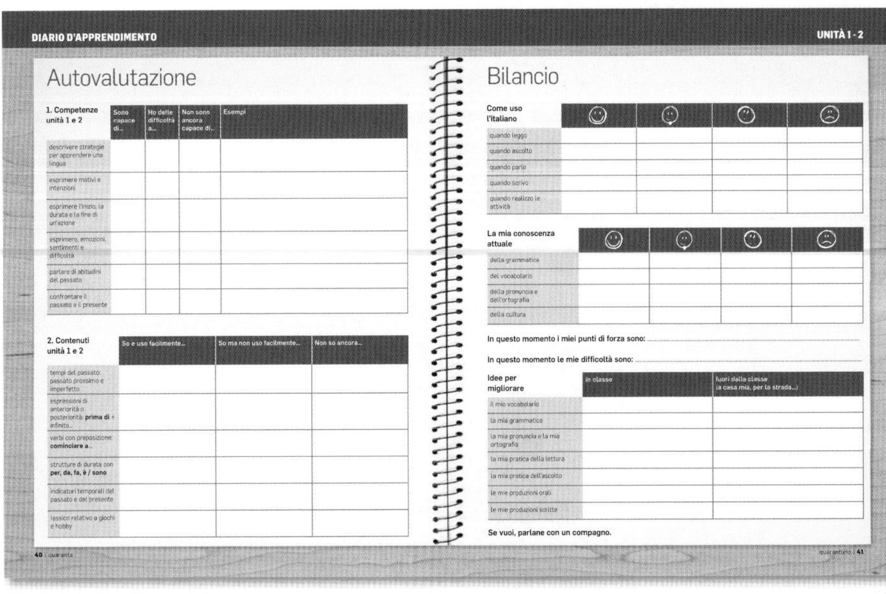

DIARIO D'APPRENDIMENTO:
per fare il bilancio delle proprie conoscenze e competenze

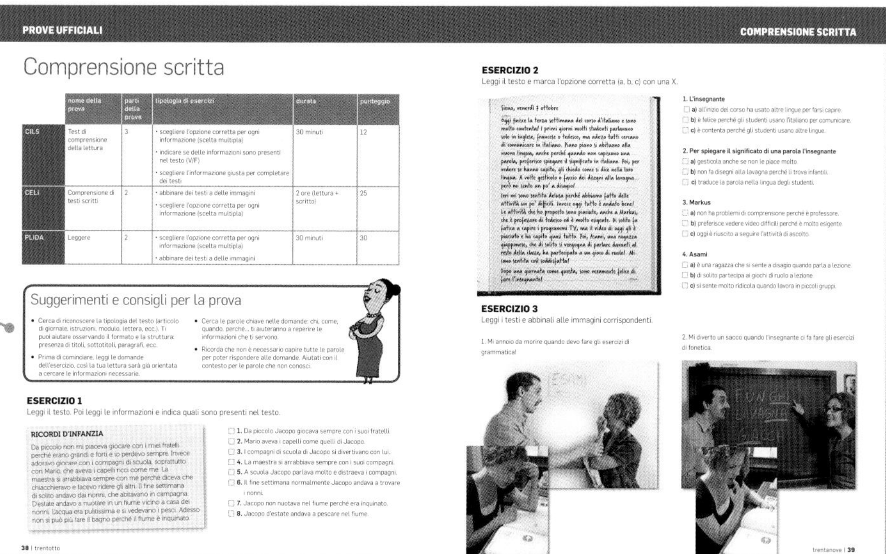

PROVE UFFICIALI: per allenarsi per le prove ufficiali

Suggerimenti utili per il giorno dell'esame.

FESTE: per conoscere meglio la cultura e le tradizioni italiane e compararle con quelle del proprio paese

La scheda di presentazione della regione con i dati generali e le particolarità.

GIRO D'ITALIA: per completare il viaggio attraverso le regioni italiane iniziato nel primo volume.

Una citazione di un personaggio rilevante della regione o di un'opera significativa.

UNITÀ	TIPOLOGIA TESTUALE	FUNZIONI COMUNICATIVE	STRATEGIE D'APPRENDIMENTO
1 ITALIANO... CHE PASSIONE! **Il nostro progetto** Fare un bilancio delle esperienze linguistiche ed elaborare delle strategie d'apprendimento	Conversazione e intervista sull'esperienza di apprendere lingue straniere • Forum sull'apprendimento delle lingue • E-mail • Testo informativo	Parlare della nostra relazione con le lingue straniere e delle abilità e delle strategie d'apprendimento • Esprimere emozioni e difficoltà • Esprimere opinioni (I) • Spiegare il motivo per cui si fa qualcosa	Stabilire i propri obiettivi linguistici • Strategie per migliorare il livello di conoscenza della lingua
2 COME ERAVAMO? **Il nostro progetto** Fare un album dei ricordi d'infanzia della classe	Annuncio pubblicitario del passato • Documento orale e scritto su ricordi del passato • Blog	Parlare delle proprie abitudini ed esperienze passate • Fare paragoni tra presente e passato	Strategie per memorizzare le espressioni che manifestano emozioni e sentimenti
PROVE UFFICIALI: COMPRENSIONE SCRITTA / DIARIO D'APPRENDIMENTO			
3 NESSUN POSTO È COME CASA **Il nostro progetto** Progettare e arredare la casa del futuro	Articolo di riviste • E-mail • Conversazione telefonica • Annuncio di alloggi per soggiorni brevi • Conversazione sulle faccende domestiche	Descrivere la casa • Fare paragoni • Esprimere preferenze • Esprimere e giustificare una scelta • Localizzare oggetti nello spazio • Esprimere opinioni (II)	Strategie per organizzare il discorso orale
4 UNA VITA DA SPETTACOLO **Il nostro progetto** Preparare un'intervista per scrivere una biografia	Breve biografia di personaggi celebri • Breve racconto di aneddoti • Testo informativo • Blog • Documento orale su aneddoti • Intervista	Dare e chiedere informazioni personali su fatti passati • Mettere in relazione fatti del passato con l'esperienza personale • Raccontare aneddoti • Reagire a un'informazione	Organizzare il lavoro di gruppo
PROVE UFFICIALI: COMPRENSIONE ORALE / DIARIO D'APPRENDIMENTO			
5 VOLENTIERI! **Il nostro progetto** Improvvisare una scenetta basandosi su un "canovaccio"	E-mail • Chat • Test di una rivista • Forum sulle buone maniere	Chiedere il permesso e favori • Offrire il proprio aiuto • Dare una giustificazione • Fare i complimenti • Usare le forme di cortesia	Strategie di comunicazione
6 SALUTE E BENESSERE **Il nostro progetto** Organizzare un forum per dare consigli ai compagni	Articolo di riviste • Opuscolo informativo e di sensibilizzazione • Conversazione sulla salute • Tweet • Post di Facebook • Rubrica di una rivista	Chiedere e dare consigli • Dare istruzioni • Descrivere dolori, fastidi, sintomi... - Parlare degli stati d'animo	Strategie per redigere un testo scritto
PROVE UFFICIALI: PRODUZIONE ORALE / DIARIO D'APPRENDIMENTO			
7 IL LAVORO CHE FA PER ME **Il nostro progetto** Preparare un video curriculum per presentare la propria candidatura	Intervista sulla professione • Documento orale e scritto sul tema delle professioni • Annuncio di lavoro • Curriculum vitae	Definire i requisiti per un lavoro • Chiedere e spiegare in che cosa consiste un lavoro • Esporre progetti futuri • Parlare della propria formazione accademica ed esperienza professionale	Strategie per registrare un documento orale
8 FACCIAMO UN GIRO? **Il nostro progetto** Organizzare una gita per un fine settimana	Sito Internet con proposte turistiche • Guida turistica • Chat • E-mail • Opuscolo turistico • Previsioni meteorologiche	Parlare di progetti e desideri per il futuro • Esprimere dubbio e incertezza • Parlare del tempo meteorologico • Chiedere e dare indicazioni stradali • Fare proposte e controproposte • Accettare e rifiutare	Strategie per organizzare il discorso orale • Strategie per riutilizzare risorse di documenti autentici
PROVE UFFICIALI: PRODUZIONE SCRITTA / DIARIO D'APPRENDIMENTO			

1

ITALIANO... CHE PASSIONE!

Il nostro progetto

Fare un bilancio delle esperienze linguistiche ed elaborare delle strategie d'apprendimento.

STRUMENTI PER IL NOSTRO PROGETTO:

I temi: il plurilinguismo; le emozioni e i sentimenti nell'apprendimento delle lingue; le strategie e i processi d'apprendimento; le lingue e i dialetti in Italia.

Le risorse linguistiche: il passato prossimo; **prima di** + infinito e **dopo** + infinito passato; **cominciare a**, **smettere di**, **provare a**, **cercare di**; **da**, **per** e **fa**; **per** e **perché** causali e finali; le consonanti scempie e doppie (**t** / **tt** e **d** / **dd**).

Le competenze:

- comprendere esperienze d'apprendimento e insegnamento e testi di carattere culturale.
- reperire informazioni relative all'uso e all'apprendimento delle lingue; riconoscere strategie d'apprendimento.
- parlare di emozioni e sentimenti; commentare consigli e strategie d'apprendimento; raccontare le proprie esperienze.
- discutere su emozioni e sentimenti e strategie d'apprendimento; parlare della motivazione.
- scrivere una biografia linguistica.

UNA REALTÀ MULTILINGUE

A. Angelica è italiana, di Trieste, ed è sposata con Luka, sloveno. Osserva le immagini con un compagno e prova a completare il testo con le informazioni che mancano.

italiano | sloveno | inglese | tedesco | spagnolo | dialetto

Angelica con sua figlia Isabella parla in .... e in ....
Angelica con suo marito parla in .... e in ....
Luka e Isabella parlano in .... e in ....
Angelica al lavoro parla in .... e in ....
Angelica capisce qualche parola di ....

B. Adesso ascolta la registrazione per verificare le tue ipotesi.

Angelica

Isabella

1. ITALIANO PER STRANIERI

traccia 02

A. Moritz è a Perugia per frequentare un corso d'italiano. Ascolta la registrazione e indica le sue risposte.

L'Università per Stranieri di Perugia

Pianeta Italia • Perugia
Scuola di lingua e cultura italiana

Nome: ....
Cognome: ....
Nazionalità: ....

1. Perché studi italiano?
a. Per lavoro.
b. Per studio.
c. Perché ho amici italiani.
d. Per conoscere un'altra cultura.
e. Perché mi piace.
f. Perché amo l'Italia.
g. Altro: ....

2. Che tipo di attività ti piace fare in classe?
a. Fare dei giochi.
b. Vedere dei video.
c. Ascoltare delle canzoni.
d. Leggere dei testi a voce alta.
e. Fare delle attività di espressione orale.
f. Lavorare in gruppo.
g. Fare degli esercizi di grammatica.
h. Altro: ....

3. Quante opportunità hai di parlare in italiano durante la tua giornata?
a. Molte.

b. Poche.
c. Nessuna.

4. Vedi mai film in italiano?
a. Spesso.
b. Qualche volta.
c. Mai.

5. Ascolti musica o la radio italiana?
a. Spesso.
b. Qualche volta.
c. Mai.

6. Che tipo di attività non ti piace fare in classe?
a. Fare dei giochi.
b. Vedere dei video.
c. Ascoltare delle canzoni.
d. Leggere dei testi a voce alta.
e. Fare delle attività di espressione orale.
f. Lavorare in gruppo.
g. Fare degli esercizi di grammatica.
h. Altro: ....

7. Quali sono gli aspetti più importanti da considerare quando si studia una lingua straniera?
a. La pronuncia e l'intonazione.
b. Le regole di cortesia.
c. L'ortografia.
d. La grammatica.
e. Il lessico.
f. Le abitudini del paese.
g. L'arte e la letteratura.
h. La storia del paese.
i. La musica e il cinema.
j. Altro: ....

B. Adesso fai le domande del questionario al tuo compagno e segna le sue risposte.

C. E tu come rispondi al questionario? Confronta le tue risposte con quelle del tuo compagno.

curiosità

Attualmente l'italiano si può studiare in 85 Istituti Italiani di Cultura (IIC), oltre 200 università e ben 416 Comitati Dante Alighieri. Ci sono inoltre 22 scuole statali italiane che hanno sede all'estero. In totale sono oltre 1,5 milioni gli studenti che frequentano dei corsi di italiano nel mondo.

2. QUANTE EMOZIONI!

A. Leggi questo articolo che riporta le testimonianze di alcuni studenti di lingue. Quali di queste esperienze hai vissuto o vivi anche tu?

L'emozione di imparare una lingua

UNA NUOVA LINGUA È UN UNIVERSO PIENO DI EMOZIONI: ENTUSIASMO, IMPAZIENZA, FRUSTRAZIONE, PAURA... DECISIVO È L'ATTEGGIAMENTO CHE ABBIAMO VERSO LE NOVITÀ: LA CURIOSITÀ FAVORISCE I SENTIMENTI POSITIVI, LA TIMIDEZZA FRENA E L'INSICUREZZA BLOCCA.

Imparare una lingua è senza dubbio un'esperienza positiva, ma ci sono anche delle complicazioni... molti studenti confessano di arrossire quando parlano, di bloccarsi e non riuscire a dire neanche una parola, di sentirsi ridicoli quando l'insegnante li corregge.

"*Mi vergogno di parlare davanti a tutti... ho paura di sbagliarmi.*"

(Gaspard, 26 anni, francese)

"*Che frustrazione! Non mi ricordo mai le parole nuove...*"

(Heidi, 34 anni, tedesca)

Un altro problema sono le difficoltà "tecniche": per l'italiano le doppie sono un grosso ostacolo e suoni come la "erre" o la "zeta" sono difficili da pronunciare; memorizzare il lessico nuovo non è facile e spesso si deve cercare l'aiuto del dizionario... Ma non tutto è negativo!

Molti studenti dicono di divertirsi, soprattutto con le attività di espressione orale, e di sentirsi soddisfatti dei risultati.

"*Mi sento a mio agio a lezione e mi diverto a parlare.*"

(Chris, 19 anni, americana)

Tra le attività preferite: lavorare in gruppo, gli esercizi di fonetica e pronuncia, i giochi di ruolo e i componimenti scritti. Gusti diversi ma tutti d'accordo su una cosa: un ambiente rilassato e disteso è molto importante per imparare.

B. Adesso prova a spiegare ai tuoi compagni che emozioni e sensazioni provi quando sei a lezione.

- Provo frustrazione quando non riesco a capire bene un audio e soddisfazione quando pronuncio bene delle parole difficili.

Il nostro progetto

Il compitino: insieme ai compagni, fai una classifica delle emozioni e dei sentimenti più frequenti nella tua classe.

PAROLE UTILI

che noia!	provo curiosità
che frustrazione!	provo allegria happy
che ansia!	provo entusiasmo
provo impazienza	mi diverto entertained
ho paura scared	mi sento gratificato/a rewarding
mi sento ridicolo/a	mi sento soddisfatto/a
mi sento a disagio uncomfortable	mi sento a mio agio comfortable

1. UN RAGAZZO PLURILINGUE

A. Enrico è italiano e vive in un ambiente multilingue. Ecco la sua testimonianza. Conosci dei casi simili?

Ho studiato in una scuola inglese perché mio padre è di Dublino. Dopo aver fatto un viaggio in Spagna, ho cominciato a studiare lo spagnolo. Ho fatto l'Erasmus a Lione e ho imparato molto bene il francese. Prima di partire per Lione, ho fatto un corso all'università. Mi sono trasferito a Bruxelles per lavoro e lì ho conosciuto mia moglie, che è olandese. Quindi ho cominciato a studiare il neerlandese. Ora vivo a Berlino e al lavoro parlo in inglese e in tedesco.

B. Individua nel testo i verbi al passato prossimo. Ricordi come si forma questo tempo verbale?

C. Osserva di nuovo il testo del fumetto e scegli l'opzione corretta.

Prima di / dopo aver fatto un viaggio in India...
Prima di / dopo partire per gli Stati Uniti...

D. Ora leggi le informazioni sull'attrice Valeria Golino e poi scrivi la sua biografia linguistica sul modello di quella di Enrico. → ESERCIZI

2. PER IMPARARE UNA LINGUA È FONDAMENTALE...

traccia 03

A. Marcello e Nadia studiano cinese e parlano dei modi per imparare una lingua straniera. Indica quali di queste frasi dicono.

- ☐ È utile registrarsi e poi ascoltarsi.
- ☐ È importante esercitarsi nella pronuncia.
- ☐ È fondamentale parlare fuori delle ore di lezione.
- ☐ È scoraggiante capire poco quando si guarda la TV.
- ☐ È molto utile fare le proprie liste di parole.
- ☐ È faticoso fare un componimento alla settimana.
- ☐ È importante capire tutte le parole quando si legge.
- ☐ È importante usare sempre il dizionario.

B. Adesso commenta questi consigli per imparare meglio l'italiano. Se vuoi, puoi aggiungerne altri.

- Consultare dei siti internet
- Imparare a memoria delle liste di parole
- Fare molti esercizi ripetitivi di grammatica
- Scrivere un componimento alla settimana
- Fare uno scambio linguistico con un italiano
- Leggere dei libri facili in italiano
- Leggere dei testi a voce alta
- Sforzarsi di parlare sempre in italiano a lezione
- Controllare i testi con il correttore ortografico
- Guardare dei film italiani in versione originale

- È noioso fare molti esercizi ripetitivi di grammatica.

PAROLE UTILI

importante
fondamentale
utile
facile
difficile
scoraggiante
noioso
divertente

Il nostro progetto

Il compitino: scrivi una lista di quello che fai per imparare una lingua straniera. Poi confronta la lista con quella dei tuoi compagni.

Ascolto musica italiana
Leggo dei libri in italiano

3. NON È MAI TROPPO TARDI

> "Il fare è il miglior modo d'imparare."
>
> Giacomo Leopardi, *Epistolario* (1816/37)

A. Secondo alcuni studiosi è meglio imparare una lingua da piccoli. Leggi i messaggi di questo forum e di' su cosa sei d'accordo.

www.apprendimentopermanente.dif

APPRENDIMENTO PERMANENTE

REGISTRATI

CERCA INIZIO STUDENTI AZIENDE SCUOLE PROGRAMMI INFORMAZIONI **FORUM** REGISTRARSI FAQ

LINGUE STRANIERE: QUANDO STUDIARLE?

nickname: **Luisa**

Non è mai troppo tardi per imparare! Ho cominciato a studiare il portoghese a 30 anni. Sono venuta a Lisbona per amore e sono 15 anni che vivo qui. Quando parlo, quasi nessuno si accorge che sono italiana. Bisogna essere costanti, ma secondo me la cosa più importante è la motivazione. Se sei motivato, impari a qualsiasi età!

nickname: **Giuseppina65**

Sono d'accordissimo con Luisa! Ho 65 anni e studio il greco. Perché? Mia figlia si è sposata con un ragazzo greco e sono diventata nonna! La mia nipotina ha cominciato a parlare da qualche mese e io voglio capire tutto quello che mi dice! Il corso è difficile ma sono molto motivata. A lezione provo a parlare sempre in greco.

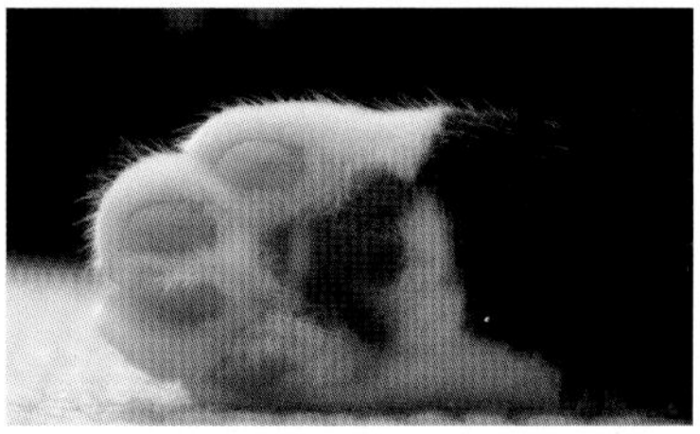

nickname: **Nico**

Mi fate sperare! Io sono proprio negato per le lingue!!! Ho cominciato a studiare il francese a 14 anni, ho fatto un corso per due anni e poi ho smesso di andare a lezione...
Ho ricominciato due mesi fa, cerco di fare tutti gli esercizi e infatti con la grammatica non ho problemi, ma parlare per me è una vera tortura...

B. Cerca nel testo queste strutture e completa il quadro con le preposizioni corrette.

cominciare a studiare provare .... parlare	smettere .... andare a lezione cercare .... imparare

C. Quale funzione hanno le strutture dell'attività B? Prova a completare il quadro con un compagno.

inizio di un'azione → cominciare a
fine di un'azione → ....
intenzione → ....

D. Adesso rileggi i testi e prova a individuare le espressioni che esprimono la durata di un'azione.

Il nostro progetto

Il compitino: racconta un'esperienza di apprendimento positiva o negativa ai tuoi compagni.

- Io ho cominciato a studiare l'arabo 5 anni fa, l'ho studiato per 3 anni ma poi ho smesso perché avevo poco tempo. Per me la scrittura e la pronuncia dell'arabo sono molto difficili...

4. L'EMOZIONE DI INSEGNARE

A. Caterina è insegnante d'italiano per stranieri e si è trasferita da poco a Tokio. Leggi l'email che scrive a una sua amica e individua le espressioni che esprimono sentimenti, emozioni e difficoltà.

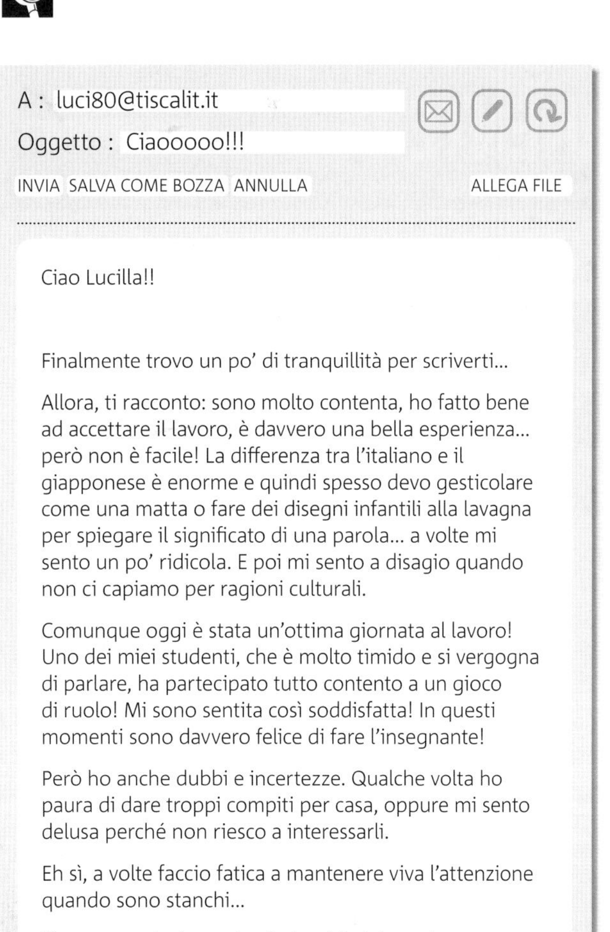

A : luci80@tiscalit.it
Oggetto : Ciaoooooo!!!
INVIA SALVA COME BOZZA ANNULLA ALLEGA FILE

Ciao Lucilla!!

Finalmente trovo un po' di tranquillità per scriverti...

Allora, ti racconto: sono molto contenta, ho fatto bene ad accettare il lavoro, è davvero una bella esperienza... però non è facile! La differenza tra l'italiano e il giapponese è enorme e quindi spesso devo gesticolare come una matta o fare dei disegni infantili alla lavagna per spiegare il significato di una parola... a volte mi sento un po' ridicola. E poi mi sento a disagio quando non ci capiamo per ragioni culturali.

Comunque oggi è stata un'ottima giornata al lavoro! Uno dei miei studenti, che è molto timido e si vergogna di parlare, ha partecipato tutto contento a un gioco di ruolo! Mi sono sentita così soddisfatta! In questi momenti sono davvero felice di fare l'insegnante!

Però ho anche dubbi e incertezze. Qualche volta ho paura di dare troppi compiti per casa, oppure mi sento delusa perché non riesco a interessarli.

Eh sì, a volte faccio fatica a mantenere viva l'attenzione quando sono stanchi...

Comunque sto bene, benissimo! Scrivi presto e organizzati per venire a trovarmi!!

Un bacione

Cate

L'Istituto italiano di Cultura di Tokio (Gae Aulenti)

B. Secondo te, il tuo insegnante d'italiano prova alcune di queste emozioni? Confronta il tuo punto di vista con i compagni.

- Secondo me il nostro insegnante si sente a suo agio a lezione, gli piace il suo lavoro...
- Sì, anche secondo me. Si vede che gli piace insegnare.

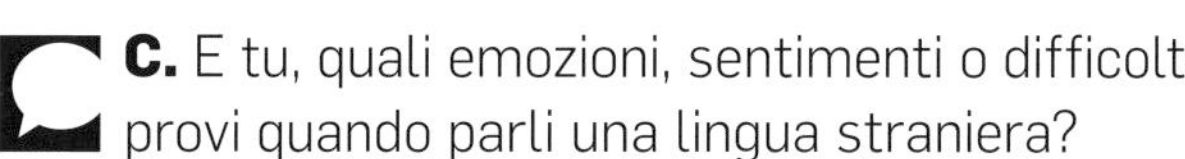

C. E tu, quali emozioni, sentimenti o difficoltà provi quando parli una lingua straniera?

- Io mi sento a disagio quando devo parlare in una lingua straniera al telefono...

SAI GIOCARE A...?

A. Osserva questi disegni. Quali di queste attività sai fare? Come le sai fare?

guidare

nuotare

sciare

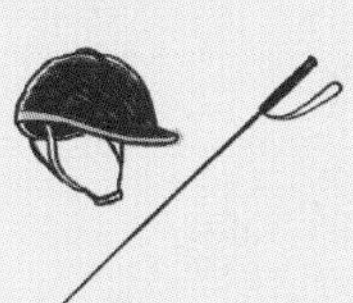

andare a cavallo

fare windsurf

fare fotografie

dipingere

suonare uno strumento

ballare

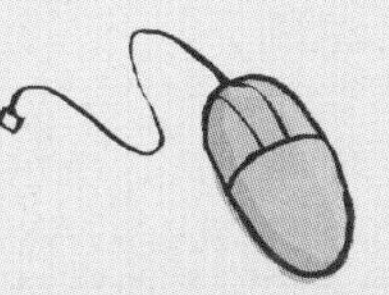

navigare su internet

giocare a carte

PAROLE UTILI

benissimo	così e così	malissimo
molto bene	male	non lo so fare
abbastanza bene		

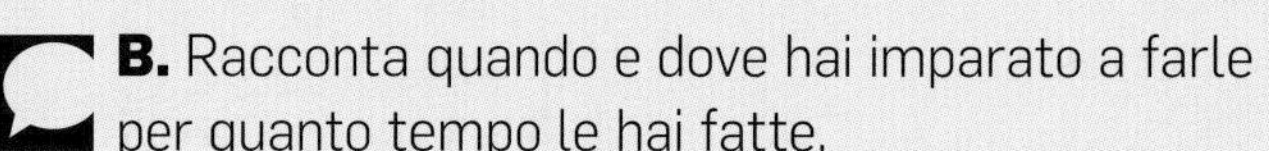

B. Racconta quando e dove hai imparato a farle e per quanto tempo le hai fatte.

- *Io ho cominciato a sciare 10 anni fa. Dopo aver fatto un corso a Cortina d'Ampezzo, ho cominciato ad andare a sciare tutte le domeniche. E ora scio molto bene!*

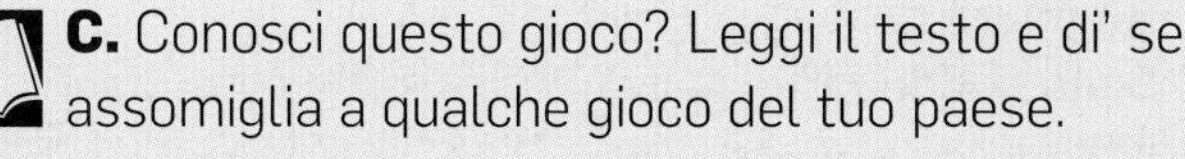

C. Conosci questo gioco? Leggi il testo e di' se assomiglia a qualche gioco del tuo paese.

La Scopa è un gioco di carte molto popolare in Italia. Si gioca tra amici, in famiglia, in casa, al bar... È un gioco molto antico (XIV sec.) e le sue origini sono incerte: italiane o spagnole? Comunque, la Scopa è il gioco di carte più amato dagli italiani e fa ormai parte della tradizione.

Si può giocare in due, tre, quattro o in sei e si usano le carte napoletane, che sono 40. Si mettono quattro carte sul tavolo e a ogni giocatore si danno tre carte: quando si gioca una carta, si prende una carta dal tavolo dello stesso valore e, se non c'è, è possibile fare la somma di due o più carte. Vince chi per primo raggiunge o supera gli 11 punti. Quando si prende l'ultima carta (o le ultime carte) dal tavolo, si grida "Scopa!".

Per calcolare i punti si contano: Scopa, Carte (chi ha più carte), Denari (chi ha preso almeno 6 carte di denari), Settebello (chi ha preso il sette di denari) e Primiera (chi ha preso i quattro semi per il sette e per il sei).

IL PASSATO PROSSIMO

AUSILIARE *ESSERE* O *AVERE* AL PRESENTE	+	PARTICIPIO PASSATO
ho hai ha abbiamo avete hanno		studiat**o**
sono sei è siamo siete sono		andat**o**/**a** andat**i**/**e**

ESPRIMERE ANTERIORITÀ O POSTERIORITÀ DI UN'AZIONE RISPETTO A UN'ALTRA

Prima di + **infinito**
*Prima di **andare** a Londra, ho fatto un corso di inglese.*

Dopo + **infinito passato**
*Dopo **aver fatto** il corso di inglese, sono andato a Londra.*
*Dopo **essere andato** in Inghilterra, ho cominciato a parlare meglio l'inglese.*

ESPERIMERE IL MOTIVO

Perché / Come mai studi italiano?
Per + sostantivo
***Per** amore*
Per + infinito
***Per** studiare in Italia*
Perché + verbo coniugato
***Perché** adoro l'Italia!*

Come mai si usa solo nelle domande.

ESPRIMERE L'INIZIO E LA FINE DI UN'AZIONE

Cominciare / iniziare + **a** + infinito
*Ho cominciato / iniziato **a** studiare tedesco l'anno scorso.*
Smettere + **di** + infinito
*Ho smesso **di** studiare cinese perché è difficile!*

ESPRIMERE INTENZIONE

Provare + **a** + infinito
*Prova **a** vedere film in lingua originale.*
Cercare + **di** + infinito
*Cercate **di** praticare fuori della classe.*

ESPRIMERE IL TEMPO DI UN'AZIONE

Ho studiato francese **per** 10 anni.
Studio francese **da** 10 anni.
È **da** 10 anni che studio francese.
Sono 10 anni che studio francese.
Ho cominciato a studiare francese 10 anni **fa**.

ESPRIMERE EMOZIONI, SENTIMENTI E DIFFICOLTÀ

Mi vergogno di parlare in classe.
Ho paura di sbagliare.
Sono soddisfatto quando leggo senza consultare il dizionario.
Mi sento ridicolo/a quando pronuncio male una parola.
Mi sento a mio agio / a disagio quando devo parlare in pubblico.
Faccio fatica a seguire una trasmissione in TV.
Non riesco a fare un componimento ogni settimana.

DIRE CHE LINGUE PARLI

Parlo francese e italiano.
Parlo **il** francese e **l'**italiano.
Parlo **in** francese al lavoro e **in** italiano con il mio ragazzo.

1. Scrivi al lato di ogni emoticon le emozioni e i sentimenti che suggeriscono.

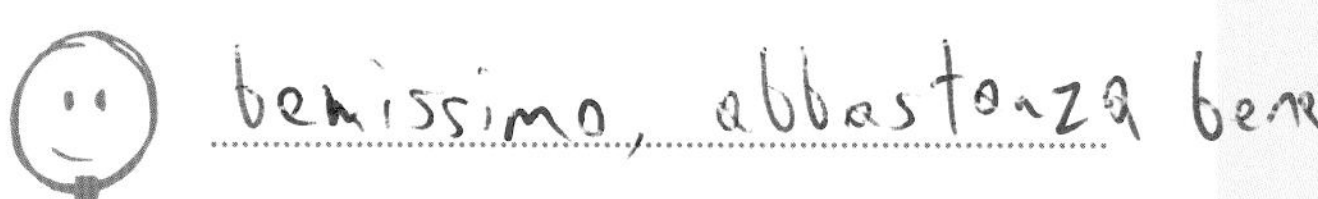

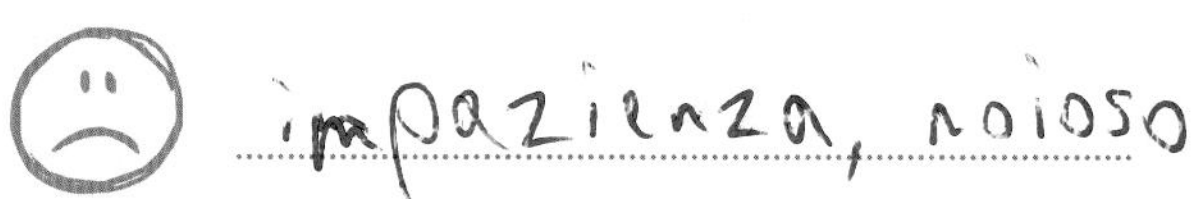

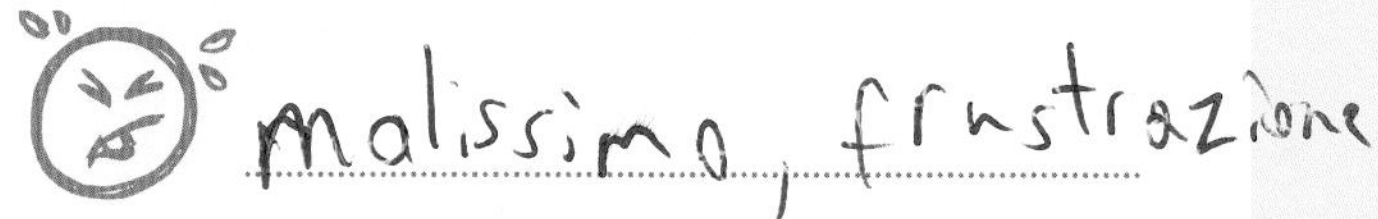

2. Quali attività preferisci fare per migliorare il tuo livello d'italiano? E quali non non ti piacciono?

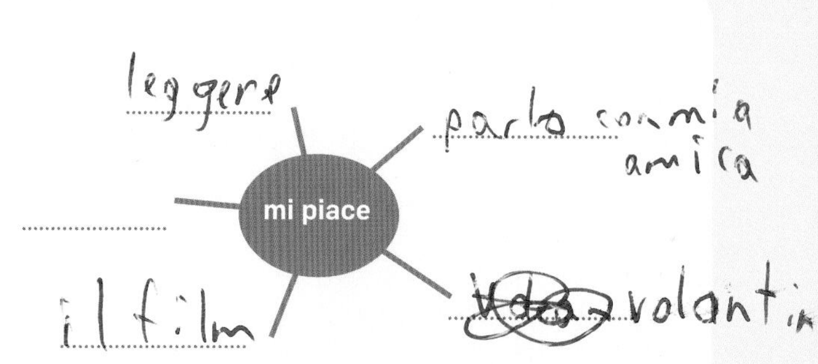

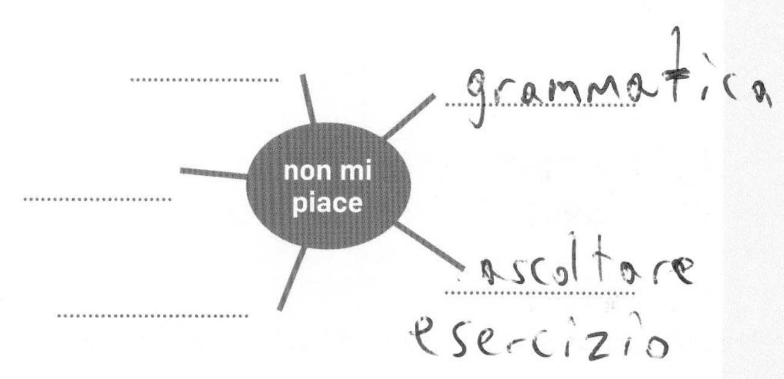

Suoni e lettere

traccia 04

A. Ascolta le frasi e ripetile.

1. Stama**tt**ina abbiamo fa**tt**o un de**tt**ato.
2. È u**t**ile consul**t**are si**t**i in**t**ernet!
3. Oggi sono molto so**dd**isfatto!
4. Come mai stu**d**i te**d**esco?

traccia 05

B. Ascolta le seguenti parole e indica quale suono senti.

	d	dd	t	tt
1				
2				
3				
4				
5				
6				
7				
8				

1. COME MAI STUDI ITALIANO?

A. Esistono tanti motivi per studiare l'italiano. Eccone alcuni, leggili e fai una piccola indagine presso i tuoi compagni: sono gli stessi motivi? Puoi aggiungerne altri.

Perché i miei nonni erano italiani e io ho la cittadinanza italiana.

Perché amo l'opera e la cultura italiana.

Perché il mio ragazzo è italiano e voglio vivere in Italia.

Per migliorare il mio curriculum.

Perché è la lingua più bella del mondo.

Perché è una lingua musicale e allegra.

Per parlare con gli amici che abitano in Italia.

Perché vado in vacanza in Italia ogni anno.

curiosità

Un film su questo argomento è Italiano per principianti, una commedia danese di Lone Scherfig che ha come tema un corso di italiano. Gli studenti frequentano le lezioni per differenti motivi e a mano a mano che si conoscono nascono amicizie e amori. Puoi vedere qualche scena del film su internet o cercarlo in una videoteca.

B. Lars studia italiano a Roma. Ascolta la registrazione e indica nel quadro quali sono, secondo lui, i vantaggi e gli svantaggi di studiare in Italia.

	vantaggio	svantaggio
Sei sempre a contatto con la lingua.		
Puoi usare subito quello che impari a lezione.		
A volte parli più in inglese che in italiano con i compagni del corso.		
Spesso esci con le persone della tua città o del tuo paese.		
Conosci meglio la cultura del paese.		
Impari parole e frasi che non si trovano nei libri.		

C. E tu che ne pensi? Quali sono, secondo te, i vantaggi e quali gli svantaggi? Parlane con il tuo compagno.

D. Hai mai studiato una lingua nel paese in cui si parla? Come ti sei trovato? Come ti sei sentito?

- Io ho fatto un corso di tedesco a Francoforte e mi sono trovato molto bene. Ho imparato moltissimo perché...

Il motivo per cui studiamo una lingua ci aiuta a definire meglio le strategie d'apprendimento e a scegliere quelle più adatte a noi.

Il nostro progetto

2. SIAMO TUTTI POLIGLOTTI

A. A gruppi. Con quali lingue siete in contatto? Con chi le parlate? Che emozioni vi provocano? A quali elementi associate queste lingue? Preparate un breve resoconto delle vostre esperienze.

- Che lingue parlate?
- □ Io l'inglese, il polacco e un po' di giapponese.
- Il giapponese? Davvero? È difficile?
- □ Beh un po'... lo studio da quattro anni ma mi sento ancora ridicola quando parlo...
- E con chi lo parli?
- □ Con dei ragazzi giapponesi dell'università.
- ○ E leggi anche i manga in versione originale?

B. Adesso confrontatevi con gli altri compagni e fate un bilancio delle esperienze linguistiche della classe. Potete elaborare un cartello da appendere in bacheca.

NOI E LE LINGUE

LINGUE	AMBITI	EMOZIONI	STRATEGIE
• INGLESE	• FAMIGLIA	• SENTIRSI RIDICOLO	• LEGGERE
• FRANCESE	• LAVORO	• ANSIA	• ASCOLTARE LA RADIO
• SPAGNOLO	• STUDIO	• PAURA	• FARE DELLE LISTE DI PAROLE
• GIAPPONESE	• AMICI	• IMPAZIENZA	• VEDERE FILM IN VERSIONE ORIGINALE
• TEDESCO	• MUSICA	• ENTUSIASMO	• FARE UNO SCAMBIO LINGUISTICO
• ARABO	• LETTERATURA	• DIVERTIMENTO	
• PORTOGHESE		• CURIOSITA'	

C. Potete preparare un cartello solo per l'italiano, per appuntare le emozioni che provate e le strategie che sviluppate durante il corso.

Le lingue in Italia

Lingue: gli italiani le studiano, ma oltre la metà non le sa parlare

Secondo un'indagine Censis, il 66,2% degli italiani dichiara di conoscere almeno una lingua straniera. Ma per il 50,1% il livello è quello "scolastico".

Gli italiani conoscono le lingue, ma non le parlano. A prima vista i dati sembrano positivi: il 66,2% sostiene infatti di conoscere le lingue; ma poi, alla domanda sulla capacità di usare la lingua straniera, la sicurezza scompare: infatti ben il 50,1% degli intervistati ritiene scolastico il proprio grado di preparazione, solo il 23,9% giudica il proprio livello buono e solo il 7,1% lo valuta come molto buono.

Nella foto: Totò e Peppino "parlano in tedesco" con un vigile. (*Totò, Peppino e la mala femmina*, 1956)

Dati dell'Eurobarometro relativi all'uso della/e lingua/e straniera/e in Europa (arancione: italiani, giallo: altri paesi europei).

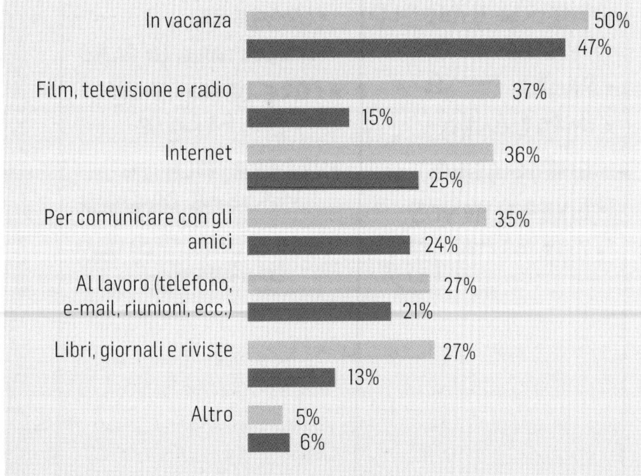

IN TESTA L'INGLESE: la maggior parte degli intervistati dichiara di conoscere l'inglese (53,5%), seguito dal francese (37,1%), dal tedesco (4%) e dallo spagnolo (2,8%).

L'indagine "Gli europei e le loro lingue" rivela che gli europei hanno un atteggiamento molto positivo verso le lingue. L'indagine è stata effettuata dall'Eurobarometro (2012) su quasi 27.000 intervistati, appartenenti ai 27 paesi dell'UE e a diverse categorie sociali e fasce di età. I valori indicati dal grafico mostrano il paragone tra le risposte degli italiani e il resto degli europei.

1. E nel tuo paese, che importanza hanno le lingue straniere? Si studiano a scuola?

Youtube + Totò e Peppino parlano in tedesco 

L'ITALIANO E I DIALETTI

AUMENTA L'USO DELL'ITALIANO, DIMINUISCE L'USO ESCLUSIVO DEL DIALETTO FRA I PIÙ GIOVANI.

Il 45,5% degli italiani parla prevalentemente italiano in famiglia, il 48,9% con gli amici e il 72,8% con gli estranei. L'uso prevalente o esclusivo dell'italiano è più diffuso nel Centro e nel Nordovest. Per quanto riguarda il dialetto, il 32,5% lo alterna con l'italiano in famiglia, il 32,8% lo utilizza con gli amici e il 19% con gli estranei. Solo il 16% parla esclusivamente il dialetto in famiglia, e si tratta di un uso che varia molto a seconda dell'età. Gli studenti utilizzano in percentuale maggiore l'italiano in ogni contesto sociale; dirigenti, imprenditori, liberi professionisti e impiegati preferiscono parlare in italiano in famiglia; operai e apprendisti invece prediligono il dialetto. Per quanto riguarda la lingua da utilizzare con gli estranei, in genere, non ci sono grosse differenze: si preferisce l'italiano.

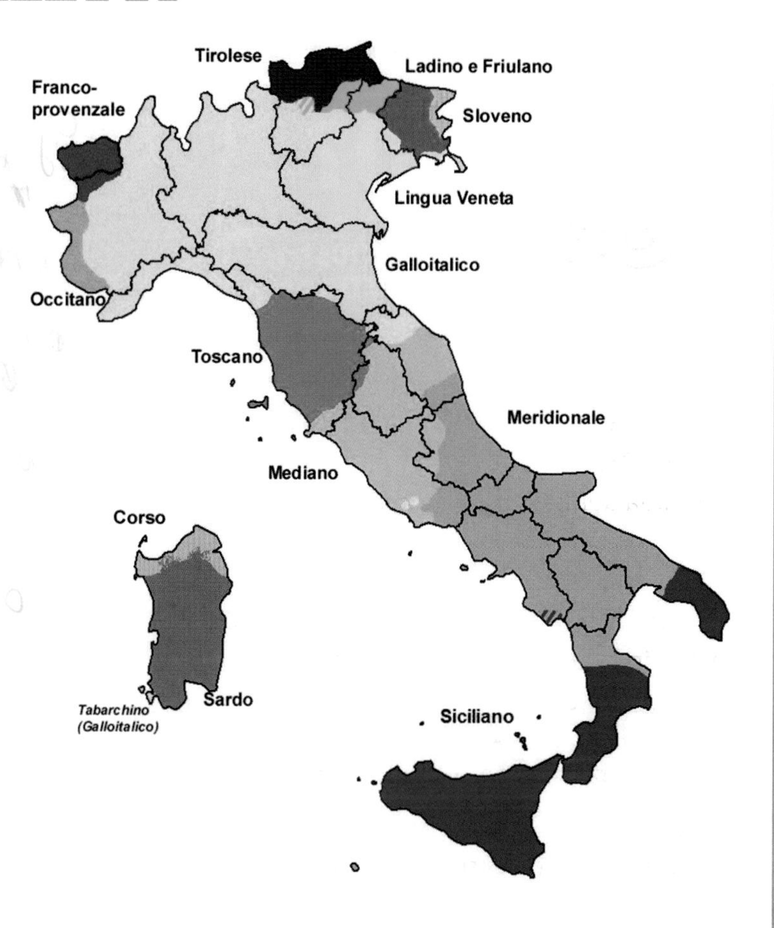

traccia 07

2. Ascolta queste persone, quando usano il dialetto? Riesci a capire da quale zona provengono?

Nord | Centro | Sud

1. ....

2. ....

3. ....

3. Anche la varietà linguistica del tuo paese è così ricca come quella dell'Italia?

curiosità

I dialetti italiani non sono presenti solo nella lingua parlata, ma anche nella letteratura. Nel corso dei secoli sono stati numerosi gli autori che hanno scelto il dialetto per le proprie opere: Carlo Goldoni il veneziano, i poeti Belli e Trilussa il romanesco, Eduardo de Filippo il napoletano... e, ai giorni nostri, Andrea Camilleri sceglie un misto tra il siciliano e l'italiano per i suoi romanzi.

2

COME ERAVAMO?

Il nostro progetto

Fare un album dei ricordi d'infanzia della nostra classe.

STRUMENTI PER IL NOSTRO PROGETTO:

I temi: il "miracolo economico" italiano; gli anni '60 in Italia e nel mondo; ricordi d'infanzia e di gioventù; l'evoluzione nella tecnologia; le vacanze in Italia; giochi d'infanzia.

Le risorse linguistiche: l'imperfetto indicativo; indicatori temporali del presente e del passato; il contrasto tra presente e passato; la sillaba tonica nella coniugazione dell'imperfetto; le consonanti scempie e doppie (**c** / **cc**)

Le competenze:

- comprendere descrizioni di persone e oggetti nel passato; comprendere testi di carattere culturale.
- comprendere informazioni riguardanti il passato e racconti d'infanzia; riconoscere la sillaba tonica nella coniugazione dell'imperfetto.
- parlare di avvenimenti passati; parlare delle differenze tra passato e presente; esprimere sentimenti ed emozioni relative al passato.
- descrivere com'era il proprio paese nel passato; parlare dei cambiamenti personali e della società.
- descrivere la propria città o quartiere al presente e al passato; redigere un breve testo sui ricordi d'infanzia.

PRIMO CONTATTO

CORREVA L'ANNO...

A. Questi manifesti pubblicitari appartengono a epoche diverse. Prova a indicare la cronologia dal più antico al più moderno.

B. Adesso di' a quali anni appartiene ogni manifesto.

agli anni '20: ....
agli anni '30: ....
agli anni '50: ....
agli anni '60: ....
agli anni '80: ....

- Secondo me il manifesto n. ... è degli anni '50.
- Dici? A me sembra degli anni '60...

2

5

1. IL MIRACOLO ECONOMICO ITALIANO

A. Cosa evocano per te queste immagini? Prova ad abbinarle alle informazioni.

A

© Centro storico Fiat

B

© Fondazione Vera Nocentini

C

© Fondazione Istituto Piemontese Antonio Gramsci

D

nella mia casa...

... il frigorifero FIAT

210 LITRI

© Centro storico Fiat

E

F

Trasformazione sociale: la società italiana cambia con il progresso

La migrazione interna fa muovere quasi 9.150.000 persone

La televisione entra nelle case degli italiani e trasforma gli stili di vita

Vacanze democratiche: anche l'impiegato e l'operaio vanno al mare

CONSUMISMO: UN EFFETTO DELLA SOCIETÀ DEL BENESSERE

Sviluppo industriale: l'Italia non è più solo un paese agricolo

B. Osservando le fotografie, sai dire a quale epoca corrispondono?

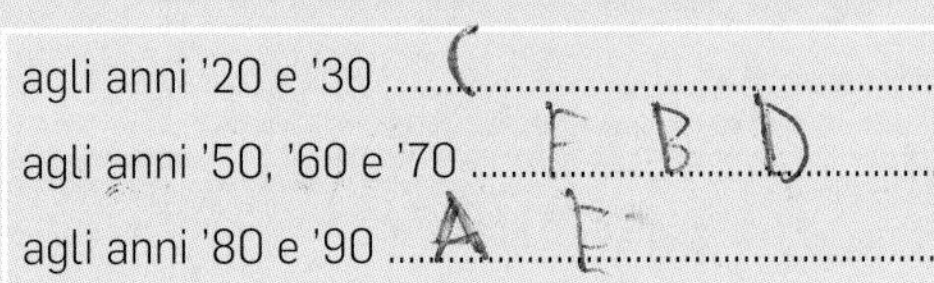

agli anni '20 e '30 ....

agli anni '50, '60 e '70 ....

agli anni '80 e '90 ....

C. Conosci l'espressione "boom economico"? Sai cosa significa? Di' se nella tua lingua esiste un'espressione simile.

- Nel mio paese il boom economico è arrivato negli anni...
- Da noi in Germania "boom economico" si dice "Wirtschaftswunder".

2. I MITICI ANNI '60

traccia 08

A. Leggi queste informazioni con un compagno e indica se sono vere o false. Poi verificate con la registrazione.

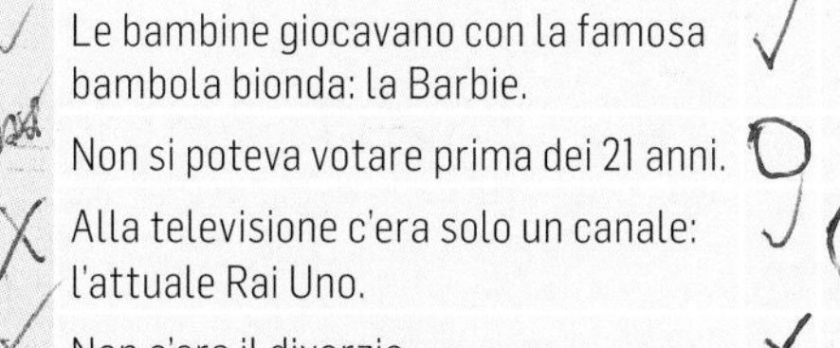

	V	F
Le bambine giocavano con la famosa bambola bionda: la Barbie.		
Non si poteva votare prima dei 21 anni.		
Alla televisione c'era solo un canale: l'attuale Rai Uno.		
Non c'era il divorzio.		
Le donne che portavano le minigonne erano malviste.		
Le donne non potevano accedere a tutte le cariche e le professioni.		
Il cinema italiano viveva un momento di grande splendore.		
Il rock e la musica beat non erano ancora arrivati.		
Cominciavano i movimenti di protesta e contestazione.		
L'istruzione non era obbligatoria per le donne.		

Ragazze in minigonna

Marcello Mastroianni e Anita Ekberg nella famosa scena della fontana di Trevi (Federico Fellini, *La dolce vita*, 1960)

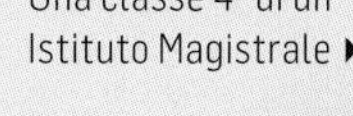
Una classe 4ª di un Istituto Magistrale

Mike Bongiorno presenta il celebre programma *Lascia o raddoppia*

Adriano Celentano con I Ribelli

B. E nel tuo paese com'erano gli anni '60? La società era molto diversa da quella italiana? Parlane con i tuoi compagni.

- Anche nel mio paese non c'era il divorzio.
- Nel mio invece già si poteva divorziare.

PAROLE UTILI

(lo) sciopero
(la) contestazione
(la) manifestazione
(la) protesta
(la) rivoluzione
(la) polemica
(la) sperimentazione
(l') emancipazione

C. Cosa succedeva nel mondo? Conosci o ricordi alcuni avvenimenti importanti degli anni '60 a livello mondiale?

1. I TEMPI CAMBIANO

A. Osserva le fotografie e leggi i testi che le accompagnano. Quale aspetto della piazza preferisci? Perché?

Negli anni '50 la piazza davanti al Panteon (piazza della Rotonda) aveva un aspetto un po' differente. Una cosa soprattutto sorprende: era aperta al traffico! Non passavano solo le macchine, ma c'erano anche degli autobus e delle carrozze. E poi c'era proprio poca gente... era più tranquilla.

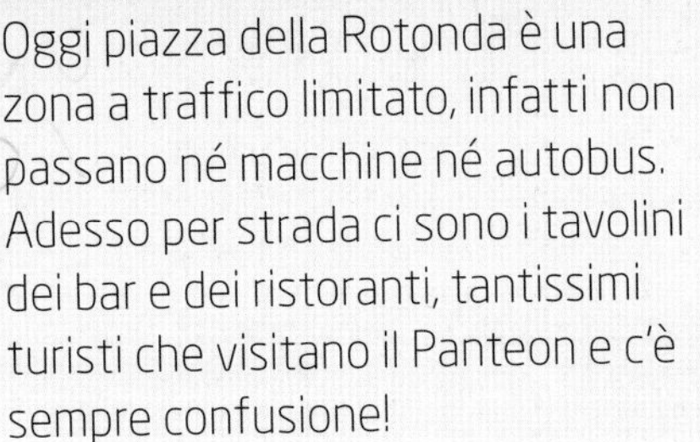

Oggi piazza della Rotonda è una zona a traffico limitato, infatti non passano né macchine né autobus. Adesso per strada ci sono i tavolini dei bar e dei ristoranti, tantissimi turisti che visitano il Panteon e c'è sempre confusione!

- *Io preferisco la piazza di oggi: è più allegra, piena di gente...*

B. Leggi nuovamente i testi dell'attività A e individua le forme verbali utilizzate per il passato e per il presente.

PASSATO	PRESENTE
c'era	*c'è*
....	....
....	....
....	....

C. La tua città o il tuo quartiere sono cambiati molto? Scrivi due brevi testi sul modello dell'attività A. Se vuoi, puoi aggiungere delle fotografie.

Prima	*Adesso*

2. MAMMA MIA CHE TEMPI!

A. Leggi i testi di questo blog. Secondo te cosa pensa l'autore di questi oggetti e abitudini del passato? Individua le espressioni che utilizza per parlarne.

Il blog del nostalgico

Vi ricordate?

Domenica scorsa ho messo in ordine il garage e ho trovato il mio vecchio walkman... che ricordi!! Ai giorni nostri siamo abituati a oggetti piccolissimi e leggeri, ma negli anni '80 se volevi ascoltare musica in metro o durante una passeggiata, dovevi girare con quella cosa enorme e pesante... Che seccatura! Mi porta tanti bei ricordi ma l'MP3 è molto più comodo!

Ovviamente all'epoca del walkman c'erano loro: le cassette! Quando volevamo riascoltare una canzone dovevamo mandare indietro il nastro... Che pizza! Però mi piaceva tantissimo registrare delle compilation per i miei amici. E pensare che oggigiorno anche il CD sembra antico!

Ed ecco un altro oggetto dimenticato: la cartolina! Prima la gente quando andava in vacanza mandava sempre una cartolina agli amici o ai parenti, che emozione riceverla! Adesso invece si racconta tutto su Facebook...

E questa ve la ricordate? La mitica Polaroid! Quanto mi piaceva! Mi sembrava stupendo poter vedere le foto dopo solo qualche minuto! Sì, perché ora siamo abituati a vedere subito le foto che scattiamo, ma una volta dovevi aspettare di aver finito il rullino...

Sì, sono proprio un nostalgico, però ci sono tante cose che sono migliorate: per esempio una volta nessuno metteva la cintura di sicurezza in macchina, ma per fortuna oggi è obbligatorio usarla. E poi il fumo. Adesso non si può fumare nei locali pubblici, e meno male! Alla fine degli anni '90 e nei primi anni del 2000 si fumava ancora nei ristoranti e nelle discoteche, e negli anni '60 anche nei cinema! Pazzesco!

B. E tu sei un nostalgico? Quali di questi oggetti e abitudini ti piacevano?

- *A me piaceva tantissimo la Polaroid! Mi divertivo a fare tantissime foto e poi ad attaccarle al frigo!*

C. Adesso rileggi i testi dell'attività A e completa il quadro con gli indicatori temporali del passato e del presente.

INDICATORI DEL PASSATO	INDICATORI DEL PRESENTE
negli anni '80	*ai giorni nostri*
allora	oggigiorno
una volta	adesso
~~adesso~~ adesso	ora
che emozioni	
negli anni '60	
degli anni '90	

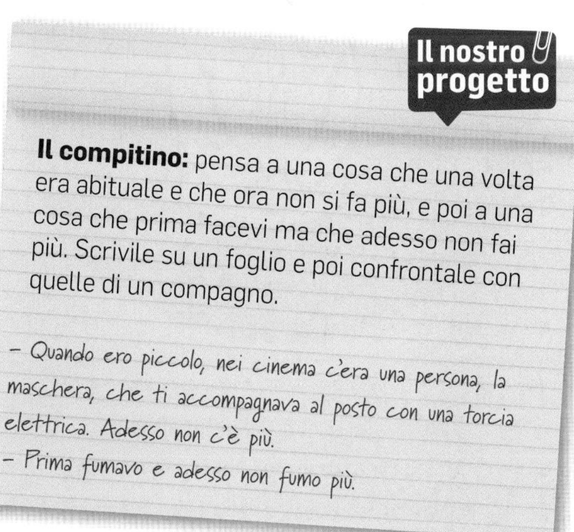

Il nostro progetto

Il compitino: pensa a una cosa che una volta era abituale e che ora non si fa più, e poi a una cosa che prima facevi ma che adesso non fai più. Scrivile su un foglio e poi confrontale con quelle di un compagno.

– Quando ero piccolo, nei cinema c'era una persona, la maschera, che ti accompagnava al posto con una torcia elettrica. Adesso non c'è più.
– Prima fumavo e adesso non fumo più.

strategie

Le espressioni che manifestano emozioni o sentimenti (*Che seccatura! Che ricordi!*) danno colore a quello che diciamo o scriviamo. Per memorizzarle meglio, appuntale per fare dei commenti su qualcosa che conosci bene: *fare gli esercizi di grammatica... che pizza!* :-(

3. DA GIOVANE

 **A.** Leggi il testo dei fumetti e abbina le descrizioni alle vignette. Poi completa il quadro.

> **“** Quant'è bella giovinezza, / che si fugge tuttavia! / chi vuol esser lieto, sia: / di doman non c'è certezza. **”**
>
> Lorenzo de' Medici, *Canti carnascialeschi*

Da giovane avevo i capelli lunghi.	A vent'anni vestivo in modo casual.
.... piccolo ero abbastanza grasso.	.... 12 anni vestivo come un bambino.

B. E adesso come sono queste persone?

C. E tu com'eri da piccolo o da giovane? Sei cambiato molto? Parlane con un compagno.

- ◦ Da giovane ero molto timido ma adesso invece sono abbastanza aperto.
- • Io invece non sono cambiata molto...

PAROLE UTILI

diventare (bello, brutto...)	ringiovanire
ingrassare	cambiare
dimagrire	rimanere uguale
invecchiare	

UNA VOLTA ERA TUTTO DIVERSO

A. Prima com'era? Osserva le fotografie e di' com'è cambiata la comunicazione.

▲ GETTONE TELEFONICO

▲ INSEGNA DEL TELEFONO PUBBLICO

▲ TELEFONO A DISCO

▲ SMARTPHONE

▲ TELEFONO CORDLESS

▲ UNO DEI PRIMI CELLULARI

- *Adesso possiamo comunicare con tutti e in qualsiasi momento, invece prima...*

B. Pensa ad altre cose che sono cambiate e parlane con un compagno.

PAROLE UTILI

(il) rullino

(il) dischetto

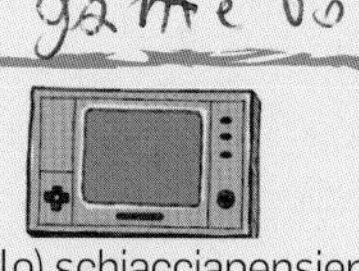
(lo) schiacciapensieri

(il) giradischi

(la) videocassetta

(la) radio

curiosità

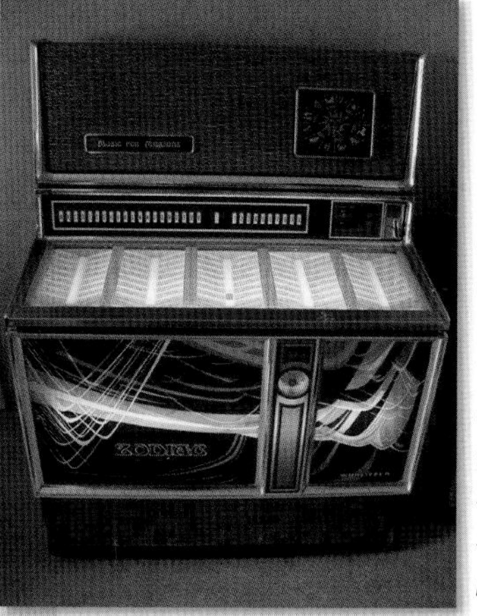

In Italia, durante gli anni '60 e '70, il juke-box era legato al Festivalbar, un'importante manifestazione musicale che ha avuto luogo ogni anno dal 1964 al 2007. Grazie ai juke-box di tutta Italia, si potevano contare tutte le volte che una canzone veniva scelta. La canzone più suonata dell'estate veniva premiata.

IMPERFETTO INDICATIVO

AZIONI CHE DURANO O SI RIPETONO NEL PASSATO
Da bambino **andavo** a scuola in bici.
Da piccolo **giocavo** con mio fratello.

DESCRIZIONI DI SITUAZIONI PASSATE
I miei nonni **abitavano** in campagna.
Da giovane **vivevo** a Torino.

DESCRIZIONI DI PERSONE
Mia nonna da ragazza **era** bellissima, **aveva** i capelli lunghi e neri.
Da piccola **ero** un po' grassa e **portavo** i capelli corti.

DESCRIZIONI DI LUOGHI
Roma negli anni '50 **era** tranquilla, **c'erano** poche macchine.
Questo quartiere una volta **era** periferico, non **c'era** la metro.

ABITARE	AVERE	USCIRE
abit**avo**	av**evo**	usc**ivo**
abit**avi**	av**evi**	usc**ivi**
abit**ava**	av**eva**	usc**iva**
abit**avamo**	av**evamo**	usc**ivamo**
abit**avate**	av**evate**	usc**ivate**
abit**avano**	av**evano**	usc**ivano**

Quasi tutti i verbi che al presente sono irregolari, hanno l'imperfetto regolare: *andare* → and**avo**, *venire* → ven**ivo**, *rimanere* → riman**evo**, *potere* → pot**evo**, *volere* → vol**evo**, *dovere* → dov**evo**, *sapere* → sap**evo**...

ESSERE	FARE	BERE	DIRE
ero	facevo	bevevo	dicevo
eri	facevi	bevevi	dicevi
era	faceva	beveva	diceva
eravamo	facevamo	bevevamo	dicevamo
eravate	facevate	bevevate	dicevate
erano	facevano	bevevano	dicevano

Fare, *bere* e *dire* formano la coniugazione dell'imperfetto dalle forme antiche *facere*, *bevere* e *dicere*.

Il solo verbo veramente irregolare all'imperfetto è **essere**.

INDICATORI TEMPORALI DEL PASSATO

Da bambino / piccolo / ragazzo / giovane
Allora
A 15 anni
In quell'epoca / All'epoca
A quei tempi / A quel tempo
Una volta
Negli anni '20

INDICATORI TEMPORALI DEL PRESENTE

ora
adesso
attualmente
oggigiorno
ai nostri giorni
oggi

REAGIRE A NOTIZIE E SITUAZIONI

Che ricordi!
Che seccatura!
Che pizza!
Meno male!
Pazzesco!
Che emozione!

INDICATORI TEMPORALI PER AZIONI ABITUALI

sempre
spesso
di solito
tutti i giorni / tutte le mattine
ogni giorno
normalmente

CONTRASTO PRESENTE / PASSATO

Prima fumavo due pacchetti di sigarette al giorno, **ma adesso** non fumo più.
Adesso non faccio più sport, **ma prima** correvo un'ora tutti i giorni.
Da piccola portavo i capelli corti, **invece** adesso mi piacciono lunghi

Scrivi delle attività che facevi da bambino e abbinale ad ogni contesto.

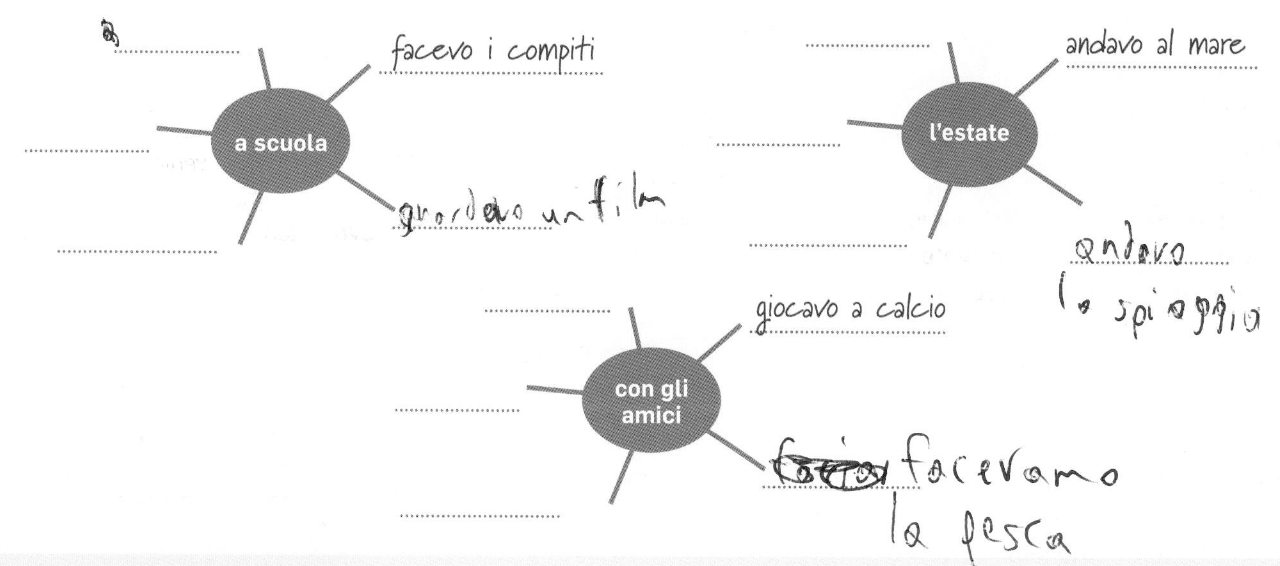

Suoni e lettere

traccia 09

A. Ascolta le frasi e osserva dove cade l'accento dei verbi all'imperfetto.

1. Da bambino giocavo a calcio.
2. Ogni pomeriggio io e mio fratello guardavamo i cartoni animati.
3. In quell'epoca i miei genitori lavoravano a Milano.
4. Dove andavate a giocare da bambini?
5. Quando avevo diciassette anni, io e i miei amici fumavamo.

traccia 10

B. Leggi questi verbi e segna la sillaba tonica. Poi verifica con la registrazione.

andavo	andava	andavate
andavi	andavamo	andavano

traccia 11

C. Ascolta queste parole e indica, per ogni coppia, se senti il suono doppio o semplice.

	1	2	3	4	5	6	7	8
c								
cc								

1. TUTTI AL MARE!

A. Osserva queste fotografie: cosa puoi dire sull'abbigliamento da spiaggia nelle varie epoche? C'è qualcosa che ti sorprende?

anni '60

anni '20

anni '40

- Prima i costumi da bagno sembravano dei vestiti!
- Sì, però negli anni '40...

B. Anche nel tuo paese la moda da spiaggia si è modificata così?

curiosità

Il "due pezzi" (bikini) come lo conosciamo oggi è un'invenzione del sarto francese Louis Réard (1946), ma esisteva già all'epoca greca e romana, come testimoniano alcuni affreschi e mosaici che raffigurano delle atlete.

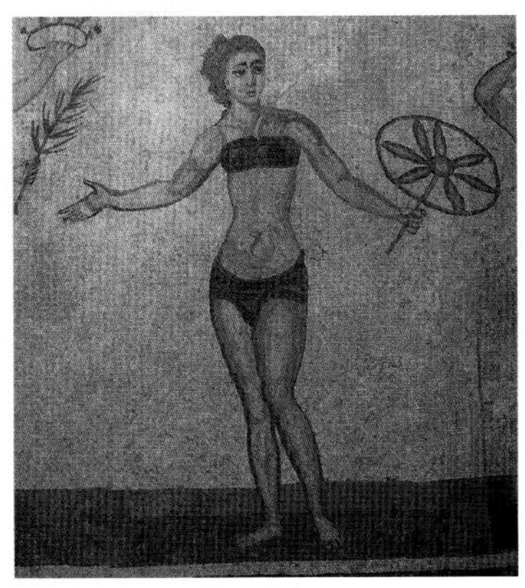

▲ FANCIULLA IN BIKINI IN UN MOSAICO ROMANO DI VILLA DEL CASALE (PIAZZA ARMERINA, ENNA)

2. VACANZE ITALIANE

A. Maurizio e Cristina raccontano come trascorrevano le vacanze da bambini. Quali attività facevi anche tu?

traccia 12

B. Adesso racconta a un tuo compagno come trascorrevi le vacanze da bambino.

- Da bambino trascorrevo le vacanze in campagna dai miei nonni. Avevano una casa con un giardino enorme e io giocavo...

PAROLE UTILI

giocare a palla	fare delle escursioni
andare al mare	andare a sciare
fare il bagno	fare dei pupazzi di neve
giocare sulla spiaggia	andare in colonia

3. L'ALBUM DEI RICORDI D'INFANZIA DELLA CLASSE

A. Pensa a dei momenti della tua infanzia che per te sono speciali. Cerca delle fotografie per illustrarli e scrivi un breve testo per descrivere quell'epoca, te stesso, cosa facevi...

Nei primi anni '80 trascorrevo le vacanze estive in Toscana con i miei cugini. Ricordo che giocavamo tutti insieme, facevamo dei bellissimi castelli di sabbia e dei lunghi bagni.
Dalla foto si vede che eravamo felici, ci divertivamo tantissimo!
In quell'epoca vivevo ancora in Colombia. Mi ricordo che dopo la scuola io e mia sorella andavamo tutti i pomeriggi a giocare a casa dei nonni che avevano un bellissimo giardino. C'erano anche delle altalene, erano il nostro gioco preferito!

B. L'insegnante raccoglie e ridistribuisce tutti i testi. Presenta ai compagni quello che hai ricevuto.

- *Allora, io ho i ricordi di una bambina che adorava giocare in spiaggia e andare sull'altalena. Negli anni '80 viveva in Colombia...*

C. I tuoi compagni devono indovinare chi è l'autore del testo.

- *Forse è Marcela, perché da piccola viveva in Colombia, ha tanti cugini e le piace tanto il mare...*

D. E adesso fate l'album dei ricordi della classe! Stabilite dei criteri per raggruppare i testi e le fotografie (secondo gli anni, i temi...) e poi appendetelo in bacheca.

Giochi d'infanzia

Le figurine

Dal 1961 la Panini pubblica il mitico album di figurine Calciatori, che ha fatto felici migliaia di bambini. Il primo album per la raccolta aveva in copertina il milanista Nils Liedholm e la prima figurina stampata era quella di Bruno Bolchi, capitano dell'Inter. L'album, che costava 30 lire, aveva 40 pagine e conteneva 289 figurine. Ogni bustina costava 10 lire e conteneva 2 figurine.

La Panini ha poi ampliato il mercato pubblicando album per la raccolta di figurine di fumetti e cartoni animati, come ad esempio i Puffi, gli X-Men o i personaggi Disney.

Quando si avevano molti "doppioni" era normale fare uno scambio con gli amici o i compagni di scuola: si facevano vedere le figurine doppie agli altri bambini che dicevano "ce l'ho", se già avevano quella figurina, o "mi manca" se non ce l'avevano. Lo scambio avveniva solo quando entrambi trovavano una figurina mancante.

www.paninionline.com/collectibles/institutional/it/it/

1. E tu facevi la raccolta delle figurine? Qual era la tua favorita?

Il girotondo

È un gioco molto semplice per bambini piccoli della scuola materna e dei primi anni della primaria. I bambini si prendono per mano e formano un cerchio, cominciano a girare e cantano una filastrocca. Alla fine della filastrocca tutti si devono sedere velocemente per terra. L'ultimo che si siede perde.

Le biglie

Un classico sono le "corse su pista", soprattutto in spiaggia. Prima, quando i bambini stavano molto di più all'aria aperta, si giocava nei giardini sull'erba e sulla terra, dove era facile costruire una pista. La biglia avanza con un colpo delle dita. Vince chi arriva per primo al traguardo.

La conta

La conta serve soprattutto per stabilire i ruoli in un gioco, ad esempio chi comincia per primo. In questo caso, la conta si fa tra varie persone. Esistono però anche conte per due. Generalmente è accompagnata da una filastrocca, che può essere anche abbastanza lunga, e che è composta da versi in rima, spesso senza senso.

Ambarabà cici cocò
tre civette sul comò
che facevano l'amore
con la figlia del dottore
il dottore si ammalò
ambarabà cicci cocò!

Giro giro tondo
casca il mondo
casca la terra
tutti giù per terra!

Ponte ponente ponte pì
tappe ta Perugia
ponte ponente ponte pì
tappe tappe ri

Mi chiamo Lola e son spagnola,
per imparare l'italiano vado a scuola.
La mia mammina è parigina,
il mio papà è l'imperatore della Cina...

2. Questi giochi si fanno anche nel tuo paese? Di' ai tuoi compagni come si chiamano nella tua lingua e se ci sono delle varianti.

3. E tu, giocavi a questi giochi? Ne conosci altri? Parlane con i tuoi compagni.

Comprensione scritta

	nome della prova	parti della prova	tipologia di esercizi	durata	punteggio
CILS	Test di comprensione della lettura	3	• scegliere l'opzione corretta per ogni informazione (scelta multipla) • indicare se delle informazioni sono presenti nel testo (V/F) • scegliere l'informazione giusta per completare dei testi	30 minuti	12
CELI	Comprensione di testi scritti	2	• abbinare dei testi a delle immagini • scegliere l'opzione corretta per ogni informazione (scelta multipla)	2 ore (lettura + scritto)	25
PLIDA	Leggere	2	• scegliere l'opzione corretta per ogni informazione (scelta multipla) • abbinare dei testi a delle immagini	30 minuti	30

Suggerimenti e consigli per la prova

- Cerca di riconoscere la tipologia del testo (articolo di giornale, istruzioni, modulo, lettera, ecc.). Ti puoi aiutare osservando il formato e la struttura: presenza di titoli, sottotitoli, paragrafi, ecc.
- Prima di cominciare, leggi le domande dell'esercizio, così la tua lettura sarà già orientata a cercare le informazioni necessarie.
- Cerca le parole chiave nelle domande: chi, come, quando, perché... ti aiuteranno a reperire le informazioni che ti servono.
- Ricorda che non è necessario capire tutte le parole per poter rispondere alle domande. Aiutati con il contesto per le parole che non conosci.

ESERCIZIO 1

Leggi il testo. Poi leggi le informazioni e indica quali sono presenti nel testo.

RICORDI D'INFANZIA

Da piccolo non mi piaceva giocare con i miei fratelli perché erano grandi e forti e io perdevo sempre. Invece adoravo giocare con i compagni di scuola, soprattutto con Mario, che aveva i capelli ricci come me. La maestra si arrabbiava sempre con me perché diceva che chiacchieravo e facevo ridere gli altri. Il fine settimana di solito andavo dai nonni, che abitavano in campagna. D'estate andavo a nuotare in un fiume vicino a casa dei nonni. L'acqua era pulitissima e si vedevano i pesci. Adesso non si può più fare il bagno perché il fiume è inquinato.

- ☐ **1.** Da piccolo Jacopo giocava sempre con i suoi fratelli.
- ☐ **2.** Mario aveva i capelli come quelli di Jacopo.
- ☐ **3.** I compagni di scuola di Jacopo si divertivano con lui.
- ☐ **4.** La maestra si arrabbiava sempre con i suoi compagni.
- ☐ **5.** A scuola Jacopo parlava molto e distraeva i compagni.
- ☐ **6.** Il fine settimana normalmente Jacopo andava a trovare i nonni.
- ☐ **7.** Jacopo non nuotava nel fiume perché era inquinato.
- ☐ **8.** Jacopo d'estate andava a pescare nel fiume.

ESERCIZIO 2

Leggi il testo e marca l'opzione corretta (a, b, c) con una X.

Siena, venerdì 7 ottobre

Oggi finisce la terza settimana del corso d'italiano e sono molto contenta! I primi giorni molti studenti parlavano solo in inglese, francese o tedesco, ma adesso tutti cercano di comunicare in italiano. Piano piano si abituano alla nuova lingua, anche perché quando non capiscono una parola, preferisco spiegare il significato in italiano. Poi, per vedere se hanno capito, gli chiedo come si dice nella loro lingua. A volte gesticolo o faccio dei disegni alla lavagna... però mi sento un po' a disagio!

Ieri mi sono sentita delusa perché abbiamo fatto delle attività un po' difficili. Invece oggi tutto è andato bene! Le attività che ho proposto sono piaciute, anche a Markus, che è professore di tedesco ed è molto esigente. Di solito fa fatica a capire i programmi TV, ma il video di oggi gli è piaciuto e ha capito quasi tutto. Poi, Asami, una ragazza giapponese, che di solito si vergogna di parlare davanti al resto della classe, ha partecipato a un gioco di ruolo! Mi sono sentita così soddisfatta!

Dopo una giornata come questa, sono veramente felice di fare l'insegnante!

1. L'insegnante

☐ **a)** all'inizio del corso ha usato altre lingue per farsi capire.
☐ **b)** è felice perché gli studenti usano l'italiano per comunicare.
☐ **c)** è contenta perché gli studenti usano altre lingue.

2. Per spiegare il significato di una parola l'insegnante

☐ **a)** gesticola anche se non le piace molto.
☐ **b)** non fa disegni alla lavagna perché li trova infantili.
☐ **c)** traduce la parola nella lingua degli studenti.

3. Markus

☐ **a)** non ha problemi di comprensione perché è professore.
☐ **b)** preferisce vedere video difficili perché è molto esigente.
☐ **c)** oggi è riuscito a seguire l'attività di ascolto.

4. Asami

☐ **a)** è una ragazza che si sente a disagio quando parla a lezione.
☐ **b)** di solito partecipa ai giochi di ruolo a lezione.
☐ **c)** si sente molto ridicola quando lavora in piccoli gruppi.

ESERCIZIO 3

Leggi i testi e abbinali alle immagini corrispondenti.

1. Mi annoio da morire quando devo fare gli esercizi di grammatica!

2. Mi diverto un sacco quando l'insegnante ci fa fare gli esercizi di fonetica.

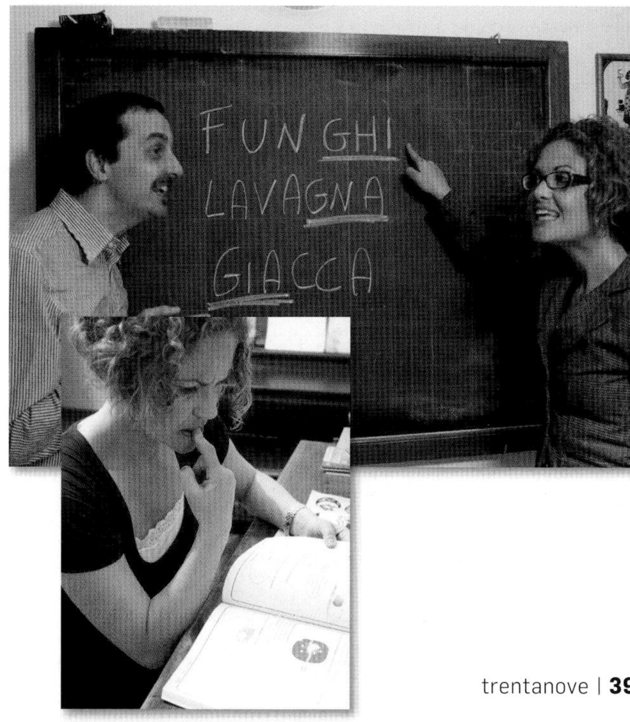

Autovalutazione

1. Competenze unità 1 e 2	Sono capace di...	Ho delle difficoltà a...	Non sono ancora capace di...	Esempi
descrivere strategie per apprendere una lingua				
esprimere motivi e intenzioni				
esprimere l'inizio, la durata e la fine di un'azione				
esprimere, emozioni, sentimenti e difficoltà				
parlare di abitudini del passato				
confrontare il passato e il presente				

2. Contenuti unità 1 e 2	So e uso facilmente...	So ma non uso facilmente...	Non so ancora...
tempi del passato: passato prossimo e imperfetto			
espressioni di anteriorità o posteriorità: **prima di** + infinito...			
verbi con preposizione: **cominciare a**...			
strutture di durata con **per, da, fa, è / sono**			
indicatori temporali del passato e del presente			
lessico relativo a giochi e hobby			

Bilancio

Come uso l'italiano	😃	🙂	😕	☹️
quando leggo				
quando ascolto				
quando parlo				
quando scrivo				
quando realizzo le attività				

La mia conoscenza attuale	😃	🙂	😕	☹️
della grammatica				
del vocabolario				
della pronuncia e dell'ortografia				
della cultura				

In questo momento i miei punti di forza sono: ....

In questo momento le mie difficoltà sono: ....

Idee per migliorare	in classe	fuori dalla classe (a casa mia, per la strada...)
il mio vocabolario		
la mia grammatica		
la mia pronuncia e la mia ortografia		
la mia pratica della lettura		
la mia pratica dell'ascolto		
le mie produzioni orali		
le mie produzioni scritte		

Se vuoi, parlane con un compagno.

3

NESSUN POSTO È COME CASA

Progettare e arredare la casa del futuro.

STRUMENTI PER IL NOSTRO PROGETTO:

I temi: la bioarchitettura; la casa del futuro; i materiali ecologici; l'arredamento e la ristrutturazione; annunci immobiliari; le faccende domestiche e gli elettrodomestici; il design italiano.

Le risorse linguistiche: l'uso di **essere** ed **esserci** per localizzare un oggetto; le espressioni di luogo; il futuro (I); i comparativi; **ce l'ho** / **non ce l'ho**; l'intonazione: sorpresa, impazienza, delusione; le consonanti scempie e doppie (**g** / **gg**).

Le competenze:

reperire e riconoscere il lessico relativo alla casa; comprendere la descrizione di un'abitazione e testi di carattere culturale.

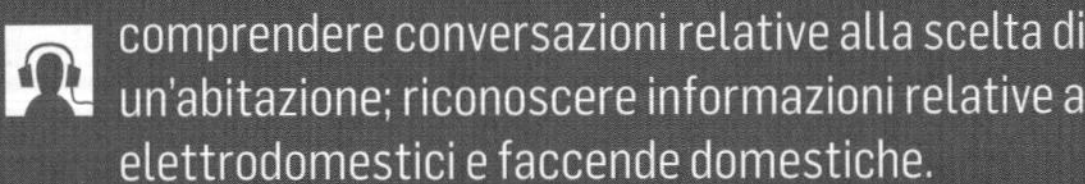
comprendere conversazioni relative alla scelta di un'abitazione; riconoscere informazioni relative a elettrodomestici e faccende domestiche.

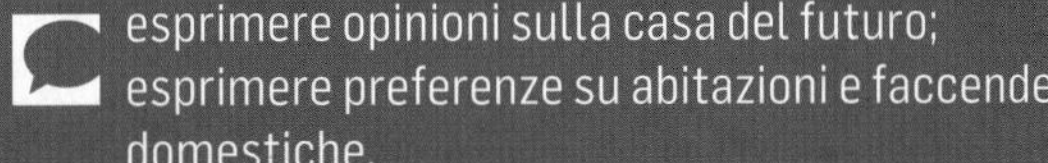
esprimere opinioni sulla casa del futuro; esprimere preferenze su abitazioni e faccende domestiche.

parlare dei propri gusti in relazione alle abitazioni e all'arredamento; discutere dei vantaggi e degli svantaggi delle case ecologiche.

scrivere un questionario per conoscere i gusti abitativi dei compagni.

architetto Thore Schaier / Bio-House

architetti Donner & Sorcinelli / Bio-House

Pannelli solari per un'energia più pulita

geometra Adriano Berton / Bio-House

PRIMO CONTATTO

BIOARCHITETTURA

A. Il futuro prevede un altro concetto di casa. Osserva le foto di questi progetti e metti in ordine di importanza questi aspetti.

spazio abitativo / risparmio energetico / ecosostenibilità alte prestazioni / benessere abitativo / rispetto dell'ambiente / personalizzazione / adattabilità

B. Con quali materiali sarà costruita la casa del futuro? Aiutati con il dizionario.

legno	lana	alluminio
cemento	ferro	sughero

Per integrarsi e adattarsi pienamente al paesaggio

architetto Marino Codato / Bio-House

Le case modulari si adattano a tutte le esigenze e ai gusti personali

architetto Paolo Fenos / Bio-House

Bio-House design

1. DIMMI COME VIVI E TI DIRÒ CHI SEI

A. Leggi l'articolo pubblicato dalla rivista «Casa mia» e sottolinea il lessico relativo alla casa.

Casa mia casa mia per piccina che tu sia...

COME E DOVE PIACE VIVERE AGLI ITALIANI: FLAVIANA E MARTA CI APRONO LE LORO CASE

VIVERE IN UNO SPAZIO MULTIUSO

"Quando si vive da soli la scelta della casa è generalmente limitata a spazi piccoli di uno o due ambienti al massimo. Secondo me un monolocale è più funzionale di un bilocale perché, anche se lo spazio è unico, è più ampio e si può gestire come si vuole". Questa è la ragione principale della scelta di Flaviana, una giovane stilista. "Per me è molto importante essere libera di organizzare lo spazio secondo le mie esigenze e i miei gusti. Ad esempio ho scelto di limitare la zona notte - il letto è su un soppalco - e di dare più spazio alla zona giorno, il salone e lo studio, perché ci passo molto più tempo". E sotto il soppalco: armadio e bagno (che non piace tanto a Flaviana). "È piccolo, quindi l'ho riempito di armadietti per le mie creme e i miei prodotti di bellezza. E poi la doccia è un po' stretta e non c'è il bidet...". In quanto alla cucina, dice che i fornelli sono pochi e il frigo è piccolo... ma per lei e il suo gatto vanno benissimo.

REINTERPRETARE GLI SPAZI

"Ho sempre amato i palazzi antichi, però una cosa non mi è mai piaciuta: la gestione degli spazi e la mancanza di luce" ci spiega Marta, architetto, che ha restaurato il suo appartamento. "I vecchi appartamenti sono meno luminosi di quelli nuovi e così ho sfruttato gli spazi eliminando i muri non necessari: la cucina e il salone sono un unico grande ambiente, per separarli uso dei pannelli mobili. Il bagno era piccolo e buio, quindi ne ho ricavato uno grande nella camera da letto: per avere più luce ho messo delle pareti di vetro opaco. La camera ora è più piccola, ma ci sto solo per dormire... preferisco un bel bagno per rilassarmi!". Marta è anche attenta al riciclo dei materiali: l'armadio per la lavatrice e l'asciugatrice è in sughero.

B. E tu, quale proposta preferisci? Parlane con i compagni.

- Io preferisco il monolocale: secondo me è più intimo.
- A me invece piacciono gli spazi ampi...

Il nostro progetto

Il compitino: e tu dove vivi? Parlane con i tuoi compagni e fate la classifica delle abitazioni della classe. Fate anche dei commenti per dire se siete soddisfatti o no.

2. VIVERE ECOLOGICO

A. Ecco l'ultima generazione dell'edilizia: la casa in legno. Secondo te quali sono i vantaggi e gli svantaggi di vivere in una casa come questa?

Bio-House design

Bio-House design

B. Ascolta l'intervista a Ilaria e Giovanni, appunta i vantaggi di cui parlano e poi confrontali con la tua lista. Poi parlane con i compagni.

- Secondo me un vantaggio è il risparmio: una casa in legno costa meno.
- □ Sì, però secondo me queste case sono tutte uguali...

(il) riscaldamento	(l') adattabilità
(il) risparmio	(l') originalità
(il) design	(l') esclusività
(la) costruzione	(la) varietà
(il) materiale	(la) comodità

3. RICICLIAMO!

L'ultima tendenza nel design è quella di riciclare. Scegli con un compagno i mobili e gli accessori che vi piacciono per arredare il vostro nuovo appartamento.

- A me piace la poltrona di cartone: ha uno stile classico però è moderna.
- □ Mmm... però quella in plastica sembra più comoda...

Emporium ricicla la plastica per la poltrona Cora e il lampadario Reload.

Lampada, poltrona e comodino tutto in cartone. Una proposta di kube-design.

Nuova vita ai materiali per il tavolo e il puff di Oradesign.

1. SCAMBIO CASA

A. Leggi l'e-mail di queste persone che hanno deciso di scambiarsi la casa per le vacanze. Poi scrivi il nome delle parti della casa nella piantina.

A : stefano1@gmails.it
Oggetto : Re: Appartamento rustico in Umbria
INVIA SALVA COME BOZZA ANNULLA ALLEGA FILE

Gentili Stefano e Giulia,
l'appartamento è abbastanza grande: ci sono il soggiorno, la cucina, due bagni, uno studio e due camere da letto. Entrando c'è subito l'ingresso con un armadio e a destra c'è un corridoio abbastanza lungo, da qui si accede alle varie stanze. Il soggiorno e la cucina sono a sinistra e di fronte ci sono un bagno e lo studio. In fondo al corridoio c'è la zona notte: la camera matrimoniale è a sinistra e a destra c'è l'altra camera. Il secondo bagno è nella camera matrimoniale. Dal soggiorno e dalla cucina (che non sono separati) si esce sulla terrazza.
Scriveteci se avete bisogno di altre informazioni, un saluto

Maia e Fabrizio

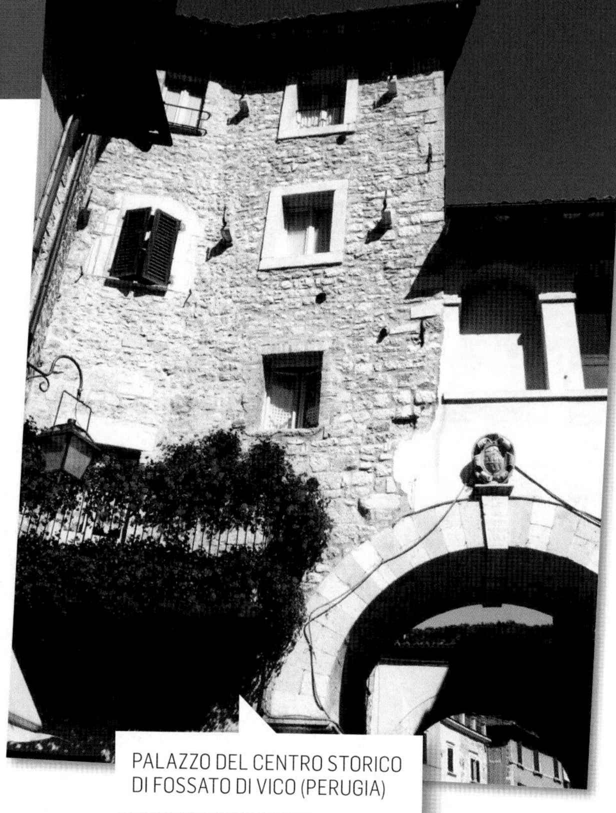

PALAZZO DEL CENTRO STORICO DI FOSSATO DI VICO (PERUGIA)

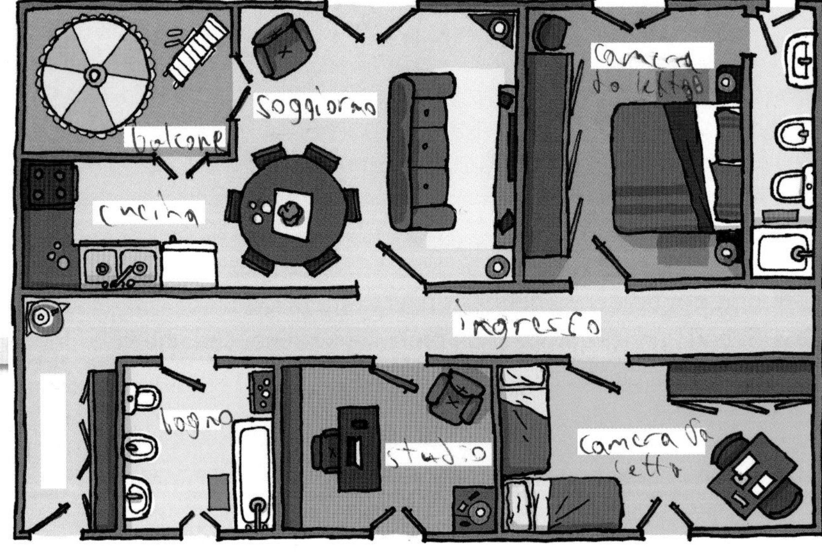

B. Osserva di nuovo la descrizione dell'appartamento e completa gli esempi con **c'è**/**ci sono** o **è**/**sono**.

A destra c'è lo studio.
In fondo .... la cucina.
Di fronte .... le camere.
Il soggiorno è a sinistra.
Il bagno .... in camera.
Le camere .... a destra.

C. Ascolta la telefonata tra Stefano e Maia e indica quali domande si fanno. Poi appunta anche le risposte.

traccia 14

☐ C'è la lavastoviglie?
☐ Nei bagni c'è la doccia o la vasca da bagno?
☐ Ci sono dei balconi?
☐ C'è Internet?
☐ C'è il microonde?
☐ Nel bagno piccolo c'è anche il bidet?
☐ In camera c'è la televisione?

2. AFFITTASI

A. Osserva le fotografie di questi alloggi per soggiorni brevi e abbinali agli annunci corrispondenti.

> **"In casa sua ognuno è re."**
> Proverbio italiano

metri quadrati

A Loft di 40 m² moderno e luminoso con terrazza di 20 m². Cucina completa, 4 posti letto, 6º piano con ascensore. Zona commerciale a 20 minuti dal centro.

B Zona residenziale. Appartamento di 55 m² su due piani in stile rustico, immerso nel verde. 4 posti letto, riscaldamento autonomo, giardino.

C Centro storico. In palazzo antico, bilocale di 35 m² totalmente ristrutturato. Terrazza condominiale con splendida vista sulla città. 3º piano senza ascensore.

traccia 15

B. Giorgia deve soggiornare a Firenze per tre mesi per motivi di lavoro. Ascolta la sua conversazione con l'agente immobiliare e indica quali commenti senti. Quale opzione sceglie alla fine?

Il loft è più moderno dell'appartamento su due piani.	✓
Il bilocale del centro è meno luminoso del loft.	
L'appartamento su due piani è più particolare del bilocale.	
Il bilocale è più comodo del loft.	✓
L'appartamento su due piani è spazioso come il loft.	✓
Il bilocale è meno caro del loft.	✓

C. Adesso osserva le formule di paragone del punto B e completa gli esempi.

La terrazza è più grande del balcone.
La sedia è meno comoda ...della... poltrona.
Il legno è ecologico ...come... il sughero.

Il compitino: qual è l'opzione più adatta a te? Devi soggiornare per qualche mese in Italia e hai bisogno di un alloggio. Il tuo compagno è l'agente immobiliare e ti aiuta a scegliere. Poi invertite i ruoli.

- Dunque sì, per un soggiorno di tre mesi abbiamo queste opzioni...
- Mmm... l'appartamento su due piani mi sembra meglio perché è più ampio del bilocale e ha il giardino...

3. LA CASA DEL FUTURO

A. Leggi queste affermazioni e di' se sei d'accordo o se ti sembrano assurde o esagerate.

- Tutto funzionerà senza cavi.
- Il soggiorno si trasformerà in uno spazio polifunzionale.
- Il bagno diventerà una zona relax: sarà grande e avrà un'estetica molto curata.
- La cucina non avrà importanza e sarà ridotta a un angolo cottura.
- La suddivisione degli ambienti sarà minima.
- Ci saranno dei lunghi corridoi con touch screen alle pareti.
- Il riscaldamento sarà elettromagnetico.
- Il design sarà sempre più minimalista.

• *Secondo me il riscaldamento non sarà elettromagnetico... mi sembra esagerato!*

B. Adesso leggi questo articolo e verifica se le affermazioni del punto A sono vere o false.

COME SARÀ LA CASA DEL FUTURO?

Designer e produttori sono d'accordo: la casa del futuro sarà caratterizzata da una minima suddivisione degli ambienti. Molto di più di una semplice abitazione, sarà un luogo di emozioni, intimo e ricco di suoni, odori e colori. Sceglieremo i materiali più ecologici e moderni, in grado di isolare dal caldo e dal freddo e di catturare la luce e i suoi riflessi. Grazie al genio degli interior designer, il soggiorno diventerà una zona-living polifunzionale, non esisteranno più corridoi e ingressi, il bagno e la cucina diventeranno più grandi. Il bagno, in particolare, assumerà protagonismo: diventerà una vera e propria zona relax dove accudiremo il corpo e lo spirito. In generale, l'estetica avrà una grande importanza: la bellezza emergerà dalle linee essenziali, il design sarà decisamente minimalista e unirà oriente e occidente in un'unica dimensione. I progressi tecnologici porteranno il riscaldamento elettromagnetico nelle nostre case e diremo definitivamente addio ai cavi, fastidiosi e antiestetici.

Modello casa modulare Oslo gentilmente concesso da Bio-House; progetto realizzato dagli architetti Donner e Sorcinelli

C. Rileggi attentamente l'articolo e individua le forme verbali che esprimono futuro. Poi indica qual è l'infinito del verbo corrispondente.

Il nostro progetto

Il compitino: adesso che sai come sarà la casa del futuro, immagina un mobile o un elettrodomestico e descrivilo ai tuoi compagni. Se vuoi, puoi anche fare un disegno del tuo progetto.

1. CE L'HAI LA LAVASTOVIGLIE?

A. Osserva le vignette e abbina le risposte alle domande corrispondenti.

No, non ce l'abbiamo!

No, non ce li ho!

No, non ce l'ho!

No, non ce le abbiamo!

B. Cosa non può mancare nelle vostre case? Parlane con un compagno.

- *Tu ce l'hai il microonde?*
- *Sì, ce l'ho. Per me è utilissimo!*

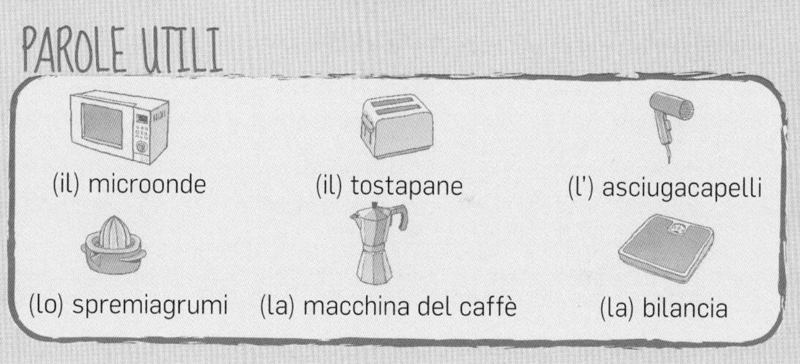

2. TU QUANDO STIRI?

traccia 16

A. Ascolta Simone e Daniela che parlano delle faccende domestiche. Chi fa cosa e quando? Se puoi, appunta anche i loro commenti.

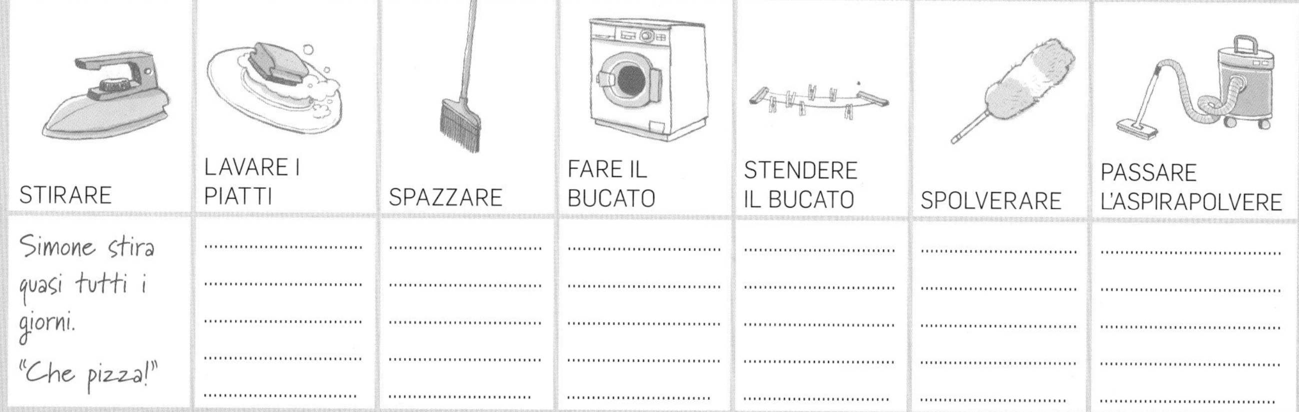

STIRARE	LAVARE I PIATTI	SPAZZARE	FARE IL BUCATO	STENDERE IL BUCATO	SPOLVERARE	PASSARE L'ASPIRAPOLVERE
Simone stira quasi tutti i giorni. "Che pizza!"	....	....	....	....	....	....

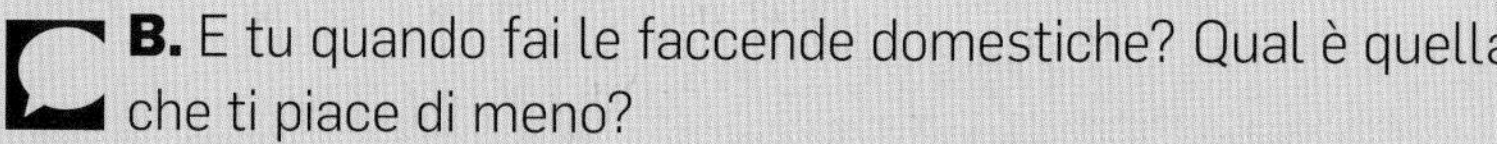

B. E tu quando fai le faccende domestiche? Qual è quella che ti piace di meno?

LOCALIZZARE

ESSERE
Oggetto da localizzare + **essere** + luogo
*La cucina **è** a destra.*
*Il computer **è** nello studio.*

ESSERCI
Luogo + **esserci** + oggetto da localizzare
*A destra **c'è** la cucina.*
*Nello studio **c'è** il computer.*

ESPRESSIONI DI LUOGO

La cucina è **a destra** e lo studio è **a sinistra**.
Il bagno è **in fondo al** corridoio.
La camera è **fra** / **tra** lo studio **e** il bagno.
Il comodino è **al lato del** / **accanto al** letto.
Intorno al tavolo ci sono le sedie.

CI LOCATIVO

Lo studio è la stanza più grande perché **ci** passo molto tempo.
La camera è piccola perché **ci** sto solo per dormire.

FUTURO (I)

Si usa per fare ipotesi sul futuro, per descrivere come sarà una situazione, una cosa, una persona, ecc.
Si può usare con espressioni che esprimono dubbio e incertezza come: *probabilmente, forse, chi lo sa se, vai a sapere se...*

ABITARE	PRENDERE	PARTIRE
abit**erò**	prend**erò**	part**irò**
abit**erai**	prend**erai**	part**irai**
abit**erà**	prend**erà**	part**irà**
abit**eremo**	prend**eremo**	part**iremo**
abit**erete**	prend**erete**	part**irete**
abit**eranno**	prend**eranno**	part**iranno**

Le desinenze della prima e della seconda coniugazione sono uguali; anche i verbi in -**are** prendono la **e** come vocale tematica:
abitare → abit**e**rò
~~abitare → abit**a**rò~~

ESSERE	STARE	FARE	DARE
sarò	starò	farò	darò
sarai	starai	farai	darai
sarà	starà	farà	darà
saremo	staremo	faremo	daremo
sarete	starete	farete	darete
saranno	staranno	faranno	daranno

Stare, **fare** e **dare** prendono la **a** come vocale tematica.
stare → st**a**rò
~~stare → st**e**rò~~
fare → f**a**rò
~~fare → f**e**rò~~
dare → d**a**rò
~~dare → d**e**rò~~

ALTRI VERBI IRREGOLARI
avere → avrò
andare → andrò
vivere → vivrò
vedere → vedrò
potere → potrò
dovere → dovrò
sapere → saprò
volere → vorrò
venire → verrò
bere → berrò
tenere → terrò
rimanere → rimarrò

CHIEDERE E DIRE SE POSSEDIAMO QUALCOSA

Hai l'asciugacapelli?
Sì, **ce l'**ho.
Avete il microonde e il minipimer?
No, non **ce li** abbiamo.
La TV e la lavastoviglie, Flavio non **ce le** ha.
La lavatrice? No, Dario e Rita non **ce l'**hanno.
Ce l'hai l'aspirapolvere?
No, non **ce l'**ho.

COMPARATIVI

IL COMPARATIVO DI MAGGIORANZA
sostantivo + essere + **più** + aggettivo + **di** + sostantivo
*Il legno è **più** ecologico **del** cemento.*

IL COMPARATIVO DI MINORANZA
sostantivo + essere + **meno** + aggettivo + **di** + sostantivo
*Il cemento è **meno** ecologico **del** legno.*

IL COMPARATIVO DI UGUAGLIANZA
sostantivo + essere + aggettivo + **come** + sostantivo
*Il legno è ecologico **come** il sughero.*
sostantivo + essere + aggettivo + ***quanto*** + sostantivo
*Il legno è ecologico **quanto** il sughero.*

ALTRE ESPRESSIONI
I mobili sono **diversi** / **simili** / **uguali** / **identici**.
Le poltrone **hanno lo stesso** prezzo / **la stessa** forma.

Per ogni stanza, scrivi gli oggetti che per te non possono mancare.

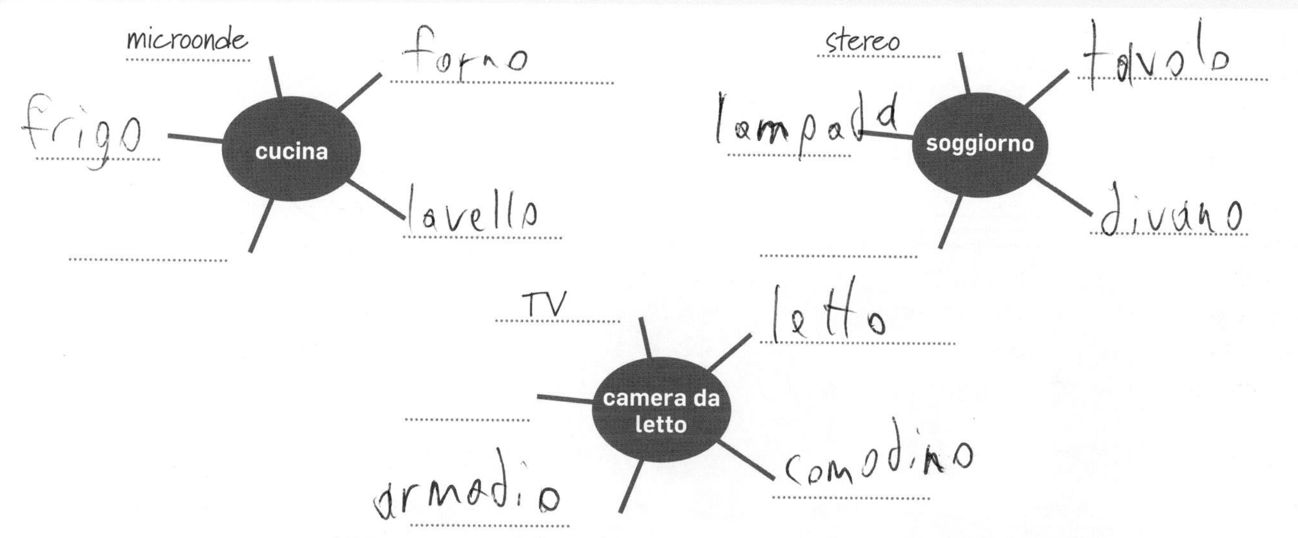

Suoni e lettere

traccia 17

A. Ascolta le frasi e indica per ognuna se esprimono sorpresa (S), impazienza (I) o delusione (D).

1. La TV non ce l'hai?!
2. L'appartamento è proprio carino, però non ci sono balconi!
3. No, la lavapiatti non ce l'ho!
4. Questo spremiagrumi non funziona!
5. Hai comprato una casa tutta di legno?
6. La macchina del caffè si è rotta!
7. Questa poltrona di cartone è comodissima!
8. Andrea, perché non hai lavato i piatti?

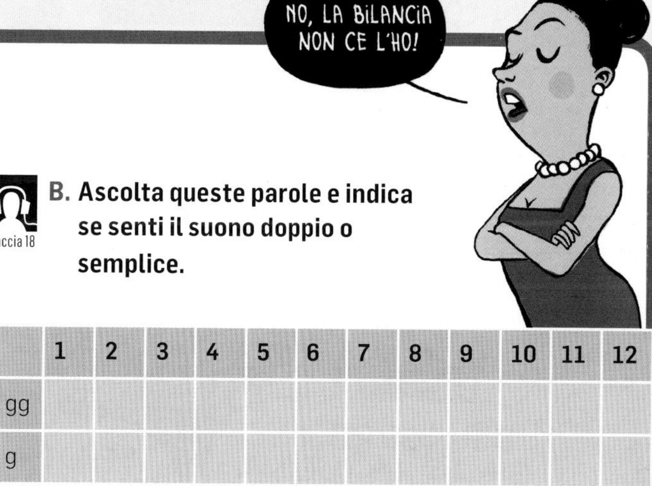

traccia 18

B. Ascolta queste parole e indica se senti il suono doppio o semplice.

	1	2	3	4	5	6	7	8	9	10	11	12
gg												
g												

1. RINNOVIAMO!

A. Un tuo compagno vuole rinnovare il suo appartamento e tu sei il suo consulente. Prepara delle domande per capire meglio le sue esigenze e necessità.

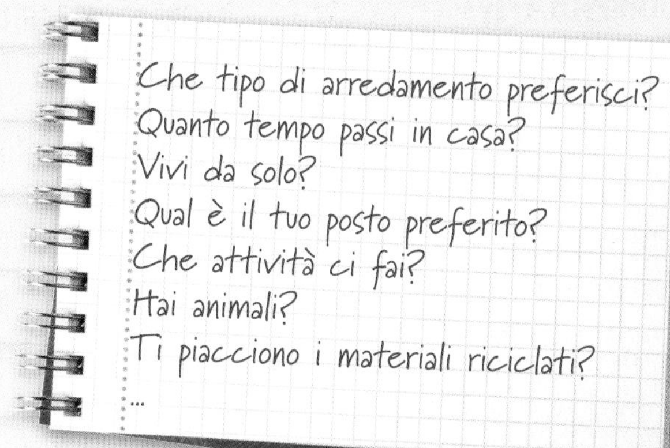

B. Adesso di' al tuo compagno cosa hai pensato per rinnovare la sua casa.

- Allora... possiamo fare la cucina più grande perché ti piace molto cucinare e dipingere le pareti di bianco...
- Mmm... non è meglio di crema? È un colore meno freddo del bianco però dà luce...

DUNQUE... POTREI METTERE IL SALOTTO AL POSTO DELLA CAMERA...
SPOSTARE UNA PARETE
ALLARGARE IL BAGNO E METTERCI L'IDROMASSAGGIO
COLTIVARE EUCALIPTI NELLO STUDIO
RICAVARE UN ANGOLO RELAX IN CORRIDOIO
DIPINGERE LE PARETI DI BLU E MALVA
DIPINGERE DI GIALLO LA CUCINA E SOPPALCARLA
SFRUTTARE MEGLIO L'INGRESSO RICAVANDOCI 12 ARMADI A MURO...

2. LA CASA IDEALE... DEL FUTURO

Il nostro progetto

A. A gruppi: avete la possibilità di progettare la vostra casa del futuro ideale. Prima di tutto dovete decidere dove si troverà (città, campagna, montagna...), che tipo di casa sarà, quante persone ci potranno vivere e quali materiali utilizzerete.

Progetto CASA ULISSE:
- casa mobile modulare
- per 4 persone
- legno, sughero, lana
...

B. Proseguite con il vostro progetto: pensate a come saranno gli spazi, alla funzione che avranno e disegnate la piantina. Poi pensate all'arredamento: scegliete i mobili, i colori, gli elettrodomestici, ecc.

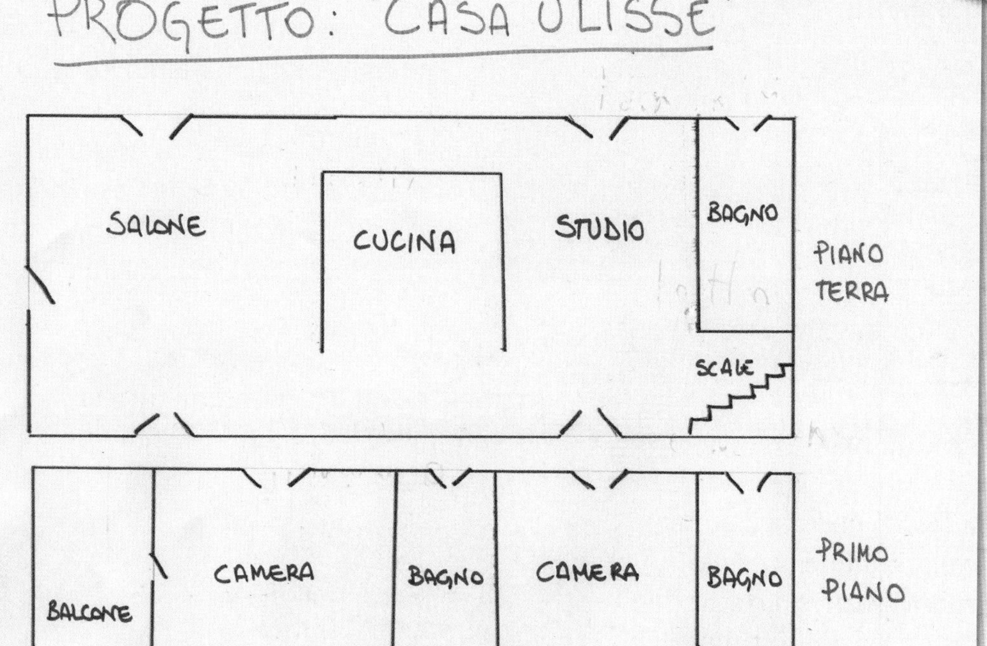

C. Adesso presentate il vostro prototipo ai compagni: esponete il progetto motivando le vostre scelte.

- Vi presentiamo "Casa Ulisse": si tratta di una casa modulare mobile. Abbiamo scelto questa tipologia perché ci piace cambiare e viaggiare. Sarà di legno perché è un materiale ecologico e molto adattabile...

D. Qual è il miglior progetto? Discutete e votate quello che vi è piaciuto di più. Potete appendere il progetto vincitore in bacheca.

Quando vuoi prendere tempo prima di iniziare un discorso, puoi usare degli elementi molto utili come *Allora...*, *Dunque...*, *Vediamo un po'...*, *Bene...*

Il "Bel design" italiano

IL DESIGN MUSEUM DELLA TRIENNALE DI MILANO

La Triennale di Milano

È il punto di riferimento principale per il design italiano, dal 1923 organizza mostre di grande visibilità dedicate all'arte contemporanea, agli architetti e designer di fama nazionale e internazionale, a temi sociali. Alla V edizione (1933), la prima con sede definitiva a Milano, partecipa anche l'architetto Gio Ponti, che porta alla Triennale il Razionalismo italiano. Un'altra presenza importante è quella di Pagano che presenta un esempio di sperimentazione di materiali moderni: la Casa in Struttura d'acciaio, realizzata con Franco Albini, Camus, Giancarlo Palanti, Mazzoleni e Minoletti.

Gli anni '50 e '60

In quegli anni l'Italia diventa il punto di riferimento e di confluenza delle nuove generazioni creative. Lo stile italiano si caratterizza e si distingue per la combinazione di fantasia e rigore progettuale, e si manifesta in diversi ambiti: nel design industriale, dell'arredo e dell'auto. Sono gli anni delle FIAT 500 e 600, della famosa macchina da scrivere Olivetti e del boom degli elettrodomestici: la forma diventa importante anche nei settori tecnologici.

L'OLIVETTI "STUDIO 45" DI ETTORE SOTTSASS

LA SEDIA "MEZZADRO" E LA LAMPADA "TACCIA" DI ACHILLE CASTIGLIONI

1. Nel tuo paese ci sono architetti e designer importanti? Fai una ricerca per presentarli ai tuoi compagni.

Un design "emozionale"

Il design italiano reinventa gli oggetti dando nuova vita a materiali considerati di scarto, è in grado di combinare funzionalità e ironia. È un design pieno di emotività e suggestioni: non si cerca solo l'utilità ma si vuole trasmettere anche una forte carica umana e affettiva. Nella seconda metà degli anni '60 si sviluppa una nuova visione di progettazione (design radicale) che vede il design come un mezzo per esprimere il proprio pensiero e le proprie emozioni. La forma non è più determinata solo dalla funzione, ma anche da ricerche emotive che vogliono comunicare sensazioni a chi usa l'oggetto.

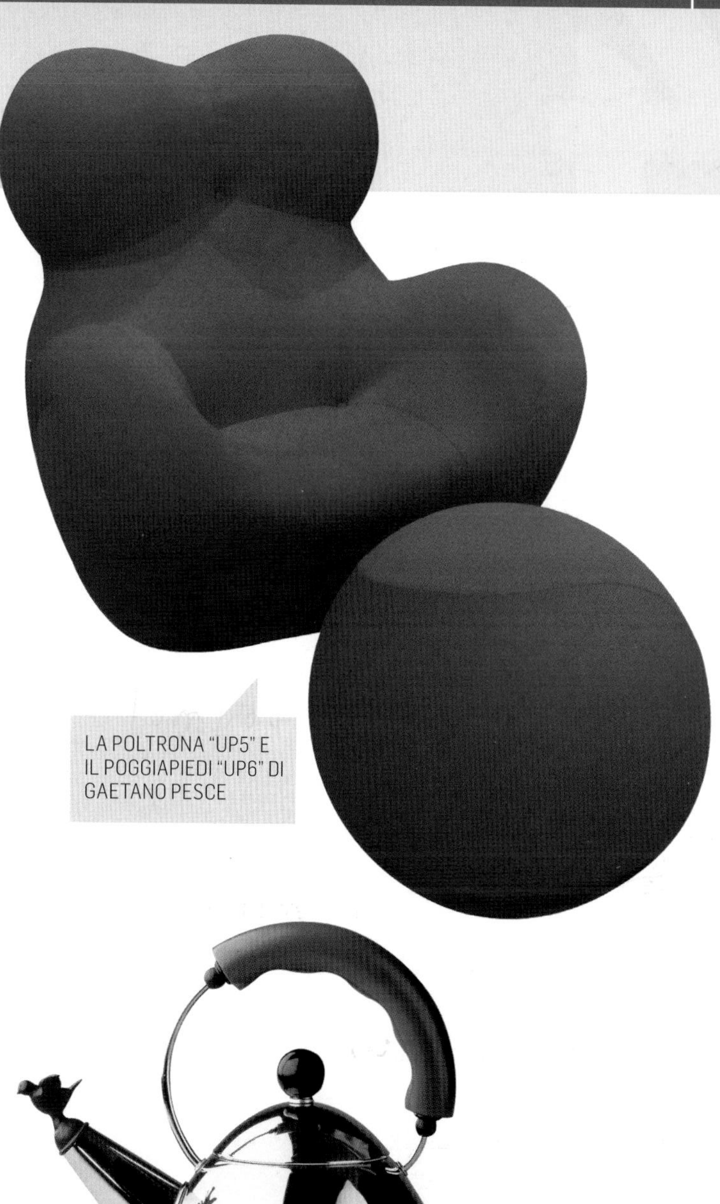

LA POLTRONA "UP5" E IL POGGIAPIEDI "UP6" DI GAETANO PESCE

ORIGINALI PROPOSTE DI ALESSI

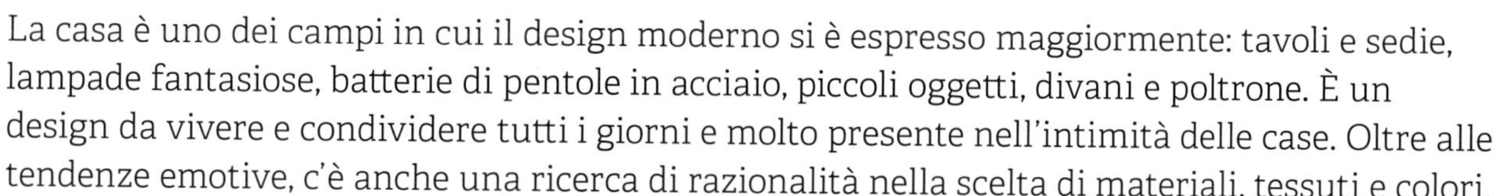

Un design "conviviale"

La casa è uno dei campi in cui il design moderno si è espresso maggiormente: tavoli e sedie, lampade fantasiose, batterie di pentole in acciaio, piccoli oggetti, divani e poltrone. È un design da vivere e condividere tutti i giorni e molto presente nell'intimità delle case. Oltre alle tendenze emotive, c'è anche una ricerca di razionalità nella scelta di materiali, tessuti e colori.

2. Hai oggetti di design a casa tua? Di che stile sono? Per quale motivo li hai scelti?

4

UNA VITA DA SPETTACOLO

Il nostro progetto

Preparare un'intervista per scrivere una biografia.

STRUMENTI PER IL NOSTRO PROGETTO:

I temi: il cinema, il teatro e la musica italiana; l'opera; Cinecittà; il Festival di Sanremo; la Mostra del Cinema di Venezia.

Le risorse linguistiche: passato prossimo / imperfetto indicativo; l'accordo del participio passato con l'oggetto; i connettivi temporali e causali; le espressioni temporali; i suoni [v] e [f]; le consonanti scempie e doppie (**v** e **f**).

Le competenze:

- comprendere aneddoti, biografie e cronologie.
- comprendere cenni biografici e aneddoti; riconoscere e distinguere differenti intonazioni.
- raccontare aneddoti e storie; riferire avvenimenti.
- informarsi su eventi del passato; commentare delle notizie e degli avvenimenti curiosi.
- scrivere brevi biografie; redigere delle domande per un'intervista.

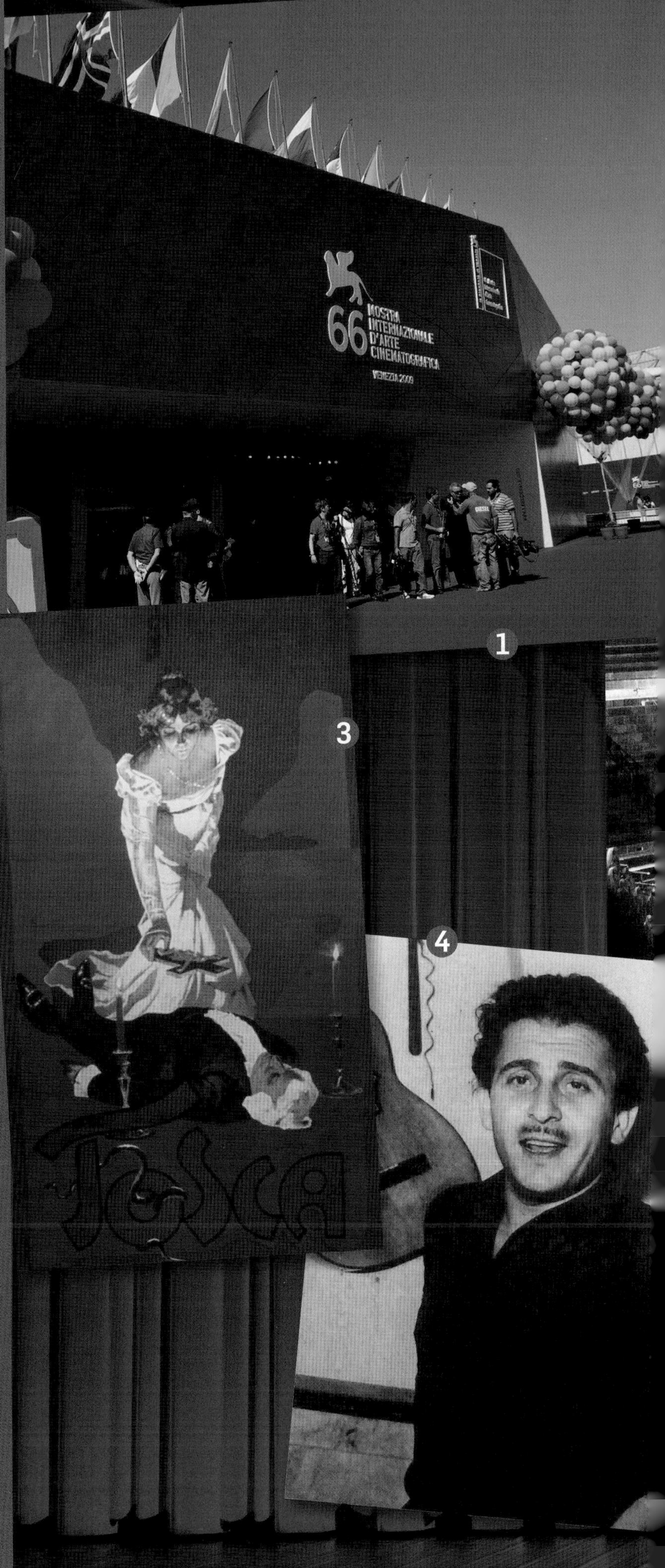

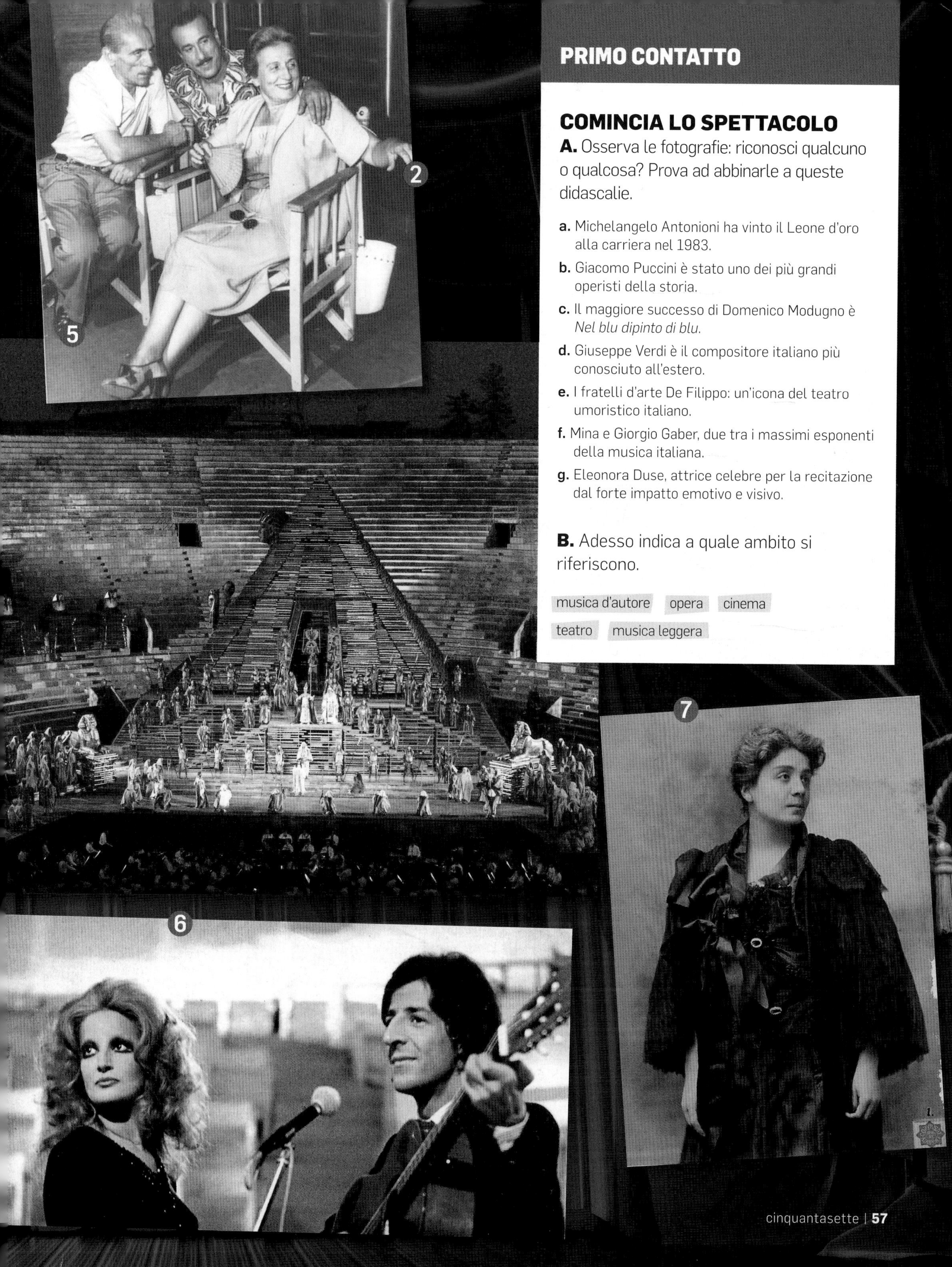

PRIMO CONTATTO

COMINCIA LO SPETTACOLO

A. Osserva le fotografie: riconosci qualcuno o qualcosa? Prova ad abbinarle a queste didascalie.

a. Michelangelo Antonioni ha vinto il Leone d'oro alla carriera nel 1983.
b. Giacomo Puccini è stato uno dei più grandi operisti della storia.
c. Il maggiore successo di Domenico Modugno è *Nel blu dipinto di blu*.
d. Giuseppe Verdi è il compositore italiano più conosciuto all'estero.
e. I fratelli d'arte De Filippo: un'icona del teatro umoristico italiano.
f. Mina e Giorgio Gaber, due tra i massimi esponenti della musica italiana.
g. Eleonora Duse, attrice celebre per la recitazione dal forte impatto emotivo e visivo.

B. Adesso indica a quale ambito si riferiscono.

musica d'autore | opera | cinema | teatro | musica leggera

1. GRANDE, GRANDE, GRANDE

traccia 19

A. Ecco le biografie di alcuni personaggi che hanno fatto la storia del cinema italiano. Prova a dire a chi si riferiscono e poi controlla con la registrazione.

Anna Magnani | Vittorio de Sica | Sophia Loren | Marcello Mastroianni | Pier Paolo Pasolini | Mariangela Melato

Mariangela Melato, Nino Manfredi ed Eli Wallach

Federico Fellini, Marcello Mastroianni e Sophia Loren

A. Regista e scrittore (1922 - 1975)

È stato una delle figure cruciali della cultura italiana del XX secolo.
Prima di intraprendere la strada della regia, ha lavorato come sceneggiatore per Fellini e Bolognini.
Come regista ha diretto alcuni tra i film più importanti del '900, tra cui *Accattone* e *Uccellacci e Uccellini*.
Come poeta e romanziere ha pubblicato molti libri tra cui *Ragazzi di vita* e *Una vita violenta*.

B. Attrice (1908-1973)

Raggiunge la fama mondiale nel 1945 e vince il suo primo Nastro d'Argento per l'interpretazione in *Roma città aperta* di Roberto Rossellini, film manifesto del Neorealismo.
È stata la prima interprete italiana a vincere il Premio Oscar come migliore attrice protagonista (*La rosa tatuata*, 1955).
La sua ultima apparizione nel cinema è avvenuta nel 1972 nel film *Roma* di Fellini.

C. Attore (1924 - 1996)

È stato l'attore cinematografico più noto all'estero della sua generazione.
Si è affermato in teatro, a soli 24 anni, recitando il ruolo del protagonista in *Un tram che si chiama desiderio*, diretto da Luchino Visconti.
Ha lavorato con alcuni dei registi italiani e stranieri più importanti tra cui Luchino Visconti, Mario Monicelli, Theo Angelopoulos e Manoel de Oliveira.
Con Federico Fellini ha girato alcuni dei film più importanti della storia del cinema, *La dolce vita* e *Otto e mezzo*.

B. E degli altri personaggi cosa sai? Fai una ricerca su internet e prepara delle schede informative indicando la professione e i più grandi successi.

Il nostro progetto

Il compitino: quali sono i personaggi più famosi della storia del cinema del tuo paese? Scegline uno e presentalo con qualche frase.

2. DESTINI INCROCIATI

A. Leggi questi aneddoti e poi, con un compagno, scegli un titolo per ogni testo.

NINO ROTA E FEDERICO FELLINI

Un giorno, nei primi anni del Dopoguerra, mentre usciva dalla casa cinematografica Lux a Roma, Federico Fellini ha visto un signore alla fermata dell'autobus, si è avvicinato e gli ha chiesto quale autobus stava aspettando. Il signore, che era il maestro Nino Rota, gli ha detto il numero di un autobus che non passava di là. Mentre Fellini stava spiegando a Rota che si trovava alla fermata sbagliata, incredibilmente l'autobus è arrivato. Così è cominciata la collaborazione tra il regista e il musicista.

FEDERICO FELLINI E GIULIETTA MASINA

Federico Fellini e Giulietta Masina si sono incontrati nel 1942 alla Eiar (Rai). A Giulietta, Federico non piaceva tanto: "Sembra un fachiro, somiglia a Gandhi. È tutt'occhi, occhi profondi, inquieti, indagatori". Per lui, invece, è stato il classico colpo di fulmine: "È un peperino piccolo piccolo, mi piace tanto, mi fa tanto ridere". Nel giro di pochi mesi i due sono diventati inseparabili. Si sono sposati il 30 ottobre del 1943. Da quel momento Giulia Anna Masina è diventata Giulietta e tra i due è nato un sodalizio artistico e amoroso che li ha accompagnati fino alla morte. Più tardi, Fellini ha detto: "Il nostro primo incontro io non me lo ricordo, perché in realtà io sono nato il giorno in cui ho visto Giulietta per la prima volta".

ENNIO MORRICONE E SERGIO LEONE

Da bambini Ennio Morricone e Sergio Leone vivevano a Trastevere ed erano compagni di classe alle elementari, ma nel 1964 il regista non ha riconosciuto il musicista quando lo ha incontrato per la colonna sonora di *Per un pugno di dollari*. Sergio Leone ed Ennio Morricone sono stati una grande coppia del cinema italiano che ha dato vita a tanti film memorabili. Morricone ha confessato che *Tema di Deborah*, motivo indimenticabile che accompagna le immagini del film *C'era una volta in America*, era in realtà per un altro film e che quando Sergio Leone lo ha scoperto, ha chiesto all'amico di fargli sentire sempre tutti i temi che gli altri non volevano.

B. Conosci uno o più aneddoti su un personaggio famoso? Raccontali ai tuoi compagni che devono indovinare di chi si tratta.

1. IL PERSONAGGIO MISTERIOSO

A. Ecco alcune note biografiche di una celebrità italiana. Di chi si tratta?

1 È nato a Bologna il 4 marzo 1943, data che è diventata il titolo di uno dei suoi grandi classici, ma che si conosce di più con il titolo *Gesù Bambino*. Suo padre era direttore del club di tiro a volo di Bologna e sua madre era sarta e casalinga.

2 La prima volta che si è presentato al Festival di Sanremo, nel 1971 con la canzone *4/3/1943*, la censura ha cambiato il titolo della canzone, che si chiamava inizialmente *Gesù bambino*, perché lo considerava irrispettoso. Inoltre hanno censurato alcune parti del testo e le hanno modificate.

3 La sua copiosa produzione artistica ha attraversato numerose fasi, dalla stagione beat alla sperimentazione ritmica e musicale, fino alla canzone d'autore, arrivando a varcare i confini dell'Opera e della musica lirica. È stato un artista di fama internazionale.

4 Marco Guidi, amico d'infanzia, ricorda che era il più piccolo di tutti, ma giocava benissimo a basket e a calciobalilla e suonava perfettamente il clarinetto. Ma soprattutto aveva una sensibilità istintiva che gli faceva intuire molte cose e che lo rendeva in qualche modo certo del suo futuro.

5 Ha partecipato quattro volte al Festival di Sanremo ma non ha mai vinto il primo posto, anche se alcune canzoni che ha presentato al Festival hanno avuto un notevole successo.

6 È morto il 1º marzo 2012, all'hotel Ritz di Montreux in Svizzera, dopo aver fatto il suo ultimo e definitivo concerto nell'Auditorium Stravinski Concert Hall. Il funerale si è tenuto il 4 marzo, giorno del suo 69º compleanno, nella basilica di San Petronio a Bologna, in cui c'erano oltre 50.000 persone.

www.luciodalla.it

B. Trova nei testi i verbi al passato prossimo e all'imperfetto. Osserva la funzione che ha ciascuno di loro, poi completa il quadro indicando il tempo verbale giusto.

Per descrivere persone, luoghi, situazioni, fatti passati abituali prolungati o ripetuti si usa:

....

Per raccontare azioni ed avvenimenti passati conclusi si usa:

....

> « Compiva sedici anni / quel giorno la mia mamma / le strofe di taverna / le cantò a ninna nanna / e stringendomi al petto che sapeva / sapeva di mare / giocava a far la donna / con il bimbo da fasciare. »
>
> Lucio Dalla, *4/3/1943*

C. Nella tua lingua c'è una differenza simile nell'uso dei tempi del passato?

2. LA FABBRICA DEI SOGNI

A. Leggi le seguenti informazioni su Cinecittà e metti in ordine cronologico i brani del testo.

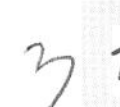

Dal 1945 al 1955, con il Neorealismo, i cineasti si sono spostati dai teatri di posa di Cinecittà alla strada, per cercare riprese più autentiche. La crisi è durata per tutti gli anni '40. Il 1951 è stato l'anno della svolta. L'americana MGM ha deciso di girare *Quo Vadis?* e da quel momento i registi sono tornati a girare a Cinecittà.

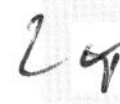

Durante gli anni della Seconda guerra mondiale il complesso è caduto in rovina e solo nel 1945 i teatri di Cinecittà hanno ripreso a funzionare.

Ad esempio, nel 2002 Martin Scorsese ha girato il suo film *Gangs of New York* nel set Broadway di Cinecittà, dove è stata ricreata la New York del XIX secolo.

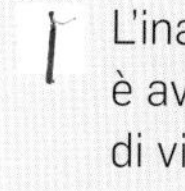

L'inaugurazione di Cinecittà, situata nel quartiere Tuscolano di Roma, è avvenuta il 21 aprile 1937, dopo un anno di lavori. Nei primi anni di vita, Cinecittà si è specializzata nella produzione di commedie e opere musicali, oltre che in melodrammi che esaltavano il patriottismo e il valore italico come voleva il regime fascista.

A partire dall'inizio degli anni '80 e fino agli anni 2000, gli studi di Cinecittà hanno risolto il problema della crisi affittando gli spazi alle produzioni televisive. Successivamente, grazie a una nuova ondata di costose produzioni cinematografiche, a Cinecittà si tornano a girare anche i film.

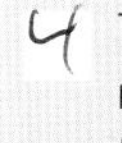

Tra gli anni '50 e '60 gli studi hanno vissuto i loro momenti di massimo splendore. Intanto molti registi stranieri e italiani erano tornati a girare i propri film a Cinecittà. Il flusso di lavoro è diventato costante, anche quando la crisi del cinema italiano si è fatta nuovamente sentire negli anni '70.

B. Cerca nel testo tutte le espressioni temporali e completa il quadro. Puoi aggiungere altre espressioni che conosci già.

www.cinecittastudios.it

PER RIFERIRSI A UNA DATA PRECISA	PER RIFERIRSI A UN PERIODO DI TEMPO
il 21 aprile 1937	gli anni '40
....	....
....	....
....	....
....	....
....	....
....	....

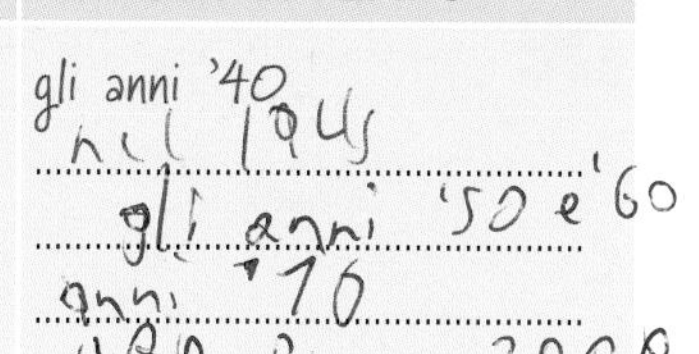

C. C'è un posto nel tuo paese o nella tua città legato a un determinato tipo di arte? Racconta la sua storia.

curiosità

I paparazzi sono fotografi sempre in cerca di personaggi famosi: l'obiettivo è quello di fotografarli di sorpresa nell'intimità della loro vita privata. Lavorano per giornali scandalistici e di cronaca mondana. Il termine paparazzo compare per la prima volta nella Dolce vita *di Fellini, è il cognome di un fotografo.*

3. LA PRIMA VOLTA CHE...

A. Leggi il testo di Fabiana mentre il tuo compagno legge quello di Elio.

La prima volta che sono stata all'opera ho visto l'*Aida* all'Arena di Verona. Ero molto incuriosita perché mio padre ne parlava spesso. Siccome dovevo arrivare presto per prendere il posto, sono arrivata verso le tre del pomeriggio. Appena sono entrata, sono rimasta sbalordita dalla bellezza dell'Arena. Ho aspettato fino alle nove di sera... ma quando è iniziato lo spettacolo, è stato bellissimo! Poiché le scenografie erano molto grandi e in scena c'erano dei cavalli, gli intervalli tra un atto e l'altro erano lunghissimi. Insomma, lo spettacolo è finito verso l'una di notte. Alla fine ero molto stanca ma felicissima!

Fabiana

Beata te! Per me è stata una brutta esperienza! Sono andato con i miei nonni al Teatro La Scala di Milano a vedere *La Bohème*. Dato che era la prima volta che andavo alla Scala, ho visitato l'edificio. Nel momento in cui la visita è finita, i nonni sono andati a prendere i posti e intanto io sono andato in bagno. Mentre ero in bagno, hanno avvisato che stava per cominciare lo spettacolo. Visto che non arrivavo, mia nonna è venuta a cercarmi... ma hanno spento le luci ed è caduta per le scale! E così io e la nonna siamo andati in ospedale, mentre il nonno si vedeva l'opera.

Elio

B. Adesso completa il quadro con i connettivi temporali e causali del testo che hai letto.

CONNETTIVI TEMPORALI	CONNETTIVI CAUSALI
appena	perché
....	....
....	....
....	....
....	....

C. Racconta al tuo compagno il testo che hai letto usando i connettivi che hai trovato. Poi lui ti racconta il suo. Rivedete il quadro B insieme.

- Fabiana racconta che è andata all'opera la prima volta perché suo padre...

D. Ecco gli altri commenti al post di Fabiana. Abbina l'inizio di ognuno al suo seguito osservando a quale elemento si riferiscono i pronomi **l'** (lo, la), **li** e **le**.

1. La prima volta che ho sentito dal vivo un cantante d'opera è stato all'evento Pavarotti&Friends...
2. Puccini mi piace così tanto che conservo tutti i biglietti degli spettacoli...
3. Adoro Verdi, per me è il più grande e le sue opere sono speciali...
4. La prima opera che ho visto è stata *Tristano e Isotta*....

a. ...li ho appesi in una bacheca!
b. ...le ho viste tutte!
c. ...ma non l'ho capita perché era in tedesco!
d. ...l'ho trovato molto interessante perché è un bell'incontro tra lirica e musica pop.

E. Adesso osserva l'accordo del participio e completa il quadro. Prova a formulare la regola.

li ho appes**i**	**l'**ho capit......
le ho vist......	**l'**ho trovat......

INCREDIBILE MA VERO!

traccia 20

A. Ascolta le notizie e indica quali di queste espressioni senti.

1. a) Che interessante!
   b) Ma dai!
   c) Sul serio?

2. a) Non mi dire!
   b) Che peccato!
   c) Ma va!

3. a) Davvero?
   b) Non ci posso credere!
   c) Oddio!

4. a) Accidenti!
   b) Mammamia!
   c) Ah sì?

B. Rileggi le espressioni del punto A, le conosci? Parlane con i compagni e con l'insegnante. Prova a cambiare l'intonazione: cambia il significato?

C. Adesso leggi queste notizie e curiosità. Quali espressioni del punto A puoi usare per commentarle?

Il 4 giugno 1994, ad Ostia (Roma), Troisi è morto nel sonno a causa del suo cuore malato, appena ventiquattro ore dopo aver terminato le riprese de *Il postino*, diretto da Michael Radford, il film che ha amato di più.

Sergio Leone è stato uno dei registi più importanti della storia del cinema italiano e internazionale, particolarmente noto per i suoi film del genere "spaghetti western". Ha influenzato numerosi registi come Clint Eastwood, Quentin Tarantino, Stanley Kubrick, Martin Scorsese e Brian de Palma.

Vittorio Gassman si è sposato quattro volte, sempre con attrici: Nora Ricci, Shelley Winters, Juliette Mayniel e Diletta D'Andrea. Ha avuto quattro figli: Paola, Vittoria, Alessandro e Jacopo; un figlio con ogni moglie.

Da giovane Luciano Pavarotti non ha deciso subito di intraprendere una carriera musicale vera e propria. Ha studiato per diventare insegnante di educazione fisica e ha insegnato alle scuole elementari per due anni.

L'Italia ha vinto più di dieci volte il Premio Oscar nella categoria di miglior film straniero. Anna Magnani e Sophia Loren hanno vinto il Premio Oscar come miglior attrice protagonista: la Magnani nel 1956 con il film *La rosa tatuata* e la Loren nel 1962 con *La ciociara*.

La lingua italiana è ricca di elementi che rendono la comunicazione molto vivace. Per ricordare meglio queste espressioni puoi vedere film e serie tv in lingua originale e leggere, ad esempio, dei fumetti.

PARLARE DEL PASSATO

PASSATO PROSSIMO

Usiamo il passato prossimo per parlare di azioni del passato che si sono concluse:
Sono andato/a *al concerto di Franco Battiato.*
Abbiamo visto *tutti i film di Fellini.*

Esprime azioni che sono accadute una sola volta:
Ho comprato *i biglietti per lo spettacolo di stasera.*

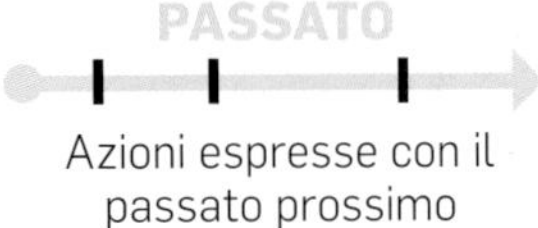

Azioni espresse con il passato prossimo

IMPERFETTO

Usiamo l'imperfetto indicativo per parlare di azioni che hanno una durata indeterminata:
Lucio Dalla ***suonava*** *perfettamente il clarinetto.*
Sergio Leone ***viveva*** *a Trastevere.*

Esprime azioni che si sono ripetute regolarmente:
Andavo *al cinema con mio nonno.*

Azione espressa con l'imperfetto

IL PASSATO PROSSIMO DI ALCUNI VERBI

I verbi *succedere, accadere, capitare...* che usiamo per introdurre un fatto, un avvenimento, un incidente, ecc. prendono l'ausiliare **essere**:
È successa una cosa incredibile!
A Martino è capitata una cosa strana...

IL PRESENTE

Nella lingua scritta per parlare di azioni ed avvenimenti passati possiamo usare anche il presente:
Anna Magnani ***raggiunge*** *la fama mondiale nel 1945.*

ACCORDO DEL PARTICIPIO PASSATO

AUSILIARE ESSERE

Quando è accompagnato dall'ausiliare **essere**, il participio passato concorda in genere e numero con il soggetto:
Anna Magnani ***è*** *stat****a*** *la prima interprete italiana a vincere il Premio Oscar.*
Federico Fellini e Giulietta Masina si ***sono*** *incontrat****i*** *nel 1942.*

AUSILIARE AVERE

Quando è accompagnato dall'ausiliare **avere**, il participio passato rimane invariato:
Gli studi di Cinecittà ***hanno*** *ospitat****o*** *produzioni famose.*

Ma se è preceduto dai pronomi diretti **lo**, **la**, **li**, **le** e dal pronome **ne** concorda con l'oggetto in genere e numero:
(Il film) ***l'****ho vist****o*** *ieri sera.*
(Questa attrice) ***l'****ho vist****a*** *in un film francese.*
(I biglietti) ***li*** *ho comprat****i*** *tempo fa.*
(Le canzoni) ***le*** *ho imparat****e*** *a memoria.*
(Di biglietti) ***ne*** *ho comprat****i*** *due.*

CONNETTIVI CAUSALI

Per indicare una causa, una ragione, un motivo:
perché
siccome
poiché
dato che
visto che

CONNETTIVI TEMPORALI

Per localizzare un fatto nel tempo:
quando
mentre
allora
intanto
nel momento in cui
appena

RIFERIRSI A UNA DATA PRECISA

nel 2000   il 26 maggio 1977
il 1941   nel febbraio del 1993

RIFERIRSI A UN PERIODO DI TEMPO

negli anni '30   dal 1986 al 1990
gli anni '70   gli anni dell'università

Cosa utilizzo per:

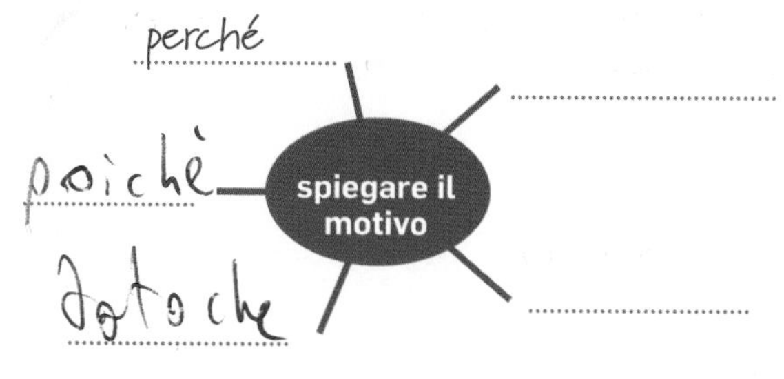

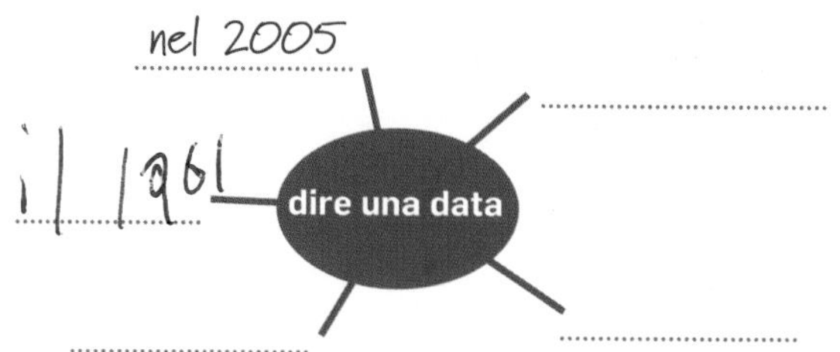

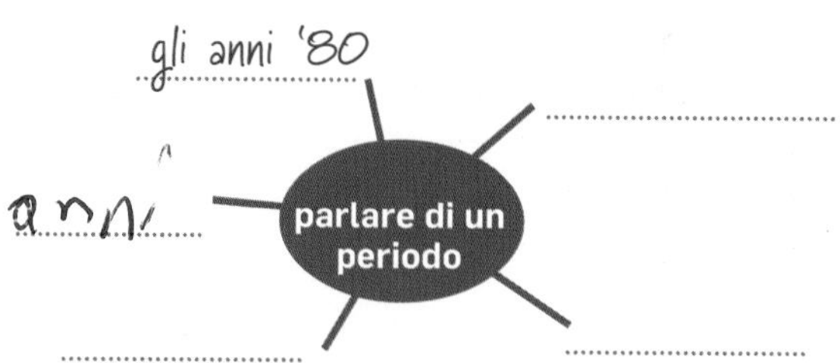

Suoni e lettere

traccia 21

A. Ascolta queste espressioni e indica per ognuna che sentimento trasmette.

1	sorpresa	disinteresse
Ma dai		
Ma dai		

2	sorpresa	disinteresse
Non mi dire		
Non mi dire		

3	sorpresa	disinteresse
Davvero		
Davvero		

traccia 22

B. Ascolta le parole e indica se contengono il suono /v/ o /f/. Poi scrivile sul tuo quaderno e leggile a voce alta.

	1	2	3	4	5	6
v						
f						

traccia 23

C. Ascolta queste parole e indica quale suono senti.

	1	2	3	4	5	6	7	8	9	10
v										
vv										
f										
ff										

1. SAI COSA MI È SUCCESSO?

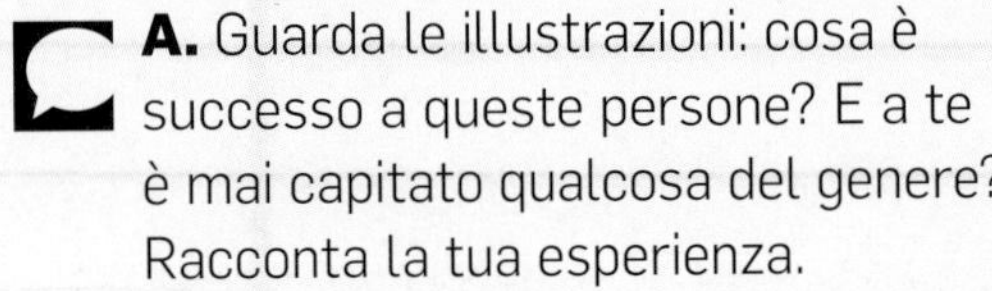

A. Guarda le illustrazioni: cosa è successo a queste persone? E a te è mai capitato qualcosa del genere? Racconta la tua esperienza.

- Sapete cosa mi è capitato? Una volta ho invitato a cena una ragazza che mi piaceva tanto, il ristorante era caro e volevo offrire io... ma non avevo il portafogli!
- Ma dai! E cosa hai fatto? Cosa è successo?

traccia 24

B. Adesso ascolta cosa è successo a Lucia durante un viaggio. Appunta sul tuo quaderno quando ha fatto il viaggio, con chi e perché ha fatto una brutta figura. Riesci a capire che espressioni usa per dire quello che prova?

C. Scrivi su un foglio un breve aneddoto per raccontare una brutta figura, poi consegna il foglio senza nome all'insegnante, che alla fine leggerà gli aneddoti di tutti. Scegliete quello più divertente e assegnate il premio "Miglior brutta figura".

2. INTERVISTA A MARGHERITA BUY

A. Completa l'intervista a Margherita Buy con le domande del quadro.

____

1. Durante l'adolescenza ero molto estroversa e divertente con le amiche ma con altre persone ero molto timida.

____

2. Magari! Al contrario, la timidezza è peggiorata quando ho cominciato a lavorare. Mi sentivo insicura, inadeguata, avevo paura di sbagliare.

____

3. No, assolutamente mai! Non mi sono mai sentita strana, il mondo è pieno di persone timide, il mio carattere non è mai stato un problema.

____

4. No, ero una studentessa mediocre, prendevo ripetizioni.

____

5. Uno dei momenti più significativi è stato quando ho fatto il mio primo film importante, *La Stazione*. E poi quando è nata mia figlia.

- **a** Ha mai sentito la timidezza come un problema?
- **b** Quali sono stati i momenti più significativi della sua vita?
- **c** Quando ha cominciato a fare l'attrice la timidezza è scomparsa?
- **d** Era una brava studentessa?
- **e** Com'era da ragazza?

B. Che altre domande potresti fare all'attrice? Scrivi una breve lista.

3. INTERVISTA A MINA

A. A gruppi. Preparate un'intervista per un personaggio famoso. Seguite il piano di lavoro proposto:

- scegliete il personaggio che volete intervistare: può essere italiano o straniero, del passato o attuale;
- cercate delle informazioni interessanti; decidete se l'intervista è formale (Lei) o informale (tu); scrivete le domande e le risposte;
- stabilite i ruoli: chi fa il personaggio e chi il giornalista; mettete in scena l'intervista, ma attenzione: non dite il nome del personaggio;
- i vostri compagni devono indovinare di chi si tratta facendo delle domande.

Quando è nata?
Dove ha vissuto?
Com'era da bambina?
Quando ha cominciato a cantare? Dove?
Quante volte si è sposata?
Quando è stato l'ultimo concerto che ha fatto?
Con chi ha collaborato?
Come sono stati gli anni di collaborazione con la Rai?
Chi è stata la persona più importante della sua vita?
Cosa Le è mancato di più?

B. E adesso scrivete una breve biografia del personaggio che avete scelto.

Ricorda che avere un piano di lavoro è fondamentale per organizzarsi bene e definire chiaramente le mansioni di ciascuno.

Dal palcoscenico alla macchina da presa

Il Teatro di varietà

Il Teatro di varietà era un tipo di spettacolo teatrale nato a Napoli, alla fine del XIX secolo, sul modello del Café-chantant francese. Si trattava di brevi rappresentazioni di diverso genere, prevalentemente musicali e comiche, che si alternavano con esibizioni di trasformismo o prestidigitazione. Non c'era nessun legame o filo conduttore, gli artisti si esibivano uno di seguito all'altro. A volte erano introdotti da un presentatore, ma spesso erano solo segnalati con un cartello con il numero corrispondente e una breve descrizione dell'esibizione. Fra le apportazioni più significative c'è la *macchietta*, inventata dall'attore comico Nicola Maldacea (1870-1945), che porta sul palcoscenico la caricatura di tipi presi dalla realtà, come il *Viveur*, il bello senza niente nel cervello.

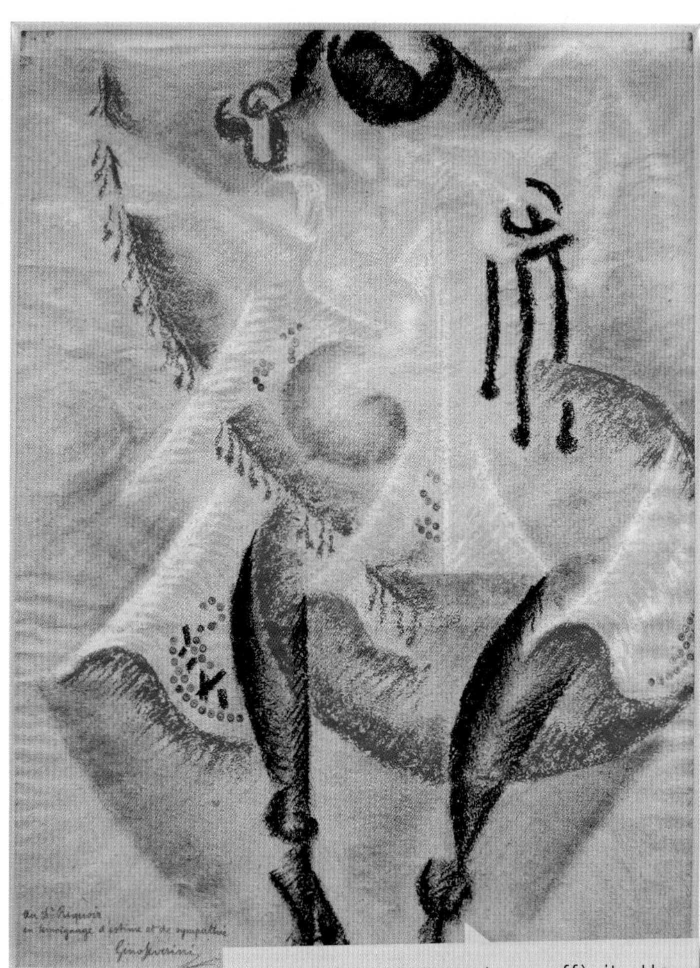

Uno spettacolo di danza in un caffè ritratto da Gino Severini (*Danzatrice*, 1913)

Il Teatro di rivista

Poco a poco il Teatro di varietà è stato sostituito dal Teatro di rivista, che ha conosciuto la massima popolarità tra la fine degli anni Trenta e la metà degli anni Cinquanta, specialmente durante la Seconda guerra mondiale, perché rappresentava un modo per sognare, evadere e distogliere il pensiero dalla crudeltà della guerra. Era un misto di prosa, musica, danza e scenette umoristiche, unite da un lieve filo conduttore e dalla presenza di personaggi fissi come la *soubrette*. Tra i suoi maggiori rappresentanti si ricordano Ettore Petrolini, Totò, Anna Magnani, e tra le *soubrette* l'indimenticabile Wanda Osiris.

1. Scegli un campo dello spettacolo (teatro, musica o cinema) del tuo paese e scrivi una breve storia.

Vittorio De Sica e Alberto Sordi nel *Conte Max* (1957)

Il Teatro di avanspettacolo...

Il Teatro di avanspettacolo si è sviluppato in Italia intorno agli anni Trenta ed è durato fino alla metà degli anni Cinquanta. Questo genere ha sostituito il Teatro di varietà quando il regime fascista ha deciso di favorire i teatri italiani che si trasformavano in cinema. Si trattava di uno spettacolo molto breve, che non durava più di un'ora, e che intratteneva il pubblico in sala mentre aspettava l'inizio dello spettacolo cinematografico. L'avanspettacolo è stato il trampolino di lancio per molti attori tra cui Eduardo De Filippo, Totò e Alberto Sordi. Sono molti i film dedicati a questo mondo come, per esempio, *Luci del Varietà* di Federico Fellini.

...e infine il cinema

Vittorio Gassman e Jean-Louis Trintignant nel *Sorpasso* (1962)

Roma città aperta, girato tra il '44 e il '45 da Roberto Rossellini, segna l'inizio del Neorealismo, il movimento cinematografico conosciuto per aver ritratto l'Italia vera. Altri film significativi di questo periodo sono *Sciuscià* di Vittorio De Sica, *Paisà* e *Germania anno zero* di Roberto Rossellini, *La terra trema* e *Rocco e i suoi fratelli* di Luchino Visconti. Dal 1950 in poi, la cosiddetta "commedia all'italiana" ha raccontato in maniera realistica i cambiamenti nella società italiana della piccola e media borghesia. Da ricordare *Lo sceicco bianco* e *I vitelloni* di Federico Fellini. Verso la fine degli anni Cinquanta e l'inizio degli anni Sessanta film come *I soliti ignoti*, *La grande guerra* di Mario Monicelli o *Il sorpasso* di Dino Risi hanno consacrato attori come Alberto Sordi e Vittorio Gassman.

Negli anni Sessanta trionfa il genere "spaghetti western". Nel 1964 Sergio Leone gira il primo film di questo genere, *Per un pugno di dollari*, con la colonna sonora di Ennio Morricone. Tra gli anni '90 e gli anni 2000 registi come Nanni Moretti, Roberto Benigni, Giuseppe Tornatore e Gabriele Salvatores hanno vinto prestigiosi premi, come la Palma d'oro al Festival di Cannes e vari premi Oscar.

2. Cosa sai della musica italiana? Fai una ricerca e scrivi una cronologia dei generi (leggera, rock, d'autore...) e degli artisti più significativi.

Comprensione orale

	nome della prova	parti della prova	tipologia di esercizi	durata	punteggio
CILS	Test di ascolto	2	• scegliere una delle tre proposte per ogni informazione (scelta multipla) • completare delle frasi con delle informazioni	30 minuti	12
CELI	Comprensione di testi orali	2	• abbinare dei testi a delle immagini • scegliere l'opzione corretta per ogni informazione (scelta multipla)	20 minuti	30
PLIDA	Ascoltare	2	• scegliere una delle tre proposte per ogni informazione (scelta multipla) • indicare se delle informazioni sono o non sono nel testo (V/F)	20 minuti	30

Suggerimenti e consigli per la prova

- Non sforzarti di capire tutto. Se ti è possibile, leggi prima le domande, ti aiuteranno a cercare nell'audio le risposte che cerchi.
- Se l'esercizio ti richiede di riconoscere il disegno corretto che corrisponde a una descrizione, fissa l'attenzione sul disegno e cerca di cogliere i particolari.
- Quando devi completare le frasi con l'informazione mancante, al primo ascolto cerca di capire le parole chiave e nel secondo ascolto completa l'informazione.

ESERCIZIO 1

Ascolta il dialogo. Poi indica quali informazioni sono presenti nell'audio.

- ☐ **1.** Giovanna ha due posti favoriti a casa.
- ☐ **2.** Dal balcone della cucina si vedono gli alberi.
- ☐ **3.** Quando ha amici a pranzo o a cena cucinano sul balcone.
- ☐ **4.** D'estate, Giovanna fa colazione sul balcone.
- ☐ **5.** Quando Giovanna è stressata si fa un bagno caldo.
- ☐ **6.** Il bagno è molto completo: c'è la vasca, il bidè, la doccia...
- ☐ **7.** I colori del bagno di Giovanna sono quelli consigliati dal Feng shui.
- ☐ **8.** Il bagno di Giovanna è molto grande.

ESERCIZIO 2

traccia 26

Ascolta la descrizione dell'appartamento e indica con una crocetta a quale piantina corrisponde.

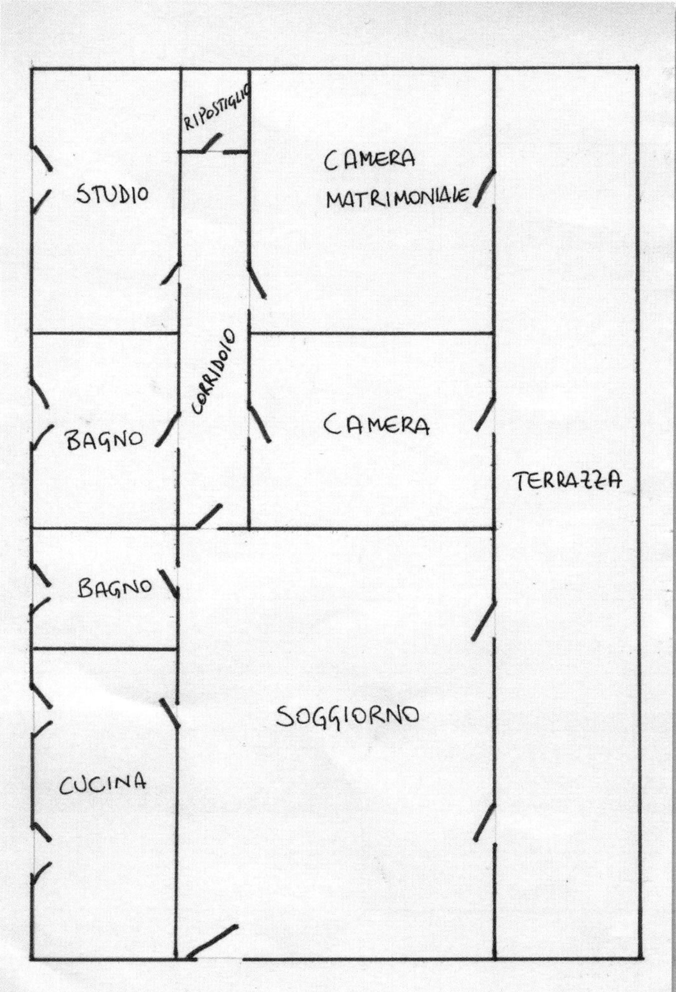

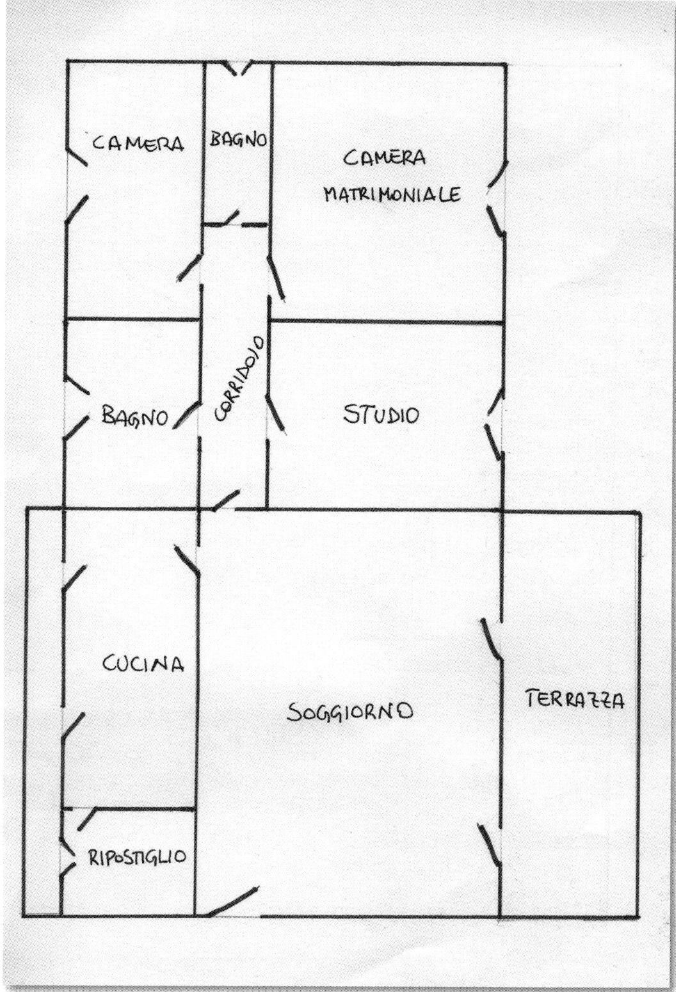

ESERCIZIO 3

traccia 27

Ascolta il dialogo. Poi completa le frasi: scrivi le informazioni che mancano.

1. Le persone che parlano hanno visto il film *Il postino* ....
2. Quando hanno finito di girare il film, Troisi ....
3. Troisi è stato nominato al premio Oscar ....
4. La colonna sonora di *Nuovo cinema paradiso*, di Ennio Morricone, ...
5. Nel 1990 *Nuovo cinema paradiso* ha vinto l'Oscar ....

Autovalutazione

1. Competenze unità 3 e 4	Sono capace di...	Ho delle difficoltà a...	Non sono ancora capace di...	Esempi
descrivere una casa				
parlare dei mobili e degli oggetti della casa				
fare paragoni				
localizzare oggetti nello spazio				
parlare della biografia di personaggi famosi				
raccontare aneddoti del passato				
reagire a una notizia				

2. Contenuti unità 3 e 4	So e uso facilmente...	So ma non uso facilmente...	Non so ancora...
essere / **esserci** e le espressioni di luogo			
il futuro semplice			
le forme: **ce l'ho**, **ce le ho**, **ce li ho**			
i comparativi			
il passato prossimo / l'imperfetto			
i connettivi temporali e causali			
l'accordo del participio passato con i pronomi			
il lessico delle parti della casa e delle faccende domestiche			

Bilancio

Come uso l'italiano	😊	🙂	😐	☹️
quando leggo				
quando ascolto				
quando parlo				
quando scrivo				
quando realizzo le attività				

La mia conoscenza attuale	😊	🙂	😐	☹️
della grammatica				
del vocabolario				
della pronuncia e dell'ortografia				
della cultura				

In questo momento i miei punti di forza sono: ....

In questo momento le mie difficoltà sono: ....

Idee per migliorare	in classe	fuori dalla classe (a casa mia, per la strada...)
il mio vocabolario		
la mia grammatica		
la mia pronuncia e la mia ortografia		
la mia pratica della lettura		
la mia pratica dell'ascolto		
le mie produzioni orali		
le mie produzioni scritte		

Se vuoi, parlane con un compagno.

5

VOLENTIERI!

Improvvisare una scenetta basandosi su un "canovaccio".

STRUMENTI PER IL NOSTRO PROGETTO:

I temi: le norme generali di buona educazione; le feste e le occasioni speciali; l'etichetta italiana e il *Galateo*.

Le risorse linguistiche: il condizionale presente di alcuni verbi; **stare** + gerundio; le formule di cortesia; i pronomi diretti e indiretti formali e informali; l'intonazione: accettare e rifiutare; le consonanti scempie e doppie (**l** e **ll**).

Le competenze:

reperire informazioni relative all'organizzazione di una festa; comprendere richieste di favori e permessi, commenti di un forum; fare dei test sul bon ton; comprendere testi di tipo culturale.

reperire informazioni relative all'organizzazione di una festa; riconoscere richieste di favori o permesso.

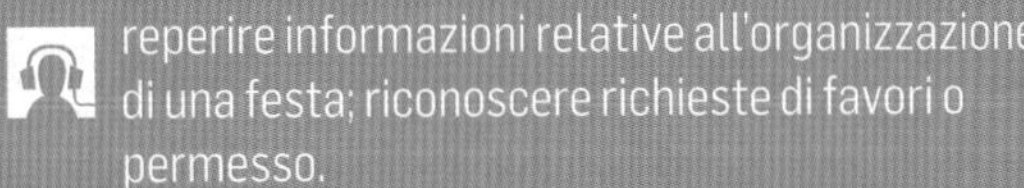

esprimere opinioni sulla buona educazione; chiedere favori e permessi; fare gli auguri.

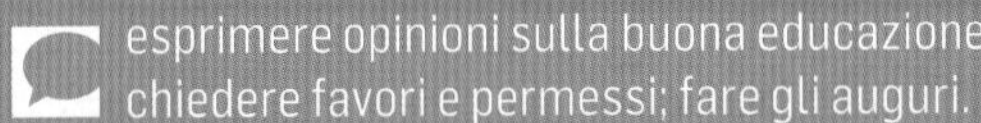

chiedere e concedere il permesso e favori; rifiutare il permesso e favori.

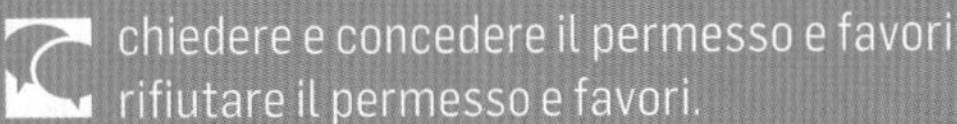

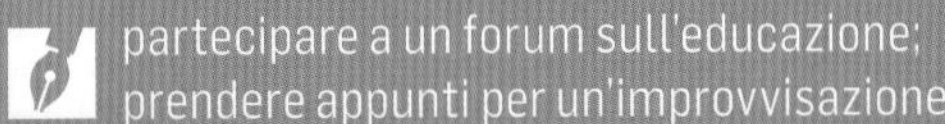

partecipare a un forum sull'educazione; prendere appunti per un'improvvisazione.

1

2

3

PRIMO CONTATTO

LE DISPIACE SE...

Leggi queste frasi. A quali di queste situazioni si riferiscono?

a) Che caldo! Apro la finestra.
b) Ti posso aiutare?
c) Posso aprire la finestra?
d) Passami il posacenere.
e) Ti dispiace darmi una mano?
f) Le dispiace se fumo?

4

5

6

1. CONGRATULAZIONI!

A. Gianfranco sta preparando una festa per la laurea di sua sorella Cristina. Leggi i messaggi di oggi e completa la lista.

A : gianfranco.effe@gmails.it
Oggetto : Re: Festa di laurea
INVIA SALVA COME BOZZA ANNULLA ALLEGA FILE

Caro Gianfranco,
innanzitutto volevamo ringraziarti per l'invito, che accettiamo con molto piacere. Vi dispiace se viene anche nostro nipote che è qui in visita?
Un abbraccio e a presto,
Piero e Anna Innocenti

A : gianfranco.effe@gmails.it
Oggetto : Re: orchestra per festa di laurea
INVIA SALVA COME BOZZA ANNULLA ALLEGA FILE

Gentile signor Furlan,
La ringraziamo per averci contattato, ma purtroppo siamo spiacenti di comunicarLe che non siamo disponibili, dato che sabato 23 abbiamo già un impegno, suoneremo a un matrimonio fino alle ore 19:00.

Sperando di poterLe offrire i nostri servizi in altre occasioni, Le porgiamo i nostri più cordiali saluti,
Francesco Del Farra

A : gianfranco.effe@gmails.it
Oggetto : Re: Festa di laurea
INVIA SALVA COME BOZZA ANNULLA ALLEGA FILE

Ciao Gianfranco...
... che peccato! Proprio sabato ho un provino per una compagnia inglese di balletto. Mi dispiace tantissimo, veramente, ma non posso mancare! Però Irene ci sarà, può venire con nostra cugina?
Un bacione speciale per Cri,
Melania

Marcello:
Grazie Gianfranco, volentieri!!
Verranno anche le ragazze.

Fabi:
WOW una festa! 😃 Certo che veniamo, grazie!
Congratulazioni a Cri!

INVITATI	FESTA
Alba e Marco ok	Rinfresco: L'angolo dello sfizio ok
Isabella e Lorenzo ok	DJ: Matteo M. ok
Marcello, Eleonora, Alice e Tiziana	Karaoke: Carla, Alice, Edoardo ok
~~Paolo e Raffaele~~	Orchestra:
Fabiana e Samuele	
Irene e ~~Melania~~	
Lucio, Gian Paolo e Rossella ok	
Famiglia Innocenti	

curiosità

Il termine laurea *viene dal latino* (corona) laurea, *che significa "corona d'alloro". Anticamente questa corona era data, come segno d'onore, a imperatori e comandanti militari vittoriosi e a poeti illustri. In Italia il conseguimento della laurea, che dà diritto al titolo di dottore, è un avvenimento importante che si celebra con scherzi e feste.*

B. Adesso ascolta la conversazione telefonica di Gianfranco: ci sono delle modifiche da fare alla lista?

traccia 28

> L'educazione è il pane dell'anima.
>
> Giuseppe Mazzini

2. UN PO' DI EDUCAZIONE

A. Cosa diresti in queste situazioni? Leggi il test e rispondi con sincerità.

QUESTIONI D'ETICHETTA

1. Un collega in difficoltà ti chiede una mano per finire del lavoro.
a) Senz'altro, volentieri.
b) Veramente adesso sono un po' indaffarato/a...
c) Non è un mio problema.

2. Sei in fila al supermercato, arriva una persona con pochi prodotti e chiede di passare.
a) Sì, prego, passi pure.
b) Beh, se ha proprio fretta...
c) Abbiamo tutti fretta.

3. Una persona anziana sta salendo con fatica le scale con la borsa della spesa.
a) Posso aiutarLa?
b) Perché non si fa portare la spesa a casa?
c) Permesso!

4. A lezione suona il tuo cellulare.
a) Scusate! Ho dimenticato di spegnerlo!
b) Ops!
c) Pronto?

5. In un bar, un cliente ti chiede se hai finito di leggere il giornale e se lo può prendere.
a) Ma certo, ecco, tenga.
b) Prenda, prenda pure.
c) Toh, tieni!

6. A casa di un amico di tuo fratello, hai voglia di fumare.
a) Vi dispiace se fumo?
b) Possiamo aprire la finestra? Vorrei fumare.
c) C'è un posacenere in questa casa?

RISULTATI:
Maggioranza A:
Complimenti! Sei veramente educato/a!
Maggioranza B:
Potresti sforzarti un po' di più... Cerca di essere più disponibile e di usare di più le "parole magiche" (per favore, grazie, prego, volentieri, senz'altro...).
Maggioranza C:
La cortesia non ti preoccupa proprio! Al mondo non ci sei solo tu!

B. Adesso leggi le testimonianze di questo forum: con chi sei d'accordo?

La buona educazione non esiste più! I giovani non sanno cos'è il rispetto, ogni volta che incontro un bambino o un ragazzo nel mio palazzo non sento mai un "buongiorno" e quando devono entrare, passano per primi senza tenermi la porta aperta. Le commesse dei negozi danno del tu a tutti i clienti. Per non parlare poi della scortesia degli infermieri degli ospedali che chiamano i pazienti anziani "nonnetto o nonnetta" e gli danno del tu.
Enzo

Invece secondo me la buona educazione esiste ancora: ieri sono arrivata a casa con le borse della spesa e il passeggino. Non c'è l'ascensore e ho cominciato a fare le scale. Sono entrati due ragazzi che abitano al 1º piano e mi hanno aiutata a salire fino al 4º piano.
Nicoletta

Il compitino: partecipa anche tu al forum e scrivi un aneddoto positivo o negativo sull'educazione.

- Secondo me ha ragione Enzo, la gente è proprio maleducata.
- Beh, forse siamo più egoisti, però...

1. TUTTI MI CERCANO, TUTTI MI VOGLIONO

A. Leggi i messaggi che Giovanna riceve in una mattinata. Secondo te come si sente?

☐ tranquilla ☐ stressata ☐ angosciata ☐ serena ☐ arrabbiata

B. Tutti vogliono la macchina di Giovanna, ma le hanno chiesto il favore nello stesso modo? Rileggi i testi e completa il quadro.

mi presti la tua macchina?
....
....
....
....

C. E tu, come chiederesti la macchina a queste persone? Utilizza le espressioni del punto B.

- a tua sorella (o fratello)
- a un tuo collega
- al tuo vicino di casa
- a tuo/a suocero/a
- a un/a tuo/a amico
- al/alla tuo/a compagno/a

2. MA CERTO!

A. Giovanna, con molta pazienza, risponde a tutti i messaggi. Quali richieste accetta? Completa il quadro.

ACCETTARE	RIFIUTARE
Sì, certo, senz'altro. Prendila!	....
....	....
....	....
....	....

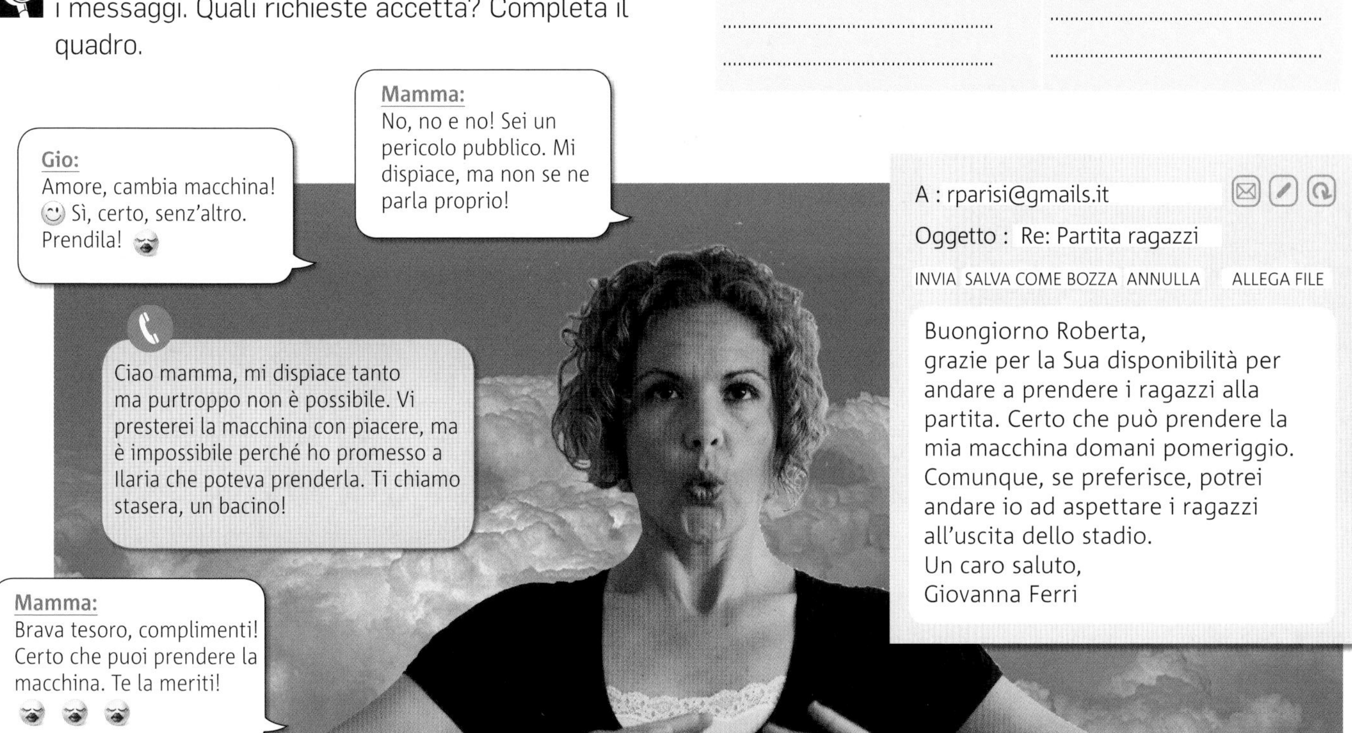

B. Nei testi di pp. 78 e 79 compare un nuovo tempo e modo verbale, il condizionale presente. Rileggi i messaggi e completa il quadro.

INFINITO	CONDIZIONALE PRESENTE
volere	vorrei, vorremmo
....	dovrei
....	potrei, potresti, potrebbe
....	presterei

Ricorda che per chiedere un favore in italiano hai a disposizione tre espressioni: *per favore*, *per piacere* e *per cortesia*.

Il compitino: Cosa diresti in queste situazioni?
- Vai fuori città per il fine settimana e chiedi al vicino di dare da mangiare al gatto.
- Tuo figlio di 16 anni ti chiede di fare una festa a casa quando tu non ci sei.
- Un tuo compagno ti chiede il quaderno per copiare gli appunti.
- Chiedi al tuo capo un giorno di ferie perché viene a trovarti tuo fratello che vive all'estero.
- Tua sorella, che guida male, ti chiede la macchina.
- Chiedi a tua madre di stare con i bambini perché hai una cena con degli amici.

3. LE POSSO OFFRIRE QUALCOSA?

A. Osserva queste immagini e leggi i fumetti. Secondo te sono situazioni formali? Da cosa puoi capirlo?

B. Adesso rileggi i fumetti e sottolinea i pronomi. C'è qualcosa che ti sorprende?

4. STO LAVORANDO...

A. Leggi i fumetti e completa il quadro. Poi indica cosa stanno facendo in realtà queste persone. Hai capito che azione esprime il costrutto **stare** + gerundio?

CONIUGAZIONE	TERMINAZIONE GERUNDIO
-are	-ando
-ere	endo
-ire	endo

1. Stanno ....
2. Sta ....
3. Sta ....

traccia 29

B. Adesso ascolta i seguenti dialoghi e indica a quale categoria appartiene ognuno.

chiedere il permesso	
chiedere un favore	
offrire il proprio aiuto	

AUGURI!

A. Osserva le seguenti immagini e poi abbina a ciascuna le espressioni che secondo te sono più adatte alla situazione evocata. Poi controlla con un compagno.

1

2

5

3

4

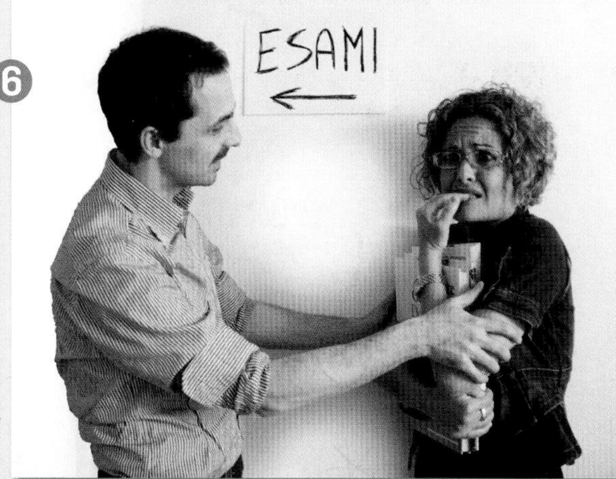

6

(Tanti) Auguri! | Buon compleanno! | Buon onomastico! | Buon anniversario! | Congratulazioni! | Complimenti! | Bravo! | Buona fortuna! | In bocca al lupo! | Buon Natale! | Buon anno!

traccia 30

B. Cosa dici a queste persone? Utilizza le espressioni del punto A. Puoi anche aggiungere altri commenti, se vuoi.

• *Che bello! Complimenti!*

1. ....
2. ....
3. ....
4. ....
5. ....
6. ....

curiosità

Quando qualcuno ci dice "In bocca la lupo!" dobbiamo rispondere "Crepi il lupo!" e non "Grazie!", che in questo caso porta sfortuna.

CHIEDERE E CONCEDERE IL PERMESSO

■ **Posso** aprire la finestra?
● Sì, certo!

■ **Posso** prendere il giornale?
● Sì, prego, prendi / prenda pure.

■ **Ti** / **Le** / **vi dispiace se** chiudo la finestra?
● No, no, affatto. Chiudi / chiuda pure.

CHIEDERE E CONCEDERE FAVORI

■ Mi **presti** / **presteresti** il tuo motorino?
● Sì, certo!

■ Mi **lasci** / **lasceresti** i tuoi appunti per l'esame?
● Senz'altro!

■ Mi **dai** / **daresti** il tuo portatile per la riunione?
● Volentieri!

■ **Ti** / **Le** / **vi dispiacerebbe** aiutarmi con le valigie?
● No, affatto!

NON CONCEDERE IL PERMESSO / FAVORI

■ Posso aprire la finestra?
● **Guarda** / **guardi**, (veramente) ho un po' di freddo...

■ Posso prendere il giornale?
● **Veramente** non ho finito di leggere...

■ Mi dai il tuo portatile per la riunione?
● **Scusa ma** mi serve per una presentazione.

■ Mi presti il tuo motorino?
● **Mi dispiace ma** è dal meccanico.

OFFRIRE IL PROPRIO AIUTO

■ **Vuoi** / **vuole una mano?**
● Sì, grazie!

■ **Posso aiutarti**/**La?**
● Sì, grazie, volentieri!

■ **Hai** / **ha** / **avete bisogno** d'aiuto / di una mano?
● No, grazie, non ti preoccupare / si preoccupi.

■ **Posso darti**/**Le**/**vi una mano?**
● No, grazie.

FARE UNA TELEFONATA

■ Pronto?
● Pronto, ciao sono Beatrice, c'è Dario?

■ Studio Luchetti, buongiorno.
● Buongiorno, posso parlare con l'avvocato Galli?
■ Sì, chi lo desidera?
● Sono Cristiano Bonetti.

PRONOMI DIRETTI (COD) E INDIRETTI (COI)

Ti posso aiutare? (OD)
Ti posso offrire qualcosa? (OI) } informale

La posso aiutare? (OD)
Le posso offrire qualcosa? (OI) } formale

STARE + GERUNDIO

Usiamo questo costrutto per indicare un'azione in corso di svolgimento. Se l'azione si svolge nel momento in cui parliamo, è formato dal verbo **stare** al presente + il **gerundio** del verbo:
Sto preparando *la cena.*
Ti disturbo? ***Stai riposando****?*

Possiamo usare questo costrutto anche per il passato. In questo caso il verbo **stare** si coniuga all'imperfetto:
No, non mi disturbi, ***stavo prendendo*** *un caffè.*

GERUNDIO
and**are** → and**ando**
prend**ere** → prend**endo**
dorm**ire** → dorm**endo**

Il gerundio di **dire**, **fare** e **bere** si forma dagli antichi verbi *dicere*, *facere* e *bevere*:
dire → dic**endo**
fare → fac**endo**
bere → bev**endo**

IL CONDIZIONALE DEI VERBI PRESTARE, DARE, POTERE E VOLERE

PRESTARE	DARE	POTERE	VOLERE
prest**erei**	d**arei**	pot**rei**	vo**rrei**
prest**eresti**	d**aresti**	pot**resti**	vo**rresti**
prest**erebbe**	d**arebbe**	pot**rebbe**	vo**rrebbe**
prest**eremmo**	d**aremmo**	pot**remmo**	vo**rremmo**
prest**ereste**	d**areste**	pot**reste**	vo**rreste**
prest**erebbero**	d**arebbero**	pot**rebbero**	vo**rrebbero**

Il condizionale presenta le stesse irregolarità del futuro semplice: dare → d**arò**, d**arei**; potere → pot**rò**, pot**rei**; volere → vor**rò**, vor**rei**.

Cosa dici in queste situazioni? 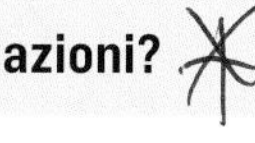

1. Il tuo volo parte alle 7 del mattino e chiedi a un amico di accompagnarti all'aeroporto.
Puoi accompagnarmi all'aeroporto?

2. Il tuo vicino, che è una persona molto gentile, ti chiede il favore di tenergli il cane per il fine settimana.
Sì, certo!

3. Sei in macchina con il tuo capo che si accende una sigaretta, ma a te dà molto fastidio.
Scusa ~~ma~~, non mi piace

il fumo.

4. Sei a una riunione di lavoro e nella sala fa molto caldo. Vuoi aprire la finestra.
Vi dispiacere se apro la finestra

5. Una signora anziana del tuo palazzo torna con il carrello della spesa pieno, ma l'ascensore non funziona.
Scusa, ~~[illegible]~~ vuoi una mano?

6. Un amico molto distratto ti chiede di prestargli il tuo tablet.
Mi dispiace ma voglio il tablet per scuola

Suoni e lettere

traccia 31

A. Ascolta i seguenti dialoghi e indica il grado di accettazione o di rifiuto.

	rifiuto categorico	rifiuto educato	accettazione neutra	accettazione entusiastica
1				
2				
3				
4				
5				
6				

traccia 32

B. Ascolta queste parole e indica quale suono senti.

	1	2	3	4	5	6	7	8
l								
ll								

MI DISPIACE NON POSSO, STO ANDANDO ALL'OPERA

1. VISITA GUIDATA

www.pisaunicaterra.it

traccia 33

A. Osserva l'illustrazione e ascolta la registrazione. Secondo te chi parla?

1. ....
2. ....
3. ....
4. ....
5. ....

traccia 34

B. Insieme a un compagno, immagina le risposte degli altri personaggi basandoti su quello che hai osservato. Poi verifica con la registrazione.

C. E tu come avresti risposto?

Il nostro progetto

2. IMPROVVISIAMO!

A. Lavoreremo con un canovaccio per improvvisare una scenetta. Leggi il testo sulla Commedia dell'arte per saperne di più.

Pantalone (1550)

La Commedia dell'arte è nata in Italia nel XVI secolo. Era caratterizzata dall'uso del "canovaccio", in cui erano indicati gli elementi di base della trama. Gli attori, dunque, non studiavano a memoria la propria parte ma, basandosi su alcune indicazioni, improvvisavano. Anche per questo nella Commedia dell'arte troviamo le famose "maschere", dei personaggi che rappresentano delle categorie di persone, molto spesso caricature, che guidano gli attori nella loro interpretazione. Tra le maschere più note troviamo Arlecchino, Pulcinella, Colombina e Pantalone. L'autore più noto di questo genere è Carlo Goldoni (1707-1793).

B. A gruppi. Dovete improvvisare una scenetta per i vostri compagni. Basatevi sul canovaccio per la trama e i personaggi principali. Se necessario, potete aggiungerne altri... e non dimenticate di inventare il finale!

Colombine (1683)

IL CONTESTO
Sabato Roberto compie 30 anni e sta organizzando una festa a casa sua: una cena, verso le 9 di sera, con alcuni amici. Oggi è mercoledì e telefona per chiedere alcuni favori e riceve anche alcune telefonate.

PERSONAGGI
ROBERTO: il festeggiato; è un ragazzo molto sensibile e si preoccupa facilmente; ultimamente è un po' stressato perché lavora molto e ha problemi con il capo.
GIANNA: amica d'infanzia di Roberto; è una ragazza allegra che ama divertirsi; per lei non ci sono mai problemi.
MADRE DI ROBERTO: è una donna un po' egoista e capricciosa; le piace stare al centro dell'attenzione.
SIGNOR CAVALLI: è il capo di Roberto; è un uomo severo che pensa solo al lavoro; non si preoccupa dei suoi dipendenti.
DJ TUTTO MUSICA: è molto distratto.

TRAMA
Roberto ha invitato solo gli amici intimi perché la casa è piccola. Ha problemi con alcuni vicini che si arrabbiano se sentono la musica fino a tardi. Vuole chiedere a sua madre di fare la torta di compleanno. Vuole chiedere a Gianna se domenica lo aiuta a pulire la casa. Vuole chiedere al capo un giorno di ferie (lunedì). Vuole chiedere al DJ dell'agenzia "Tutto musica" di arrivare verso le 11.
Gianna vuole chiedere a Roberto se può venire alla cena accompagnata da tre amici che arriveranno dalla Francia.
La madre di Roberto il fine settimana parte per il mare con un'amica perché hanno appuntamento con due uomini che hanno conosciuto su internet. Vuole chiedere a suo figlio la macchina per partire.
Il signor Cavalli vuole chiedere a Roberto se può lavorare durante il fine settimana perché devono finire un progetto molto importante per lunedì.
Il DJ dell'agenzia "Tutto musica" può arrivare a casa di Roberto verso mezzanotte: ha un impegno fino alle 10.

C. Valutate la performance dei compagni secondo questi criteri: interpretazione, correttezza della lingua e scelta del finale. Quale gruppo ha improvvisato meglio?

Il Galateo

Il *Galateo overo de' costumi* è un breve trattato, in forma di dialogo platonico, scritto da Monsignor Giovanni Della Casa (1503-56). Si tratta di un manuale di belle maniere, che rientra nell'ideale d'educazione dell'uomo rinascimentale, in cui si danno consigli per comportarsi in maniera educata e corretta. Gli argomenti sono vari, dalle norme generali di comportamento a quelle di conversazione, dai consigli estetici per una bella presenza fino alle indicazioni per scherzare educatamente. Una sezione di particolare rilievo è quella dedicata ai modi da tenere a tavola. Qui troviamo alcune norme fondamentali, come quella di lavarsi le mani prima di mangiare, e suggerimenti su come stare seduti a tavola o ricevere gli ospiti. La lettura del *Galateo* permette inoltre di conoscere le abitudini dell'epoca: osservando le regole di comportamento che Della Casa voleva insegnare possiamo farci un'idea di come si intendeva allora l'educazione e di come ci si comportava. Possono, infatti, sembrare curiose alcune indicazioni come non grattarsi, non riempirsi troppo la bocca, non pulirsi i denti con il tovagliolo e non sputare a tavola, tutte azioni che al giorno d'oggi nel mondo occidentale non si compiono più. Tuttavia si trovano suggerimenti che è utile ricordare, come ad esempio quelli relativi alla conversazione: bisogna parlare di argomenti graditi a tutti i presenti e mostrare rispetto verso tutti; se si inizia a parlare di un argomento e ci accorgiamo che gli altri non sanno di che cosa stiamo parlando, è bene cambiare l'oggetto della conversazione; non sta bene interrompere qualcuno quando sta parlando. Questo breve trattato ha ottenuto subito un grande successo e ancora oggi è un punto di riferimento per le belle maniere. Il suo peso è tale che il termine "galateo" in italiano definisce l'insieme di norme comportamentali con cui si identifica la buona educazione, ed è sinonimo di "etichetta" e "bon ton".

1. Secondo te è importante avere delle norme di comportamento generali? Conosci altre opere dedicate a questo argomento?

Etichetta italiana

All'epoca della globalizzazione, le norme di comportamento sociale si sono in parte uniformate nelle varie culture. Tuttavia, ogni paese conserva certe regole proprie, che fanno parte del bagaglio culturale. Ecco un test sull'etichetta italiana.

1. Per una serata all'opera mi vesto:
a) come quando vado in pizzeria con gli amici.
b) elegante, come per una festa.
c) come per andare in discoteca.

2. Al lavoro:
a) do del tu a tutti.
b) do del Lei a tutti.
c) do del tu ai colleghi coetanei e il Lei ai superiori.

3. Per andare al lavoro:
a) mi vesto bene, ma senza esagerare.
b) mi metto jeans e scarpe da ginnastica.
c) mi vesto come per andare a una festa.

4. In inverno durante una giornata calda:
a) mi metto un vestito estivo e se ho freddo prendo il cappotto.
b) scelgo dei vestiti invernali meno pesanti.
c) prendo una giacca estiva.

5. Quando invito qualcuno a pranzo o a cena a casa mia per un evento speciale:
a) apparecchio la tavola quando arrivano gli ospiti.
b) apparecchio la tavola velocemente, come tutti i giorni.
c) apparecchio bene la tavola prima dell'arrivo degli ospiti.

6. Quando invito qualcuno a pranzo o a cena a casa mia:
a) preparo il minimo indispensabile.
b) dico agli invitati di preparare qualcosa.
c) preparo in abbondanza.

2. Sei un esperto di etichetta italiana? Controlla i risultati con i compagni e l'insegnante. Hai notato molte differenze con il bon ton del tuo paese?

6

SALUTE E BENESSERE

Il nostro progetto

Organizzare un forum per dare dei consigli ai compagni.

STRUMENTI PER IL NOSTRO PROGETTO:

I temi: salute e benessere; malesseri stagionali; stress e nervosismo; sintomi , consigli e rimedi; incidenti domestici; la prevenzione; i medicinali; le parti del corpo; le acque termali in Italia.

Le risorse linguistiche: l'imperativo diretto e indiretto; il condizionale presente; l'uso di imperativo e condizionale per consigli e suggerimenti; l'imperativo con i pronomi; l'intonazione: dare consigli e istruzioni.

Le competenze:

- comprendere e valutare consigli relativi al benessere; comprendere testi divulgativi su medicina e prevenzione e di carattere culturale.
- riconoscere e comprendere consigli e suggerimenti; riconoscere medicinali e parti del corpo.
- dare consigli e suggerimenti; parlare di sintomi, malesseri e rimedi.
- parlare di problemi di salute e incidenti domestici; chiedere e dare consigli.
- descrivere un problema di salute; dare consigli per problemi differenti.

MENS SANA IN CORPORE SANO

A. Osserva questa fotografia, che messaggio trasmette secondo te?

Rilassati! Depurati! Rigenerati! Curati!

Divertiti! Riposati! Rinnovati!

B. Sei mai stato in un centro termale o in una spa? Quali di queste attività hai fatto o vorresti fare?

- cure termali
- fangoterapia
- massaggio
- idromassaggio
- sauna
- bagno turco
- aerosol
- aromaterapia
- infrarossi

La moderna struttura delle Terme di Merano (Bolzano) con 25 piscine, saune e spa, opera dell'architetto Matteo Thun

1. LA SCIENZA CI CONSIGLIA

A. Leggi questo articolo pubblicato dalla rivista «Panorama». Quale di questi consigli ti sorprende di più?

NOVE CONSIGLI PER **VIVERE MEGLIO**

DALLE PIÙ RECENTI RICERCHE SCIENTIFICHE SUGGERIMENTI, A VOLTE SORPRENDENTI, PER LA SALUTE E IL BENESSERE

1 Mangia meno. Non è solo questione di linea! I ricercatori della Scuola di Medicina della Washington University a St. Louis hanno scoperto che mangiare meno aiuta il cuore a mantenere più a lungo la capacità di adattarsi allo stress e all'attività fisica.

2 Dormi al buio. Una ricerca condotta dall'Ohio State University ha stabilito che l'esposizione notturna alla luce artificiale, compresa quella che proviene dagli schermi di computer, tablet e smartphone, può causare depressione.

3 Vivi al mare. Una ricerca fatta dall'Università di Exeter ha costatato che i cittadini britannici che vivono a meno di 1 km dal mare hanno una salute migliore della media.

4 Fatti un drink. Una ricerca pubblicata recentemente sulla rivista «Menopause» suggerisce che un consumo moderato di alcolici potrebbe diminuire il rischio di sviluppare l'osteoporosi. Gli studiosi consigliano di bere uno o due drink al giorno un paio di volte alla settimana.

5 Alzati. Secondo i ricercatori del Pennington Biomedical Research Center in Louisiana, chi sta seduto meno di tre ore al giorno può vivere fino a due anni in più. Stare seduti rappresenta infatti un fattore di rischio per la salute quanto il fumo e l'obesità.

6 Partorisci. Uno studio pubblicato sull'«American Journal of Epidemiology» ha stabilito che le donne che partoriscono dopo i 30 anni hanno un rischio minore di sviluppare il tumore dell'endometrio. E l'ulteriore buona notizia è che il rischio diminuisce con l'aumentare dell'età del parto.

7 Mangia pistacchi. I cardiologi della Pennsylvania State University suggeriscono che il consumo di pistacchi, associato a una dieta povera di grassi, aiuterebbe a controllare la pressione e a rafforzare il sistema immunitario.

8 Non saltare i pasti. I ricercatori del Fred Hutchinson Cancer Research Center affermano che per perdere peso bisogna tenere un diario alimentare, non saltare mai i pasti ed evitare di mangiare fuori, soprattutto a pranzo.

9 Chiedi aiuto al social network. A quanto pare, l'incoraggiamento degli "amici" di Facebook o di altri social network, è particolarmente utile per chi vuole perdere peso e fare più attività fisica.

Adattato da http://scienza.panorama.it/salute/9-consigli-per-vivere-meglio di Marta Buonadonna

traccia 35

B. Adesso ascolta la conversazione tra Lea e Carlotta e indica a quali di questi consigli fanno riferimento.

2. MALANNI DI STAGIONE

A. Leggi questo opuscolo informativo sull'allergia. E tu sei allergico a qualcosa? Aiutati con il dizionario.

Allergia: come riconoscerla e combatterla

SINTOMI

Occhi: arrossamento, prurito, lacrimazione, gonfiore, fotosensibilità
Naso: naso chiuso, prurito, starnuti
Respirazione: respiro corto e affannoso, tosse
Cute: prurito, arrossamento, gonfiore, dermatite

CONSIGLI

- Tenere la polvere il più lontano possibile da casa nostra.
- Curare di più il cane o il gatto: attenzione ai peli!
- Dire di no a moquette e tappezzerie non lavabili: sono il regno degli acari.
- Pulire bene i filtri degli impianti di riscaldamento o climatizzazione.

- Io sono allergica al polline, in primavera ho sempre gli occhi gonfi e starnutisco tantissimo.

traccia 36

B. Ascolta il dialogo tra un medico e una paziente e indica quali sintomi ha la signora e che consigli le dà il dottore.

SINTOMI	
Ho gli occhi gonfi e mi lacrimano molto.	
Ho gli occhi arrossati e mi lacrimano molto.	✓
Ho pruriti a naso e occhi.	✓
Ho la tosse e faccio tantissimi starnuti.	
Ho il naso chiuso e faccio tantissimi starnuti.	✓

CONSIGLI	
Cerchi di non far entrare il cane in casa.	✓
Spolveri con più frequenza e usi l'aspirapolvere anche per divani e poltrone.	✓
Metta via i tappeti ed elimini la moquette.	
Tenga fuori le piante, specialmente quelle con i fiori.	
Pulisca bene i filtri del climatizzatore.	✓

curiosità

In Italia aumenta il numero delle persone che si avvicinano alle medicine naturali o alternative, come l'omeopatia, la fitoterapia o la naturopatia. Nel 2012 il 16% degli italiani ha usato almeno una volta un prodotto naturale, ma solo il 7% li utilizza regolarmente.

Il compitino: scrivi su un foglietto di quale malessere soffri e poi un consiglio per il malessere del tuo compagno. Poi scegli con i tuoi compagni i consigli migliori.

1. TWITTERSALUTE

A. Leggi i seguenti tweet tra medico e pazienti. Hai mai avuto uno di questi problemi? Quali rimedi hai usato? Parlane con i compagni.

Tweets

Lilli
Mio figlio di tre anni ha la febbre a 40, il respiro corto e affannoso, e gli fanno male le ossa. Cosa faccio? Posso dargli la tachipirina?

Dottor Miele
Suo figlio ha l'influenza, gli faccia bere molta acqua. La tachipirina va bene ma in gocce o sciroppo, non gli dia le compresse, è troppo piccolo.

Marina
Ho il naso chiuso e starnutisco continuamente. Ho mal di gola e mal di testa... raffreddore o influenza?

Dottor Miele
Un raffreddore forte. Mangi qualche caramella disinfettante per il mal di gola, prenda un antinfiammatorio e faccia dei vapori caldi per liberare il naso.

Giorgio
Mi fa male un dente del giudizio. Posso prendere solo ½ pastiglia di ibuprofene e l'effetto dura poco...

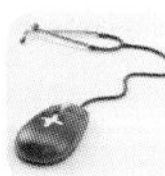

Dottor Miele
Quando finisce l'effetto dell'ibuprofene, usi l'aglio. Lo metta schiacciato tra il dente e la guancia, e vada dal dentista al più presto, non aspetti altro tempo!

Carmela
Da un po' di tempo mi sveglio spesso la notte e non riesco a riposare, sono sempre stanca e irritabile e faccio fatica a concentrarmi.

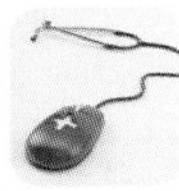

Dottor Miele
Eviti la caffeina, soprattutto la sera. Per dormire non prenda un sonnifero, provi con la valeriana. Il fine settimana non metta la sveglia e dorma fino a tardi.

B. Cerca nei testi i sintomi indicati dai pazienti e completa gli esempi.

ha la febbre
ho ...... mal di gola
ho ...... mal di testa
gli fanno male le ossa
fa male ...... un dente

C. Rileggi il testo e inserisci nel quadro i verbi che il dottor Miele usa per consigliare i suoi pazienti. Sai dire qual è l'infinito corrispondente?

IMPERATIVO AFFERMATIVO (LEI)	IMPERATIVO NEGATIVO (LEI)
gli faccia (fare)	non gli dia (dare)
mangi (mangiare)	......
......	......
......	......
......	
......	
......	
......	
......	

D. Adesso osserva la posizione dei pronomi rispetto al verbo.

PAROLE UTILI

mal di testa	mal di denti
mal di schiena	mal di gola
mal di stomaco	febbre
mal di pancia	raffreddore

curiosità

Il Servizio sanitario nazionale italiano è un sistema pubblico che garantisce l'assistenza sanitaria a tutti i cittadini. Il "diritto alla salute" è regolato dall'art. 32 della Costituzione italiana.

2. INCIDENTI DOMESTICI

A. Questo è un opuscolo di sensibilizzazione per evitare gli incidenti domestici. Leggilo e sottolinea quello che fai tu per evitarli e poi parlane con un compagno.

SE IL PERICOLO SI NASCONDE IN CASA, LA MIGLIOR DIFESA È LA PREVENZIONE

GLI INCIDENTI NON AVVENGONO SOLO A 100 ALL'ORA

250.000 cadute all'anno

Si cade dalle scale, si inciampa sul tappeto, si scivola sui pavimenti...

- Fai attenzione alle scale, scegli quelle doppie che sono più sicure.
- Installa delle maniglie antiscivolo in bagno.
- Non camminare con calzini e calze di nylon, mettiti scarpe e pantofole di gomma.

LE AGGRESSIONI PIÙ SANGUINOSE AVVENGONO IN CUCINA

814.000 ferite all'anno

La cucina è un vero e proprio laboratorio pieno di coltelli e altri oggetti appuntiti...

- Riponi i coltelli con la lama in basso.
- Non mescolare i coltelli da cucina con altri utensili, mettili in un cassetto a parte.
- Non lasciare aperti gli armadietti alti, potresti batterci la testa contro.

I MOLESTATORI PIÙ FOCOSI SONO IN CASA

550.000 ustioni all'anno

Cucinare e stirare possono provocarti gravi ustioni...

- Non riempire le pentole fino all'orlo.
- Usa i fuochi posteriori per cucinare.
- Quando usi il ferro da stiro, collocalo in posizione stabile e stacca la spina prima di aggiungere l'acqua.

B. Osserva le fome dell'imperativo utilizzate nei testi e completa il quadro. Indica anche l'infinito corrispondente.

IMPERATIVO AFFERMATIVO (TU)	IMPERATIVO NEGATIVO (TU)
fai (fare)	non camminare (camminare)
scegli (scegliere)	....
....	....
....	....
....	
....	

C. Ricordi le forme dell'imperativo per il voi? Prova a trasformare i verbi del punto B.

TU	VOI
fai	fate
scegli	scegliete
....	....
....	....
....	....
....	....
non camminare	non camminate
....	....
....	....
....	....

3. PROBLEMI DI CUORE

> «Domanda consiglio a chi ben si corregge.»
>
> Leonardo Da Vinci

A. Leggi questi post di Facebook. Hai vissuto esperienze simili? Come ti senti in situazioni di stress e nervosismo?

Post recenti di altri utenti su Problemi di cuore

Pietro

Ho bisogno di un consiglio.... Sto insieme a una ragazza da una settimana, vorrei baciarla ma sarebbe il primo bacio per me e per lei. Sono molto timido e in questi casi divento nervoso, mi sudano le mani, mi blocco e non riesco a fare niente.

Problemi di cuore: Al tuo posto io cercherei l'atmosfera giusta, respirerei profondamente, mi lascerei andare e la bacerei...

Scrivi un commento...

Michela Ventura

Il mio ragazzo mi sta mentendo. Ultimamente mi dice che non può uscire, trova sempre mille scuse... ma so che in realtà esce con altre persone. Sono arrabbiata perché lui mi evita e divento nervosissima, mi mangio le unghie, mi fa male la testa e perdo subito la pazienza.

Problemi di cuore: Se fossi in te gli scriverei un messaggio e gli direi quello che sento. Gli parlerei con calma e sincerità per scoprire qual è il problema.

Scrivi un commento...

Maria Giovanna

Il mio compagno vive negli Stati Uniti e mi dice sempre che gli manco però poi non mi chiama mai... Sono triste e preoccupata perché secondo me lui ha un'altra... Non so cosa fare, non riesco a dormire, mi fa male lo stomaco, a volte mi viene addirittura la tachicardia.

Problemi di cuore: Io lo chiamerei e vedrei come risponde alle chiamate, poi cercherei di capire le sue intenzioni e partirei per gli USA. Non puoi stare così male.

Scrivi un commento...

- *Il primo bacio è stato un problema anche per me... sono molto timida! Quando sono nervosa non riesco a parlare e non posso mangiare niente!*

B. Osserva le risposte di Problemi di cuore nel punto A, riconosci il tempo verbale che utilizza? Prova a completare questi consigli.

Al tuo posto io la (chiamare) chiamerei.
Io (cercare) .... di restare calmo.
Se fossi in te gli (dire) .... la verità.
Io le (concedere) .... un'altra possibilità.
Al tuo posto (vedere) .... come si comporta.
Io (partire) .... per gli USA.

Per introdurre un consiglio puoi utilizzare espressioni come:
Io al posto tuo / vostro..., Se fossi in te / voi...

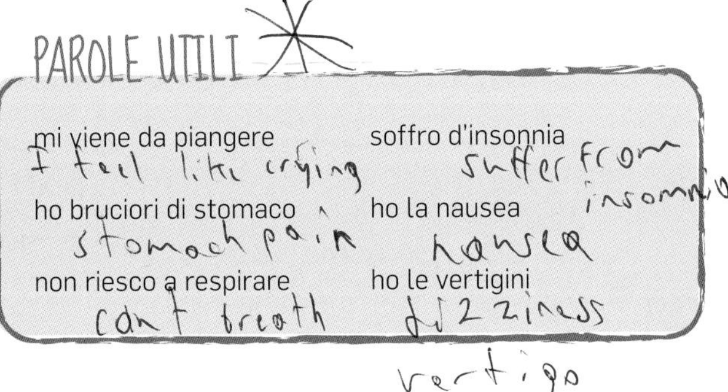

Il compitino: sei d'accordo con Problemi di cuore? Scrivi i consigli che daresti alle persone del punto A.

1. IL CORPO UMANO 

Osserva questa statua di Antonio Canova e collega le etichette alle parti del corpo.

bocca | occhio | testa
piede | mano | stomaco

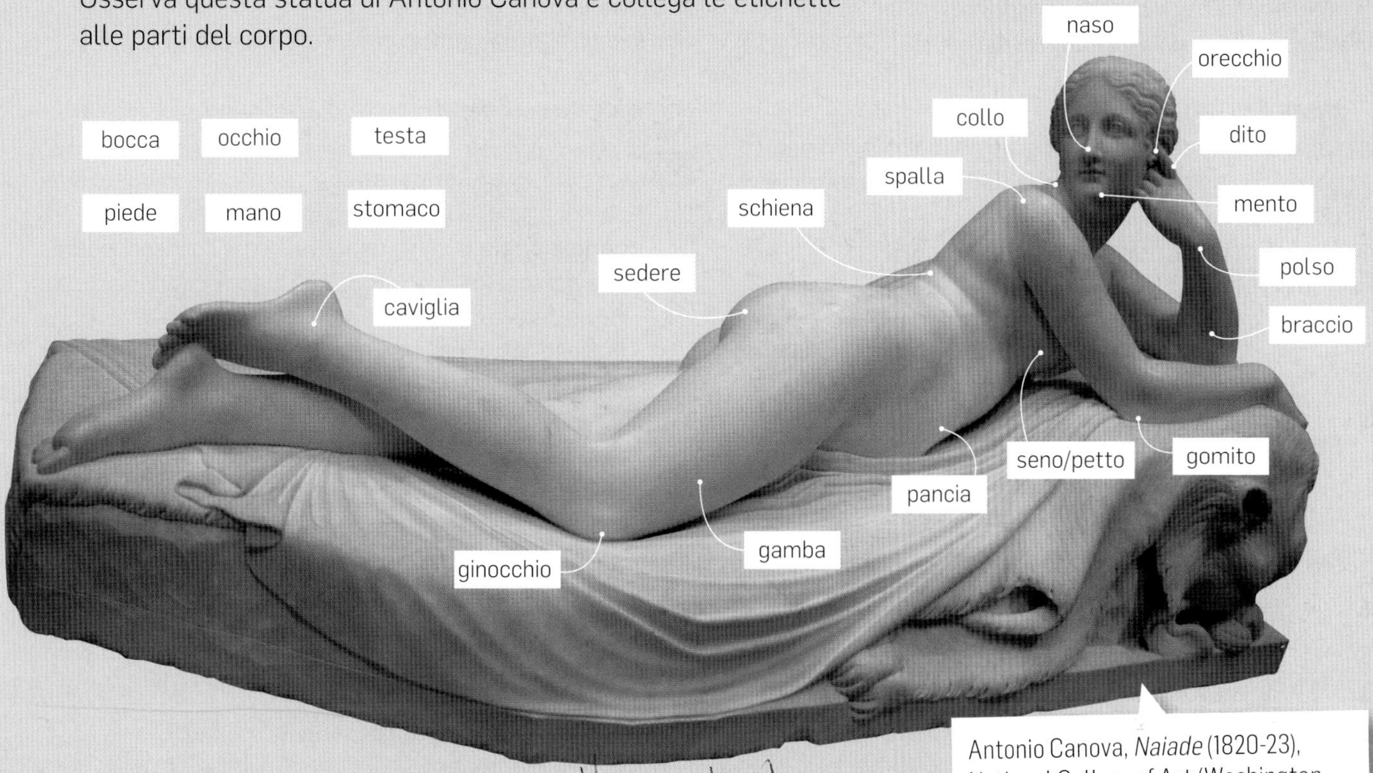

naso, orecchio, collo, dito, spalla, mento, schiena, polso, sedere, caviglia, braccio, seno/petto, gomito, pancia, gamba, ginocchio

petto - chest

Antonio Canova, *Naiade* (1820-23), National Gallery of Art (Washington, Stati Uniti)

2. L'ARMADIETTO DELLE MEDICINE

A. Guarda questo armadietto: riconosci qualcuno di questi oggetti? Quali medicine hai sempre in casa?

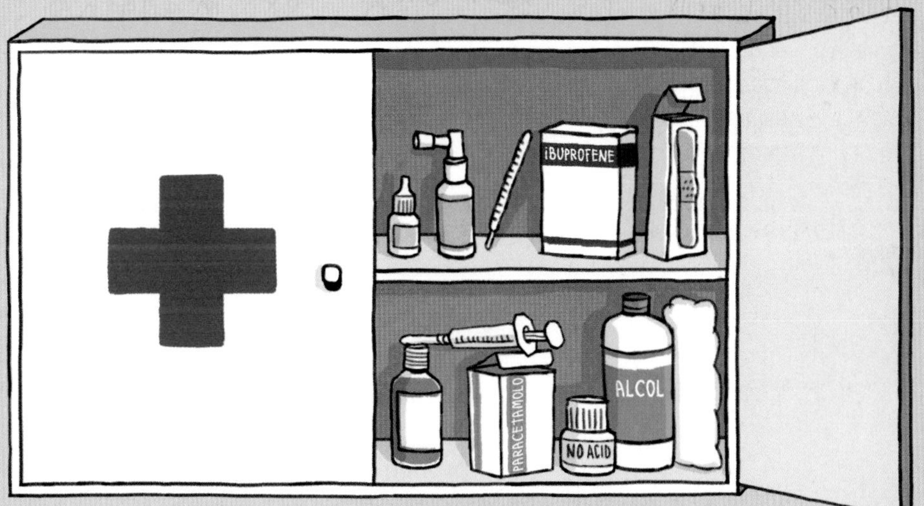

PAROLE UTILI

- pomata ointment
- collirio eye drops
- siringa syringe
- sciroppo syrup
- antidolorifico painkillers
- antipiretico tylenol
- antiacido antacid
- pillole pills
- spray per la gola throat spray
- termometro thermometer

traccia 37

B. Adesso ascolta questa conversazione: di quali medicine ha bisogno Samuele?

DARE CONSIGLI E SUGGERIMENTI

Per dare un consiglio o un suggerimento si possono utilizzare l'**imperativo** o il **condizionale**:
Per il mal di testa ***prendi*** *un'aspirina.*
Per il mal di testa io ***prenderei*** *un'aspirina.*

IMPERATIVO

Usiamo l'**imperativo** quando siamo molto sicuri del consiglio che diamo e quando abbiamo confidenza con l'interlocutore:
Hai la febbre alta, ***rimani*** *a letto e* ***prendi*** *una tachipirina.*
Per l'insonnia ***prenda*** *6 gocce di valeriana.*

CONDIZIONALE

Usiamo il **condizionale** quando il nostro consiglio o suggerimento è una proposta:
Con la febbre alta, io ***rimarrei*** *a letto e* ***prenderei*** *una tachipirina*
Per l'insonnia ***prenderei*** *6 gocce di valeriana.*

Quando si usa l'**imperativo**, il verbo va coniugato alla persona a cui si dà il consiglio; quando si usa il **condizionale**, si deve usare la forma corrispondente alla persona che dà il consiglio tranne quando si usa il verbo *potere* o *dovere*:
Potresti / Dovresti *prendere della valeriana per l'insonnia.*

IMPERATIVO

	AFFERMATIVO		NEGATIVO	
tu	**-are**	Mangi**a** leggero se hai mal di stomaco.	**-are**	**Non mangiare** pesante se hai mal di stomaco.
	-ere	Prend**i** una camomilla per dormire.	**-ere**	**Non prendere** sonniferi per dormire.
	-ire	Dorm**i** al buio.	**-ire**	**Non dormire** dove c'è il computer.
Lei	**-are**	Mang**i** leggero se ha mal di stomaco.	**-are**	**Non mangi** pesante se ha mal di stomaco.
	-ere	Prend**a** una camomilla per dormire.	**-ere**	**Non prenda** sonniferi per dormire.
	-ire	Dorm**a** al buio.	**-ire**	**Non dorma** dove c'è il computer.
voi	**-are**	Mangi**ate** leggero se avete mal di stomaco.	**-are**	**Non mangiate** pesante se avete mal di stomaco.
	-ere	Prend**ete** una camomilla per dormire.	**-ere**	**Non prendete** sonniferi per dormire.
	-ire	Dorm**ite** al buio.	**-ire**	**Non dormite** dove c'è il computer.

fare → (tu) fai / fa'; (Lei) faccia
stai → (tu) stai / sta' ; (Lei) stia
dare → (tu) dai / da'; (Lei) dia
dire → (tu) di'; (Lei) dica
andare → (tu) vai / va'; (Lei) vada
essere → (tu) sii ; (Lei) sia
avere → (tu) abbi; (Lei) abbia
bere → (tu) bevi; (Lei) beva
tenere → (tu) tieni; (Lei) tenga
venire → (tu) vieni ; (Lei) venga
scegliere → (tu) scegli; (Lei) scelga
uscire → (tu) esci; (Lei) esca

IMPERATIVO CON I PRONOMI

AFFERMATIVO

verbo + **pronome** (tu; voi)
*Prendi****ti*** *una camomilla.*
*Prendete****vi*** *una camomilla.*

pronome + verbo (Lei)
Si *prenda una camomilla.*

NEGATIVO

non + verbo + **pronome** / non + **pronome** + verbo (tu)
*Non agitar****ti****! / Non* ***ti*** *agitare!*

non + **pronome** + verbo (Lei; voi)
Non ***si*** *agiti!*
Non ***vi*** *agitate!*

CONDIZIONALE PRESENTE

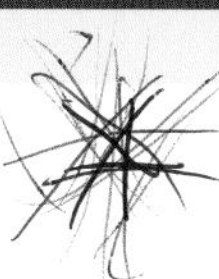

USARE	PRENDERE	DORMIRE
us**erei**	prend**erei**	dorm**irei**
us**eresti**	prend**eresti**	dorm**iresti**
us**erebbe**	prend**erebbe**	dorm**irebbe**
us**eremmo**	prend**eremmo**	dorm**iremmo**
us**ereste**	prend**ereste**	dorm**ireste**
us**erebbero**	prend**erebbero**	dorm**irebbero**

Le desinenze della prima e della seconda coniugazione sono uguali; anche i verbi in -**are** prendono la **e** come vocale tematica:
usare → us**e**rei
~~usare → us**a**rei~~

ALCUNI VERBI IRREGOLARI

essere → sarei
avere → avrei
dovere → dovrei
bere → berrei
tenere → terrei
rimanere → rimarrei

PARLARE DI COME STIAMO

Ho la febbre / la tosse
Ho mal di denti / testa / stomaco
Mi fa male la schiena / la testa
Sono stressato/a.
Mi sento rilassato/a.

PARTI DEL CORPO: PLURALI IRREGOLARI

il braccio → **le** braccia
il dito → **le** dita
il ginocchio → **le** ginocchia
l'orecchio → **le** orecchie
l'osso → **le** ossa
il labbro → **le** labbra

Osserva gli articoli: queste parti del corpo cambiano di genere al plurale, passano dal maschile al femminile.

Cosa mi succede quando sono...

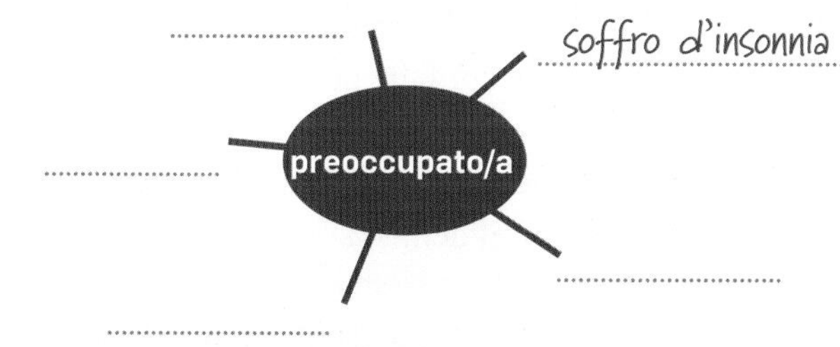

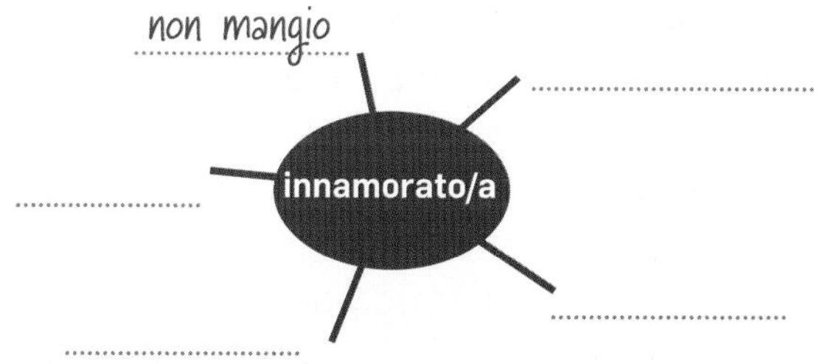

Suoni e lettere

traccia 38

Ascolta i seguenti dialoghi e ripetili.

1. ■ Ho mal di testa!
   ❍ Bevi molta acqua, sdraiati per dieci minuti e stai al buio.
2. ■ Mi fa male la schiena.
   ❍ Non si preoccupi. Faccia questi esercizi e non sollevi cose pesanti.
3. ■ Sono sempre stressata per il lavoro!
   ❍ Prenditi una camomilla!

1. ODDIO! COSA FACCIO?

traccia 39

A. Tre persone hanno scritto alla rubrica dei consigli di una rivista. Leggi i vari consigli che si danno a ogni problema, ascolta la registrazione e indica qual è la risposta per ognuno. Sei d'accordo o daresti un altro consiglio?

La posta di Serena

Cara Serena,
io e il mio ragazzo abbiamo deciso di andare a vivere insieme, sono felicissima ma purtroppo c'è un problema: l'appartamento che abbiamo trovato è vicino alla casa dei suoi genitori e sono preoccupata perché sono un po' invadenti... staranno sempre a casa nostra?
Francesca D. (Treviso)

Cara Serena,
tra due settimane devo prendere l'aereo per un volo intercontinentale (14 ore di volo!!!) e ho una paura folle di volare... Mario R. (Campobasso)

Cara Serena,
ho una paura matta del dentista! Sono spaventata, disperata e angosciata. Appena entro nella sala d'attesa mi tremano le gambe e cominciano a sudarmi le mani. L'odore tipico dello studio dentistico mi mette il panico...
Stefania C. (Roma)

☐ Al tuo posto sceglierei un posto delle file centrali perché si sentono meno i rumori. Mi porterei delle letture divertenti o della musica rilassante. Evita il caffè e altre bevande eccitanti e non temere di fare domande al personale di bordo, ti aiuterà a vincere la paura.

☐ Al tuo posto sceglierei un posto delle file centrali perché si sente poco la turbolenza. Mi porterei delle letture divertenti e guarderei dei film per distrarmi. Evita il caffè e altre bevande eccitanti e non fare troppe domande al personale di bordo, potresti agitarti di più.

☐ Cerca un dentista allegro e cordiale che ti faccia sentire a tuo agio e spiegagli il tuo problema. In ogni caso prima di andare prenditi 20-30 gocce di tranquillante, ti aiuterà a mantenere la calma.

☐ La tua paura è molto comune, io cercherei un dentista allegro e cordiale per sentirmi a mio agio e ci andrei accompagnata da un amico. Invece di prendere un tranquillante parlerei direttamente con il dentista.

☐ Capisco la tua preoccupazione, se fossi in te ne parlerei con il mio ragazzo. Spiegagli che per te è importante mantenere la vostra indipendenza.

☐ Al posto tuo convincerei il mio ragazzo a cercare casa in un'altra zona. Prova comunque a fargli capire che per una coppia è importante non dipendere dalla famiglia d'origine.

B. Ora sarai tu a dare dei consigli. Il tuo compagno ti consegna un messaggio con un problema, scrivi la risposta e poi parlatene insieme.

Quando devi redigere un testo, anche se breve, fai sempre attenzione alla chiarezza e alla correttezza. Una scrittura disordinata e degli errori di ortografia possono complicare la comprensione.

2. I RIMEDI DELLA NONNA

A. Generalmente usi internet per chiedere e dare consigli? Scegli le affermazioni che si avvicinano di più alle tue abitudini. Poi parlane con i compagni.

Quando ho bisogno di aiuto, di consigli, di suggerimenti, ecc., cerco informazioni su internet.

Quando ho bisogno di aiuto, di consigli, di suggerimenti ecc., entro in un forum e scrivo il mio dubbio, la mia domanda.

Mi piace molto aiutare gli altri su internet: propongo soluzioni, do consigli...

Non chiedo mai consigli su internet. Non mi sembra il luogo opportuno per spiegare i propri problemi.

B. Create un forum su internet. In alternativa potete crearlo in classe. Scrivete su un foglio un problema o un dubbio (reale o inventato) e scegliete uno pseudonimo.

C. Fate circolare i fogli e scrivete il vostro consiglio. Fate lo stesso per il forum su internet.

PROBLEMA:
Ho spesso un mal di testa terribile... cosa posso fare? Grazie!
(Fiore90)

CONSIGLI:

Usa l'olio di lavanda: metti due gocce su polsi e tempie e massaggia delicatamente.
(Erborista)

Io proverei con lo yoga, aiuta a rilassare i muscoli di collo e spalle.
(Natura)

D. Quali sono i consigli migliori? I più originali, i più divertenti, i più sorprendenti? Potete appenderli nella bacheca della classe.

Le acque d'Italia

Un'antica tradizione

L'Italia è straordinariamente ricca di fonti di acqua termale e minerale e il loro uso è diffusissimo fin dall'antichità. Sono stati infatti i Romani a costruire i primi stabilimenti termali per sfruttare le proprietà benefiche e terapeutiche delle acque.

Matrone romane alle Terme di Caracalla in un dipinto di Lawrence Alma-Tadema (1899)

www.termeitalia.info

Il bellissimo edificio delle Terme Berzieri in stile Liberty e Déco a Salsomaggiore (Parma)

Una terra ricca d'acque

La ricchezza di sorgenti calde e fredde è dovuta alla particolare struttura geologica dell'Italia, che presenta molti fenomeni vulcanici e ha una fitta rete di canali sotterranei. Nell'Italia del Nord, molte stazioni termali si trovano in una zona di origine vulcanica, come i Colli Euganei in Veneto. Ad Abano Terme, uno dei centri più rinomati, il trattamento termale principale è l'applicazione di fanghi, ideale per le malattie reumatiche e delle vie respiratorie. L'Emilia-Romagna è ricca di acque sulfuree, calde e fredde, raccomandate per vari disturbi: respiratori, digestivi, dermatologici, cardiovascolari, ecc. Salsomaggiore e Castrocaro sono tra le località più famose. Anche la Toscana vanta numerose stazioni termali con acque di diverse temperature (dai 17 º fino ai 54º). Saturnia e Chianciano, per esempio, offrono un'ampia scelta di cure e trattamenti. Scendendo più a sud, si trovano le acque del Lazio e del Golfo di Napoli, come Bagni di Tivoli e Ischia, che devono le loro proprietà benefiche all'attività vulcanica.

1. Anche il tuo paese è ricco di acque termali? Quali sono le località più famose?

Acque da bere... e da respirare

Fiuggi nel Lazio, Montecatini e Uliveto in Toscana, Recoaro in Veneto, San Gemini in Umbria e tantissime altre località italiane offrono cure idropiniche, cioè terapie... da bere. Le loro acque hanno infatti caratteristiche particolarmente indicate per migliorare il metabolismo, disintossicare l'organismo, favorire la digestione, ecc. Ma l'acqua non si beve soltanto: si respira per curare e prevenire allergie e disturbi respiratori. A Sirmione (Lombardia), Porretta (Emilia-Romagna) o Alì Terme (Sicilia) i centri termali offrono cure inalatorie con acque dalle caratteristiche differenti per diverse patologie: bronchiti, riniti, asma, ecc.

Le Terme Tettuccio, uno dei più famosi stabilimenti termali di Montecatini (Pistoia)

L'acqua è benessere

L'acqua è sicuramente salute ma anche un efficace rimedio contro stress e affaticamento. Sono infatti sempre di più le persone che ricorrono alle terme per rilassarsi e disintossicarsi dai ritmi frenetici. L'Italia possiede moltissimi centri benessere, sorti in prossimità di sorgenti termali, che ospitano numerosi visitatori italiani e stranieri in tutte le epoche dell'anno. C'è solo l'imbarazzo della scelta, da nord a sud e da est a ovest e per tutti i gusti: al mare, in montagna, in campagna o sul lago, in strutture antiche o moderne e presso località dove si può godere anche dell'arte e della gastronomia.

Una delle famose cascate delle Terme di Saturnia (Grosseto)

2. E tu credi nelle proprietà curative delle acque? Fai una ricerca su internet sulle località termali italiane e scegline una in base alle tue preferenze e alle tue esigenze.

Produzione orale

	nome della prova	parti della prova	tipologia di esercizi	durata	punteggio
CILS	Produzione orale	2	• presentazione: sviluppare una breve conversazione con l'esaminatore per presentarsi • monologo: parlare a partire da un argomento o un'immagine	10 minuti	12
CELI	Produzione e interazione orale	2	• produzione: breve monologo articolato • interazione: corretto feedback e risposte	10 minuti	30
PLIDA	Prova orale	3	• conversazione: rispondere a delle domande semplici per presentarsi e interagire in situazioni diverse • descrizione: descrivere una persona, un oggetto, una situazione a partire da immagini o da una lista di argomenti	10 minuti	30

Suggerimenti e consigli per la prova

- Tieni sempre preparata una breve presentazione di te stesso: è probabile che, anche se non prevista dalla prova, sia un modo che usa l'esaminatore o esaminatrice per entrare nella conversazione. Ricorda che molto spesso questo è solo un modo per "rompere il ghiaccio".
- Non perdere la calma. Se non ti ricordi una parola durante la prova, cerca di dire quello che vuoi con altre parole.
- Se non capisci la domanda, non ti preoccupare, chiedi semplicemente che te la ripetano.
- Cerca di usare parole e strutture che facciano capire all'esaminatore che hai delle strategie per mantenere la conversazione e per costruire un discorso coerente.

ESERCIZIO 1

A coppie. Svolgete la vostra parte del dialogo a partire dalle seguenti situazioni (4 minuti circa).

Presenta un personaggio famoso (attore, regista, cantante...).

Racconta come vi distribuite le faccende domestiche a casa tua.

Chiedi di fare un favore al tuo capo e offriti di fare qualcosa.

Dai dei consigli a un amico che è nervosissimo perché ha un esame.

ESERCIZIO 2

Fai una breve presentazione di te stesso a partire dalle domande (2-3 minuti circa).

- Come ti chiami?
- Quanti anni hai?
- Di dove sei?
- Dove abiti?
- Con chi vivi?
- Hai fratelli e sorelle?
- Come si chiamano?
- Quanti anni hanno?
- Che lavoro fai?
- Che cosa studi?
- Dove studi?
- Dove lavori?
- Ti piace il tuo lavoro?
- Dove hai studiato l'italiano?
- Quali altre lingue hai studiato?
- Cosa ti piace fare nel tempo libero?

ESERCIZIO 3

Descrivi queste fotografie (3 minuti circa).

a. Salute e benessere

b. Le dispiace se...

c. La casa del futuro

Autovalutazione

1. Competenze unità 5 e 6	Sono capace di...	Ho delle difficoltà a...	Non sono ancora capace di...	Esempi
chiedere, concedere, negare il permesso				
chiedere, offrire, concedere, rifiutare cose o favori				
scusarsi e fare complimenti				
dire cosa si sta facendo				
dare del tu e del Lei				
dare consigli e suggerimenti				
dire come ci si sente				

2. Contenuti unità 5 e 6	So e uso facilmente...	So ma non uso facilmente...	Non so ancora...
il condizionale			
stare + gerundio			
pronomi diretti e indiretti di cortesia			
espressioni relative alle buone maniere			
imperativo affermativo e negativo diretto e indiretto (tu, voi, Lei)			
lessico del corpo umano e della salute			

Bilancio

Come uso l'italiano	😊	😐	😕	☹️
quando leggo				
quando ascolto				
quando parlo				
quando scrivo				
quando realizzo le attività				

La mia conoscenza attuale	😊	😐	😕	☹️
della grammatica				
del vocabolario				
della pronuncia e dell'ortografia				
della cultura				

In questo momento i miei punti di forza sono: ....

In questo momento le mie difficoltà sono: ....

Idee per migliorare	in classe	fuori dalla classe (a casa mia, per la strada...)
il mio vocabolario		
la mia grammatica		
la mia pronuncia e la mia ortografia		
la mia pratica della lettura		
la mia pratica dell'ascolto		
le mie produzioni orali		
le mie produzioni scritte		

Se vuoi, parlane con un compagno.

7

IL LAVORO CHE FA PER ME

Il nostro progetto

Preparare un video curriculum per presentare la propria candidatura.

STRUMENTI PER IL NOSTRO PROGETTO:

I temi: le professioni del futuro; il cambio professionale; le professioni italiane; la formazione e l'esperienza; le botteghe rinascimentali.

Le risorse linguistiche: i suffissi **-aio**, **-iere** e **-ista**; il futuro semplice e il futuro anteriore; le espressioni d'obbligo; le consonanti scempie e doppie (**n** / **nn**, **m** / **mm**).

Le competenze:

- comprendere testi relativi al percorso professionale e alle caratteristiche delle professioni; reperire e riconoscere requisiti; valutare offerte di lavoro.
- comprendere testimonianze relative al cambio professionale; riconoscere requisiti; valutare formazione ed esperienza lavorativa.
- parlare di requisiti ed esperienze professionali; esprimere opinioni su professioni e candidature.
- discutere sulle professioni del futuro, su offerte di lavoro e candidature; confrontare la propria esperienza con quella dei compagni.
- preparare un video curriculum.

IL LAVORO NOBILITA L'UOMO

A. Osserva queste fotografie e abbinale ai nomi delle professioni. Quale preferiresti fare?

antiquario / restauratore / vetraio
stilista / liutaio

traccia 40

B. Adesso ascolta alcune persone che parlano del lavoro che vogliono o volevano fare e scrivi le professioni che nominano.

1. UN LAVORO SU MISURA

A. Leggi l'intervista a questi sarti un po' speciali. Quale aspetto ti sorprende di più?

www.cambiovita.dif

Cambio vita

HOME FORUM **IO L'HO FATTO** INFO UTILI

X REGIO: IL PRÊT-À-PORTER DEL VATICANO

Ecco un'altra interessantissima testimonianza di cambio di vita: questo mese abbiamo intervistato Stefano, Gianluca e Roberto di X Regio, i sarti del Papa.

Quando avete iniziato la vostra attività?
Non c'è stato un vero e proprio inizio. Diciamo che il mio gran interesse è diventato un hobby e poi una vera attività. Gianluca si è aggiunto a metà degli anni '90 e Roberto a metà degli anni Duemila.
Com'è nata l'idea?
Da una grande passione per la liturgia e l'arte sacra. E poi la creatività personale e un grande impegno hanno fatto il resto.
Che attività svolgevate prima?
Io insegnavo, Gianluca amministrava un'azienda privata e Roberto vendeva. Insomma, mestieri completamente diversi da quello che facciamo adesso.
Avete una formazione specifica nell'ambito della sartoria?
La formazione sartoriale si acquisisce sul campo. Siamo anche così sensati da far fare i lavori a chi sa farli: io non cucirò mai come una cucitrice che lo fa da quarant'anni, lo lascio fare a lei e il risultato è ottimo.
In che consiste esattamente il vostro lavoro?
Confezioniamo paramenti sacri. Il "segreto" di X Regio consiste nel metodo, cioè le modalità tecniche in cui differenti discipline, come sartoria, ricamo e oreficeria, si intrecciano nella creazione di un oggetto. La peculiarità di X Regio è proprio il metodo costruttivo.
Quali requisiti bisogna avere?
Passione, talento, metodo, pazienza, testardaggine, creatività, amore per i materiali e le forme, disposizione allo studio...
Come e quanto è cambiata la vostra vita?
È cambiata completamente! Non esiste più il tempo, il riposo, le ferie... Non puoi ammalarti se devi consegnare un lavoro!
Qual è stato il vostro incarico più importante?
Senza dubbio la fornitura generale per il Grande Giubileo del 2000 e, in particolare, il paramento più famoso e importante dell'evento: il manto con cui Papa Giovanni Paolo II ha aperto la Porta Santa di San Pietro la notte di Natale del 1999.

traccia 41

B. Adesso ascolta le testimonianze di queste persone. Indica per ognuna quale etichetta è la più adatta secondo te. È possibile selezionare più di un'opzione.

"reinventarsi un lavoro"
"mollare tutto e mettersi in proprio"
"scommettere su se stessi"
"piccole aziende"
"microimprese"
"ridecorarsi la vita"
"innamorato del lavoro"

www.xregio.com

C. Conosci qualcuno che ha cambiato vita? Racconta la sua esperienza.

Prima dell'ascolto leggi con attenzione le etichette: ti aiuterà a selezionare le informazioni che ti servono.

2. LE PROFESSIONI DEL FUTURO

A. Leggi il testo qui di seguito e prova a dire in cosa consistono queste professioni.

Quali saranno le professioni del futuro? Quali occupazioni emergenti si affermeranno? Tentare di rispondere a queste domande può essere utile per capire meglio l'evoluzione del mercato del lavoro e conoscere le nuove opportunità. Secondo uno studio, queste sono alcune delle nuove professioni che si svilupperanno entro il 2030: agricoltore / allevatore genetista, architetto per pianeti, avvocato virtuale, broker del tempo, manager / consulente della terza età.

- L'avvocato virtuale darà solo consulenze on-line.
- Dici? Secondo me si faranno processi in videoconferenza...

B. Adesso leggi i seguenti testi e verifica le tue ipotesi. Pensi che queste professioni avranno successo?

Agricoltore / allevatore genetista
Lavorerà con coltivazioni e pascoli modificati geneticamente per migliorare i raccolti e produrre proteine a scopo terapeutico. I pomodori e il latte sono alcuni dei prodotti interessati perché hanno molte proprietà curative.

Manager / consulenti della terza età
Sono gli specialisti che aiuteranno la popolazione che invecchia. Il loro compito sarà quello di pensare a soluzioni innovative in campo medico, farmaceutico, psichiatrico, ecc. e di trovare nuove proposte per l'alimentazione e il fitness.

Avvocato virtuale
La nostra vita quotidiana si svolge sempre di più on-line. Ecco perché ci sarà una forte richiesta di specialisti che dovranno risolvere le controversie legali tra cittadini residenti in giurisdizioni differenti.

Broker del tempo
Il tempo a disposizione delle persone è utilizzato in alcuni casi come sistema di pagamento alternativo. Questa "moneta" favorirà un vero e proprio mercato "finanziario" del tempo, in cui opereranno agenti di cambio specializzati.

Architetto per pianeti
Insieme al pilota spaziale e alla guida turistica dello spazio, lavorerà al di fuori della Terra. Dovrà progettare soluzioni abitative per lo spazio e per i pianeti: case ecologiche per Marte e veicoli per l'esplorazione dello spazio...

curiosità

Secondo uno studio condotto dalla Coldiretti le professioni del futuro in Italia saranno nel settore alimentare e agricolo. E saranno anche piuttosto peculiari, come l'agrigelataio (un allevatore che trasforma direttamente il latte in gelato) o il* personal trainer dell'orto *(un agricoltore che offre consulenza e tutoraggio a domicilio) o il* sommelier della frutta *e* l'assaggiatore di grappe.

** Organizzazione degli imprenditori agricoli*

Il nostro progetto

Il compitino: pensa a una professione che secondo te avrà successo nel futuro, scegli un nome e scrivi una descrizione.

1. LAVORARE STANCA

> In qualunque professione è bene tenere conto di questo: chi lavora egoisticamente non arriva a niente.
>
> Eduardo De Filippo

A. Osserva questi lavoratori e quello che fanno. Sai dire chi di loro è fannullone e chi entusiasta?

QUANDO AVRÒ SISTEMATO L'ARCHIVIO, AGGIORNERÒ I DATI DEI CLIENTI.

CHE BELLO LAVORARE!

QUANDO SARÒ DIVENTATO AMICO DEL VICEDIRETTORE, MI FARÒ PROMUOVERE A RESPONSABILE DEL DIPARTIMENTO.

ZZZZZZZZZZZ ZZZZZZ

QUANDO AVRÒ FINITO QUESTA RELAZIONE, AIUTERÒ GIANNI CON LA SUA PRESENTAZIONE.

QUANDO AVRÒ COMPRATO IL PANE E IL LATTE, FARÒ UN GIRO AL MERCATO...

efficiente

arrivista

assenteista

altruista

B. Osserva un'altra volta i testi e prova a dire quale azione è anteriore all'altra. Quale tempo verbale si usa?

AZIONE ANTERIORE	AZIONE POSTERIORE
Quando avrò finito la relazione	aiuterò Gianni
....	....
....	....
....	....

C. E tu che progetti hai? Scrivi tre frasi per presentarne tre, usando i tempi verbali dei fumetti, poi leggile ai tuoi compagni.

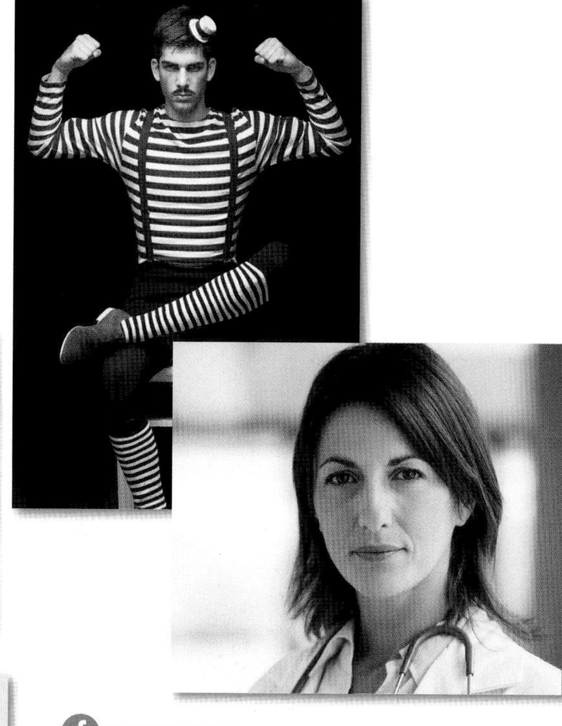

2. LAVORI E MESTIERI

A. Un medico e un attore parlano della loro esperienza lavorativa. Leggi i testi e ricostruisci le loro testimonianze sul quaderno o su un foglio a parte. Poi sottolinea il lessico relativo al percorso formativo e professionale.

a Il mio stipendio è variabile perché non ho un contratto fisso: a volte guadagno molto ma ci sono mesi in cui non lavoro...

b Ho cominciato in una clinica privata per circa un anno, poi ho lavorato con un contratto part-time in un consultorio comunale. Qualche anno fa ho vinto un concorso per lavorare in un ospedale pubblico e sono diventata medico di ruolo. Così è cominciata la mia carriera...

c Ho sempre avuto interesse per la medicina, da piccola facevo sempre tantissime domande al medico di famiglia.

d Ho fatto il liceo artistico. Dopo il diploma ho studiato Scienze della Comunicazione e mi sono laureato a pieni voti. Mentre studiavo all'università frequentavo anche l'accademia d'arte drammatica. Ho anche fatto uno stage sul Teatro gestuale.

e Nel mio mestiere non esistono vere e proprie vacanze, diciamo che ho dei periodi di riposo... a volte forzati! In genere quando mi offrono un lavoro, accetto sempre.

f Arrivare alla laurea è stata dura, poi ci sono stati il tirocinio, la specializzazione e il master. Insomma, una strada molto lunga ma che mi ha dato tante soddisfazioni.

g Fino a maggio sono impegnato con una compagnia che mette in scena opere di Pirandello. In estate sarò impegnato con vari festival di teatro di strada... e poi farò altri provini!

h Sono sempre stato portato per la recitazione fin da piccolo, quando mi esibivo in spettacoli organizzati dall'oratorio.

i Lo stipendio non è male, ma l'inconveniente è l'orario: spesso devo fare il turno di notte. Poi ogni due settimane sono di guardia il fine settimana... ma per questo mi pagano bene.

B. Rileggi i testi e completa le seguenti schede.

ATTORE
Categoria: Professioni e mestieri
Sottocategoria: Musica e spettacolo
Studi: ....
Esperienza: ....
Tipo di contratto: collaborazione a progetto
Giornata lavorativa: ....
Stipendio minimo: 57 € lordi/giorno

MEDICO
Categoria: Farmacia, medicina, salute
Sottocategoria: Medicina generale
Studi: ....
Esperienza: ....
Tipo di contratto: ....
Giornata lavorativa: ....
Stipendio minimo: 2600 € lordi + guardie

Il compitino: pensa a una professione e prepara una scheda come queste. I tuoi compagni devono indovinare di che mestiere si tratta.

3. I REQUISITI GIUSTI

A. Leggi i seguenti testi e individua i requisiti per fare il gondoliere e il corazziere.

TUTTOLAVORO

LE PROFESSIONI DEL MESE

Come diventare gondoliere

1. Per diventare gondoliere bisogna essere maggiorenni e partecipare al concorso pubblico indetto dall'Ente Gondola.
2. È consigliabile possedere un diploma di maturità conseguito presso un istituto turistico perché l'aspirante gondoliere deve avere nozioni di storia dell'arte e di storia veneta e conoscere almeno una lingua straniera.
3. Superato il concorso, è necessario sostenere un altro esame indetto dalla Regione Veneto.
4. Passata anche la seconda prova, si deve fare un periodo di pratica di sei mesi. Al termine si ottiene la licenza.

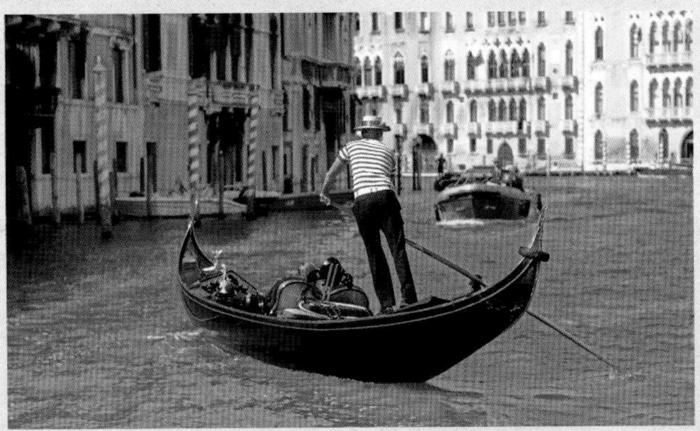

Diventare corazziere: come fare?

Per diventare Corazziere bisogna arruolarsi nell'Arma dei Carabinieri e successivamente partecipare a selezioni interne.

È necessario avere una solida moralità personale e familiare, un'eccellente disciplina e un ottimo passato lavorativo. Bisogna saper cavalcare e saper guidare la moto con grande abilità. È fondamentale possedere capacità e prontezza per gestire le delicate situazioni operative.

È indispensabile avere un'altezza di almeno 190 cm, una forte costituzione e una notevole resistenza fisica per sostenere turni prolungati di servizio in piedi.

B. Rileggi i testi e osserva come sono introdotti i requisiti e completa gli esempi.

PER DIVENTARE GONDOLIERE...	PER DIVENTARE CORAZZIERE...
bisogna essere maggiorenni	....
....	è necessario avere una solida moralità
....	....
....	....
....	....
....	....
....	....

traccia 42

C. Adesso ascolta le seguenti conversazioni e prova ad appuntare quali altri requisiti nominano.

D. Secondo te quali requisiti bisogna avere per fare la professione che interessa a te?

PAROLE UTILI

avere: memoria, pazienza, iniziativa, esperienza, disciplina, creatività, preparazione fisica, bella presenza...

essere: forte, intuitivo, dinamico, attivo, socievole, deciso, organizzato, serio, gentile, responsabile, flessibile...

AGENZIA INTERINALE BRAVISSIMO!

A. Ecco alcuni tra i lavori estivi più frequenti. Ne conosci qualcun altro? Quale sceglieresti?

- Animatore/trice turistico/a
- Bagnino/a
- Cuoco/a
- Receptionist
- Istruttore/trice sportivo/a per bambini
- Ballerino/a
- Commesso/a
- Cantante

traccia 43

B. Ascolta le presentazioni di questi studenti e di' quale lavoro del punto A possono fare.

1. ....
2. ....
3. ....
4. ....

C. Adesso leggi questi annunci di lavoro. Per quale avresti i requisiti giusti? Parlane con un compagno.

- Io potrei fare la recepcionist perché parlo bene tre lingue... e ho molta pazienza!
- Io invece potrei fare il cameriere perché ho lavorato per due anni in un ristorante italiano. E poi mi piacciono i lavori dinamici.

DESCRIZIONE OFFERTA 2517-0069

Titolo dell'offerta: autista
Categorie: Professioni e mestieri - Trasporti
Villaggio turistico zona Sorrento cerca autista per servizio trasporto clienti da/per aeroporto e stazione ferroviaria. È indispensabile essere in possesso della patente B e avere disponibilità totale nei mesi estivi. Il candidato ideale è una persona flessibile, dinamica e puntuale. Si offre contratto iniziale full-time di tre mesi più proroga fino a un anno.

RECEPTIONIST COD. RICERCA 12810A

Azienda
Azienda operante nel settore turistico-alberghiero in zona Trento
Profilo posizione
Addetto/a receptionist per stagione estiva (maggio-settembre). Il candidato ideale deve possedere ottime doti relazionali e di comunicazione, minima esperienza nel settore, conoscenza fluente della lingua tedesca e inglese. È indispensabile essere disponibili a lavorare su turni (compreso weekend) e possedere almeno il Diploma di Maturità. Si offre contratto a tempo determinato con possibilità di assunzione.
La persona selezionata si occuperà di:
- accoglienza clienti;
- attività di check in / check out;
- prenotazioni;
- accommodation.

TATA CON VITTO E ALLOGGIO
FAMIGLIA CON DUE BAMBINE DI 7 E 4 ANNI CERCA BABY-SITTER PER PASSARE LE VACANZE ESTIVE ALL'ISOLA DEL GIGLIO (GROSSETO). CERCHIAMO UNA RAGAZZA (25-30 ANNI) SERIA, AFFIDABILE, SOLARE, ALLEGRA E NON FUMATRICE. È NECESSARIA DISPONIBILITÀ E FLESSIBILITÀ NEGLI ORARI. OLTRE A COMPENSO E CONTRIBUTI SI OFFRONO ANCHE VITTO E ALLOGGIO.
MARILISA E ALBERTO 333 721173

CAMERIERE/A

Affermato ristorante messicano a Milano Marittima cerca cameriere/a. È necessaria esperienza di almeno 1 anno con referenze e bella presenza. È imprescindibile la disponibilità per i mesi di giugno, luglio, agosto e settembre. Il candidato deve essere una persona capace di adattarsi a un ambiente di lavoro molto giovane e dinamico.
Curriculum con foto a: ristotijuana@dif.it

PARLARE DELL'ATTIVITÀ PROFESSIONALE

Faccio il giornalista sportivo, cioè **scrivo** articoli su attività ed eventi sportivi.
L'agricoltore genetista lavora con coltivazioni modificate geneticamente.
Il receptionist si occupa dell'accoglienza clienti.

PARLARE DEI REQUISITI

Per diventare medico **è necessario** studiare molti anni.
Per fare l'autista **bisogna** avere la patente.
Per lavorare in un hotel **si deve** parlare bene l'inglese.
Per lavorare con i bambini **è indispensabile** avere molta pazienza.

FORMAZIONE DEI NOMI DELLE PROFESSIONI

Molti nomi di professioni derivano da altri nomi ai quali si aggiungono i suffissi: -**aio**, -**iere**, -**ista**: *macell**aio***, *forn**aio***, *camer**iere***, *inferm**iere***, *aut**ista***, *music**ista***.
Spesso per la forma femminile è sufficiente cambiare la -**o** o la -**e** in -**a**, ma ci sono dei nomi che rimangono uguali o che per il femminile hanno un suffisso differente.
Al singolare -**ista** rimane uguale, ma al plurale ha una forma per il maschile (-**isti**) e una per il femminile (-**iste**).

MASCHILE	FEMMINILE
-o	**-a**
cuoco, maestro...	cuoca, maestra...
-aio	**-aia**
operaio, giornalaio...	operaia, giornalaia...
-iere	**-iera**
cameriere, infermiere...	cameriera, infermiera...
-tore	**-trice**
autore, pittore...	autrice, pittrice...
-e	**-essa**
dottore, professore...	dottoressa, professoressa
-e	**-e**
il cantante, il preside	la cantante, la preside
-ista	**-ista**
il giornalista, il dentista	la giornalista, la dentista

FARE PROGETTI

FUTURO SEMPLICE

Per esprimere una sequenza di azioni future:
*Dopo il diploma **mi iscriverò** all'università, poi **farò** un master e **andrò** a lavorare all'estero.*

Per esprimere azioni future contemporanee:
*Quando **farò** lo stage, **imparerò** come funziona un'azienda.*

Con i verbi terminare, finire o concludere, si può esprimere un'azione futura anteriore a un'altra:
*Quando **finirò** il corso di formazione, **cercherò** un nuovo lavoro.*

FUTURO ANTERIORE

Per esprimere un'azione futura anteriore a un'altra.
È generalmente introdotto da **quando** e **appena**:
***Quando avrò imparato** bene l'inglese, cercherò lavoro negli Stati Uniti.*
***Quando mi sarò laureata**, farò uno stage in Inghilterra.*
***Appena avrò parlato** con i clienti, preparerò la relazione.*
***Appena mi sarò** trasferito a Berlino, mi iscriverò a un corso di tedesco.*

IL FUTURO ANTERIORE

AUSILIARE *ESSERE* O *AVERE* AL FUTURO	+	PARTICIPIO PASSATO DEL VERBO
avrò avrai avrà avremo avrete avranno		finit**o**
sarò sarai sarà saremo sarete saranno		andat**o**/**a** andat**i**/**e**

1. Completa le seguenti mappe mentali con le caratteristiche che può avere un lavoratore.

positive: puntuale ....

negative: egoista ....

2. Scrivi i requisiti che secondo te sono necessari per fare la tua professione o la professione che ti interessa.

....

3. Quali sono le tappe fondamentali del percorso formativo?

....

Suoni e lettere

traccia 44

A. Ascolta queste parole e indica quale suono senti.

	1	2	3	4	5	6	7
n							
nn							

traccia 45

B. Ascolta queste parole e indica quale suono senti.

	1	2	3	4	5	6	7	8
m								
mm								

1. COLLOQUIO DI LAVORO

A. Ecco alcuni elementi del percorso formativo e professionale. Leggili e mettili in ordine cronologico secondo la tua esperienza. Poi confronta la tua cronologia con quella di un compagno.

- laurearsi
- studiare una lingua
- andare in pensione
- trovare lavoro
- andare all'università
- diplomarsi
- fare uno stage
- licenziarsi
- essere disoccupato
- fare un corso di specializzazione
- fare un concorso
- fare un corso d'aggiornamento
- fare un master
- lavorare all'estero

• Hai trovato un lavoro a tempo pieno prima di laurearti? Che fortuna! Io ho dovuto prima fare un master e vari corsi di specializzazione...

▫ Sì, sono stato fortunato ma mi pagavano male... così mi sono licenziato e sono andato a lavorare in Belgio.

B. Adesso ascolta questo colloquio di lavoro e compila il CV di Marina De Rossi e Bruno Massimi.

traccia 46

CURRICULUM VITAE
Marina de Rossi
età: ....

Esperienza lavorativa:
....
....
....

Istruzione e formazione:
....
....
....

Lingue:
francese, inglese e spagnolo

Conoscenze informatiche:
Office

CURRICULUM VITAE
Bruno Massimi
età: ....

Esperienza lavorativa:
....
....
....

Istruzione e formazione:
....
....
....

Lingue:
inglese

Conoscenze informatiche:
Office

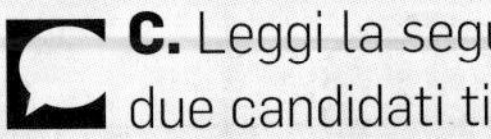

C. Leggi la seguente offerta di lavoro: quale dei due candidati ti sembra più adatto?

RINOMATO RISTORANTE CERCA CUOCO CON DISPONIBILITÀ IMMEDIATA

È imprescindibile avere esperienza provata nella preparazione di piatti mediterranei (carne e pesce). È preferibile dare delle referenze. Sono gradite la creatività e la capacità di lavorare in équipe. Massima serietà e professionalità. No perditempo.

curiosità

Il regista italiano Marco Ponti nel 2001 ha diretto il film Santa Maradona, *che descrive una generazione piena di insicurezze che passa da un colloquio di lavoro all'altro con scarso successo. Il tema è ancora molto attuale, puoi vedere la scena del colloquio su Youtube, cerca "santa maradona + colloquio + sincerità".*

Il nostro progetto

2. LAVORO NUOVO, VITA NUOVA

A. Vuoi cambiare vita. Ecco un annuncio che ti può interessare: decidi per quale posto di lavoro vuoi presentare la tua candidatura.

A.A.A. ABITANTI CERCASI

Un piccolo paesino in Molise cerca persone disposte a trasferirsi stabilmente per favorire il ripopolamento. Si offrono aria pulita, incantevoli paesaggi, una bella casa con un affitto economico e... lavoro.

Posti di lavoro da coprire:

- tre pastori
- un giardiniere
- due medici
- un farmacista
- tre maestri/e
- un barista
- un parrucchiere
- due agricoltori

Inviare la candidatura videoregistrata a: nuoviabitanti@comune.dif

Per elencare fatti o commentare degli aspetti del tuo CV puoi usare: *prima, poi, anche, oltre a, inoltre, infine, addirittura, non solo, a proposito di...*

B. Prepara le informazioni per il video curriculum: ti aiuterà a scegliere gli aspetti che vuoi inserire nel tuo filmato. Puoi fare delle prove prima di registrare, così sarai più spontaneo.

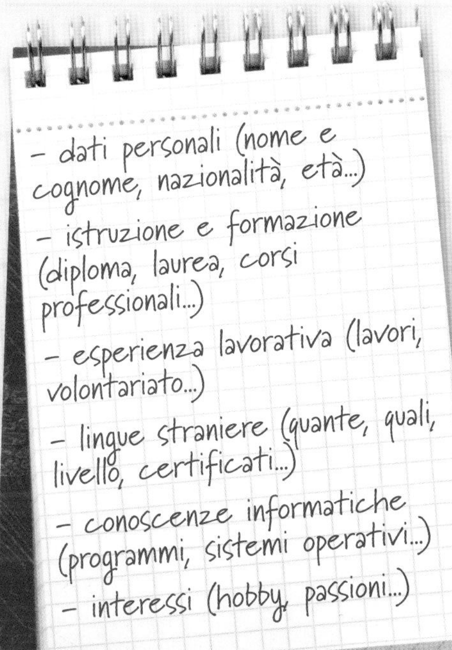

C. Guarda le registrazioni dei tuoi compagni e scegli i candidati più adeguati e convincenti per ogni posto di lavoro. Poi, tutti insieme, decidete chi otterrà i lavori.

Botteghe rinascimentali

La bottega come scuola

L'INTERNO DI UNA BOTTEGA DELLA SETA.

L'origine della bottega risale all'epoca romana, quando esistevano le *officinae* guidate da un *magister*. È però in epoca medievale e rinascimentale che ha un grande sviluppo e acquista maggiore importanza. Nel Rinascimento, in particolare, la bottega non era solo il luogo dove si svolgeva l'attività di artisti, artigiani e commercianti, ma anche il luogo di formazione di tutti quei giovani che desideravano esercitare un'arte. Il maestro, infatti, tramandava agli apprendisti le tecniche della fusione dei metalli, della lavorazione del legno, della ceramica, dei tessuti, ecc. Si trattava insomma di una vera e propria scuola di avviamento al lavoro in cui l'allievo apprendeva l'arte del mestiere. Esisteva una gerarchia ben definita: al vertice c'era il maestro (capo bottega), seguito da assistenti, operai salariati e apprendisti.

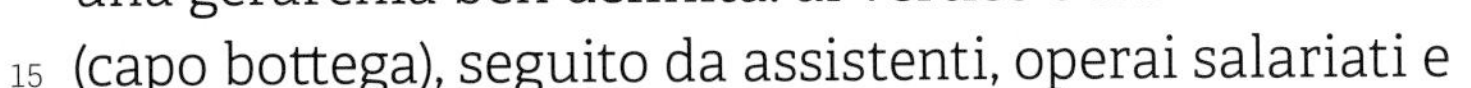

I locali delle botteghe si trovavano di solito al livello della strada con un'apertura a forma di L rovesciata per illuminare l'interno ed esporre i prodotti. All'interno c'era un grande ambiente per l'attività lavorativa, un piccolo studio per il capo bottega e un magazzino per i materiali.

L'ESTERNO DI UNA BOTTEGA DI UN CANDELAIO

1. E nel tuo paese come era organizzata la formazione dei giovani lavoratori? Fai un ricerca e prepara un testo di presentazione.

BOTTEGA DEL VERROCCHIO, "MADONNA COL BAMBINO", 1470 CIRCA (METROPOLITAN MUSEUM OF ART, NEW YORK)

Le botteghe degli artisti

Le botteghe degli artisti non si differenziavano nella struttura e nell'organizzazione da quelle degli altri artigiani: il lavoro era organizzato secondo un metodo di produzione che prevedeva la suddivisione dei compiti tra il maestro, gli assistenti e gli apprendisti. Quindi anche chi voleva esercitare l'arte della pittura doveva fare un lungo apprendistato e veniva accolto in bottega con un regolare contratto. C'era dunque un accordo che stabiliva gli obblighi del maestro e dell'allievo. A Firenze, ad esempio, il capo bottega doveva garantire vitto, alloggio, vestiti e salario, mentre a Venezia c'era anche un rimborso per la malattia. Nel *Libro dell'arte* di Cennino Cennini si spiega che la formazione dell'artista è molto lunga: un anno per il disegno su tavoletta, sei anni per imparare a scegliere i colori, preparare i pannelli, ecc. e altri sei anni per conoscere la diversità dei colori e a apprendere i segreti del mestiere.

Botteghe illustri

Durante il Rinascimento, specialmente a Firenze, nelle botteghe si sono formati grandissimi artisti come Leonardo da Vinci, Sandro Botticelli o Michelangelo. Una delle botteghe più famose è quella del Verrocchio, dove hanno fatto i primi passi nel mondo dell'arte i giovani Leonardo, Perugino e Ghirlandaio. Nella bottega di Filippo Lippi ha fatto il suo primo apprendistato Botticelli, che ha poi lavorato anche in quella del Verrocchio. Filippino Lippi si è formato con Botticelli, ex allievo di suo padre e Michelangelo con il Ghirlandaio. Nei primi lavori dei giovani artisti si nota l'influenza del maestro ma anche alcuni elementi che caratterizzeranno la loro produzione più matura.

FILIPPINO LIPPI, "TRE ARCANGELI E TOBIOLO" (1485), UN'OPERA CON INFLUSSI BOTTICELLIANI

2. Scegli un artista del tuo paese (o uno che ti piace) e e racconta qual è la sua formazione.

8

FACCIAMO UN GIRO?

Il nostro progetto

Organizzare una gita per un fine settimana.

STRUMENTI PER IL NOSTRO PROGETTO:

I temi: il turismo ecologico, il turismo sportivo e il turismo culturale; le attività per il tempo libero; il tempo metereologico; i festival, le sagre e le fiere in Italia.

Le risorse linguistiche: pensare di + infinito, presente e futuro per parlare di programmi; il futuro dei verbi in -**care**, -**gare** e -**ciare**, -**giare**; **volerci** (in riferimento al tempo); il periodo ipotetico della realtà; le consonanti scempie e doppie (**r** / **rr**).

Le competenze:

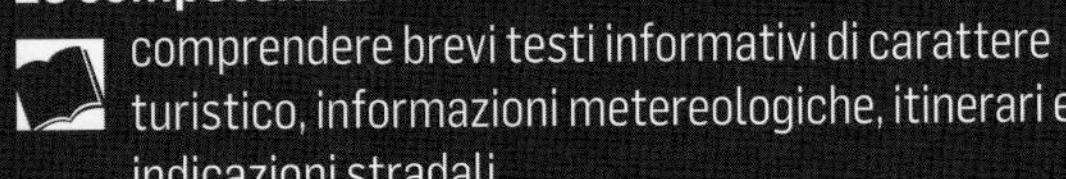

- comprendere brevi testi informativi di carattere turistico, informazioni metereologiche, itinerari e indicazioni stradali.

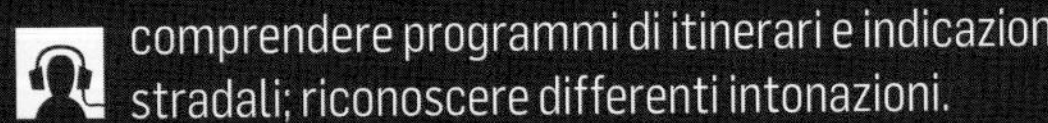

- comprendere programmi di itinerari e indicazioni stradali; riconoscere differenti intonazioni.
- parlare di preferenze per attività e turismo; parlare del tempo metereologico; fare programmi per il futuro.
- fare proposte, accettare e rifiutare; dare e chiedere indicazioni stradali.
- scrivere brevi testi informativi di carattere turistico; scrivere testi per proporre di fare qualcosa; preparare un itinerario per una gita.

1 ANFITEATRO ROMANO

2 MUSEO ARCHEOLOGICO

5 ORTO BOTANICO

7 PIAZZA YENNE

VIALE SANT'IGNAZIO DA LACONI

VIALE VITTORIO EMANUELE II

10 CAGLIARI ANTIQUARIA

11 PALAZZO CIVICO

www.cagliariturismo.it

PRIMO CONTATTO

A SPASSO PER CAGLIARI

A. Prima di partire per una città che non conosci come scegli i posti da visitare?

- ☐ compro una guida
- ☐ cerco informazioni su internet
- ☐ leggo i blog di altri turisti
- ☐ parlo con persone che ci sono state

B. Quali posti ti interessano di più quando visiti una città: musei, negozi, monumenti...?

- *I musei prima di tutto, e poi vado matta per i mercatini!*

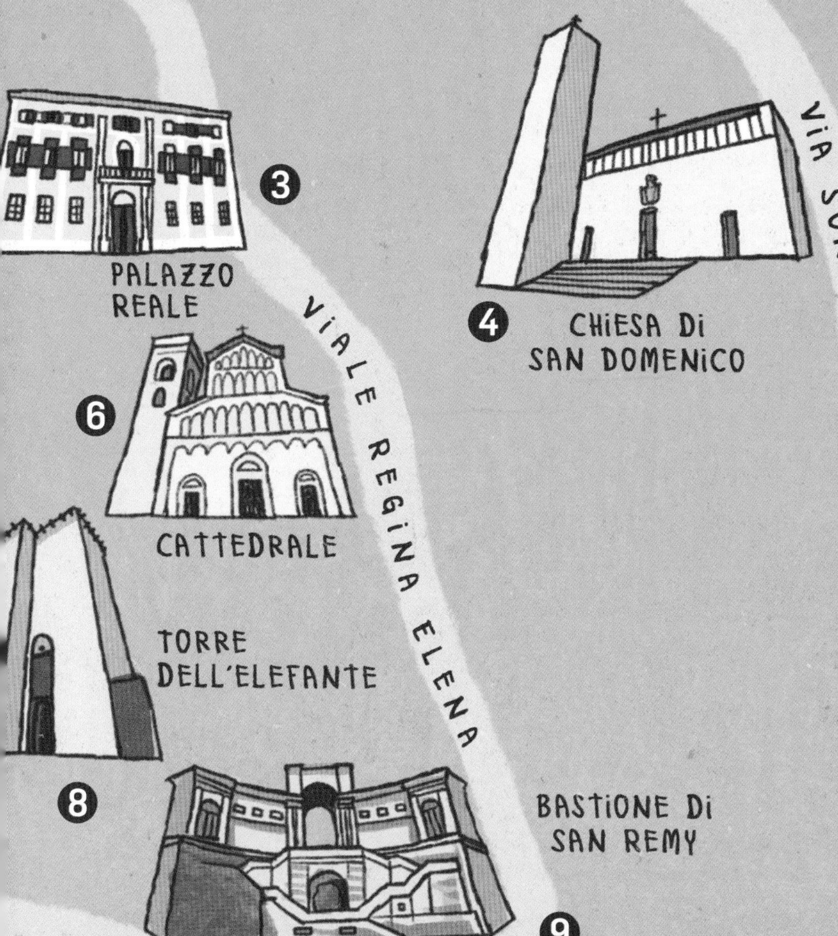

VIA ROMA

1. **Anfiteatro romano**, viale Sant'Ignazio Da Laconi.
2. **Museo Archeologico Nazionale**, piazza dell' Arsenale 1.
3. **Palazzo Reale**, piazza Palazzo.
4. **Chiesa di San Domenico**, piazza San Domenico 4.
5. **Orto botanico**, via Sant'Ignazio da Laconi 13.
6. **Cattedrale di Cagliari**, piazza Palazzo 4.
7. **Piazza Yenne**, per ristorarsi con un caffè o un gelato in uno dei numerosi bar.
8. **Torre dell'Elefante**, via Santa Croce.
9. **Bastione di San Remy**, via Torino 16.
10. **Cagliari Antiquaria**: mercatini dell'antiquariato all'aperto, piazza del Carmine.
11. **Palazzo Civico**, via Roma 145.
12. **Quartiere La Marina**, per gustare piatti tipici della cucina cagliaritana e sarda.
13. **Basilica di San Saturnino**, piazza San Cosimo.

1. TURISMO VERDE

A. Conosci l'ecoturismo? Di' quali sono, secondo te, gli aspetti positivi e quelli negativi. Parlane con un compagno.

- *Secondo me un aspetto negativo importante è che l'ecoturismo va bene solo per chi è giovane e sportivo...*
- *Non sono d'accordo, esistono tante alternative per tutti i gusti, anche per anziani e bambini.*

B. Adesso leggi le tre proposte di questo sito internet: quale sceglieresti? Con chi ci andresti?

- *A me piace l'Ecoparco, adoro gli animali! Ci andrei con i miei nipotini, si divertirebbero tantissimo.*

LE PROPOSTE DEL MESE

Imparare con gli animali

Visitare una fattoria didattica è un'occasione unica per un contatto diretto con la natura: animali, piante, tradizioni rurali... È un viaggio ricco di emozioni alla scoperta della vita nel mondo contadino.

Tra i percorsi didattici proposti dalla fattoria di Vezzano (Trentino-Alto Adige) ci sono quelli di avvicinamento agli animali. I bambini potranno così conoscere e familiarizzarsi con cavalli, cani, conigli, ma anche mucche, caprette, maiali e poi galline, oche, anatre, ecc. Avranno anche la possibilità di assaggiare il latte appena munto e di andare a prendere le uova fresche nel pollaio.

Consigliato a: scolaresche, famiglie e gruppi di persone diversamente abili.

CONTINUA A LEGGERE

Trekking sull'Aspromonte

All'interno del Parco nazionale dell'Aspromonte, tra il Mar Tirreno e il Mar Ionio, chi vuole immergersi in un paesaggio selvaggio troverà il luogo ideale. Lontano dal turismo di massa, il visitatore troverà anche molte chiesette e tanti borghi pittoreschi come Gallicianò, Bova, Roghudi. Il trekking consente un pieno contatto con la montagna, seguendo percorsi da effettuare in gruppo o in completa autonomia. L'importante, in questo caso, è cercare di seguire dei sentieri ben delimitati e sicuri. Inoltre, in questo territorio nell'estrema punta della penisola italiana, si avrà la possibilità di entrare in contatto con la cultura locale e di conoscere il bergamotto, il profumato agrume che cresce solo in questa zona.

Consigliato a: chi è in forma e ben allenato.

CONTINUA A LEGGERE

Il relax "verde" dell'agriturismo

Se avete in mente un fine settimana ecologico, la Toscana è il posto che fa per voi. Questa regione possiede degli agriturismi meravigliosi, immersi nella natura, che offrono la possibilità di fare passeggiate rilassanti nelle aree protette e nei parchi naturali. Sì, perché agriturismo non significa solo relax, è una maniera gradevole di entrare in contatto diretto con la natura. E il tutto accompagnato dalle delizie dell'enogastronomia locale, ma sempre nel rispetto dell'ambiente con i prodotti a chilometro zero. Gli scenari naturali da favola della Maremma, del Chianti, del Mugello, della Garfagnana o della Versilia offrono un ampio ventaglio di possibilità per un fine settimana sostenibile e indimenticabile.

Consigliato a: chi vuole godere della natura in pieno relax

CONTINUA A LEGGERE

2. UN FINE SETTIMANA A PALERMO

www.turismopalermo.it 

 **A.** Passerai un fine settimana a Palermo. Leggi le proposte di questa guida e decidi cosa ti piacerebbe visitare. Poi parlane con un tuo compagno.

LA PALERMO RELIGIOSA

CATTEDRALE DI PALERMO
(corso Vittorio Emanuele)

La Cattedrale di Palermo si caratterizza per la presenza di diversi stili. È stata prima un tempio consacrato alla Vergine Maria (VII sec.), poi una moschea (dall'831, con l'invasione dei Saraceni) e infine con la dominazione normanna (XI-XII sec.) è tornata al culto cristiano.
Orari: 07:00-19:00

CHIESA DELLA MARTORANA
(piazza Bellini 3)

Fra le più affascinanti chiese bizantine del Medioevo in Italia, la Chiesa della Martorana è una splendida testimonianza della cultura religiosa e artistica ortodossa. Tra i vari stili che la caratterizzano, significative sono le influenze bizantina e islamica. Famosissimi e buonissimi i dolci di marzapane a forma di frutta (Frutta di Martorana), inventati dalle monache del convento.
Orari: tutti i giorni 09:00-12:00; pomeriggio mercoledì e venerdì 15:00-18:00

LE CATACOMBE DEI CAPPUCCINI
(piazza dei Cappuccini 1)

Il Convento dei Cappuccini (XVI sec.) è conosciuto in tutto il mondo per il cimitero, ospitato nei sotterranei, che attira la curiosità di numerosi turisti fin dall'epoca del Grand Tour... il fascino del macabro non passa mai di moda. Vale la pena allontanarsi un po' dal centro per visitarlo.
Orari: tutti i giorni 9:00-12:00 e 15:00-17:30

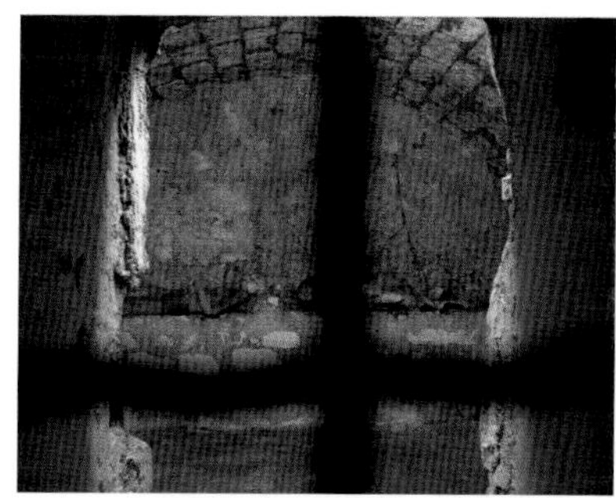

LA PALERMO POPOLARE

I mercati popolari di Palermo
Nei mercati di Ballarò e Vucciria, i colori e i profumi di Palermo e della Sicilia intera si danno appuntamento sulle bancarelle degli ambulanti. Altri due mercati da visitare assolutamente sono quelli del Capo, alle spalle del Teatro Massimo, e Borgo Vecchio, che si trova vicino al porto ed è aperto anche di notte.

Antica Focacceria S. Francesco
Dal 1834 è un punto di ritrovo per tutti i palermitani dove si possono gustare gli sfincioni, le arancine, i cannoli e il "pane ca meusa", di antichissime origini arabe. L'Antica Focacceria conserva ancora gli arredi e le atmosfere di quando è stato aperto.

B. Adesso ascolta la conversazione tra due turisti a Palermo: quali luoghi nominano? Poi scrivi il programma che decidono per la giornata.
traccia 47

- ☐ Chiesa di Santa Teresa
- ☐ spiaggia di Mondello
- ☐ Fontana Pretoria
- ☐ Panificio Morello
- ☐ Palazzo dei Normanni
- ☐ Teatro Massimo
- ☐ Castello e giardini della Zisa

Il nostro progetto

Il compitino: quali sono i cinque luoghi da non perdere della tua città? Prepara delle informazioni per i tuoi compagni.

1. CHE FAI STASERA?

A. Leggi i messaggi che si scambiano questi amici e osserva le forme che usano per fare una proposta, accettare e rifiutare. Poi completa il quadro.

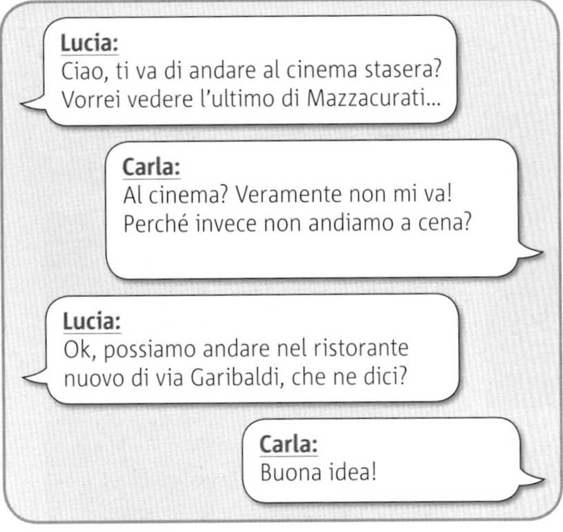

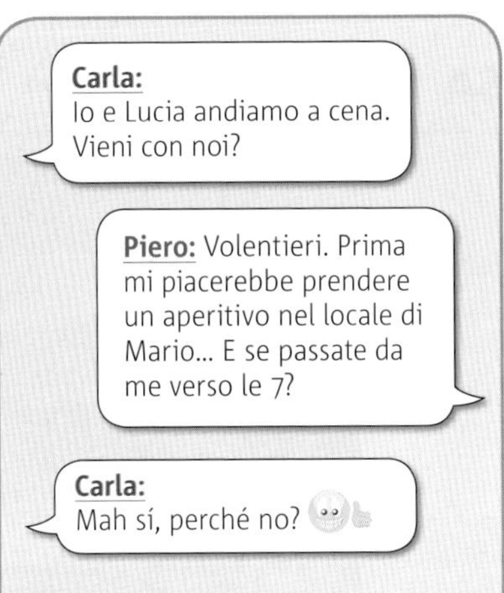

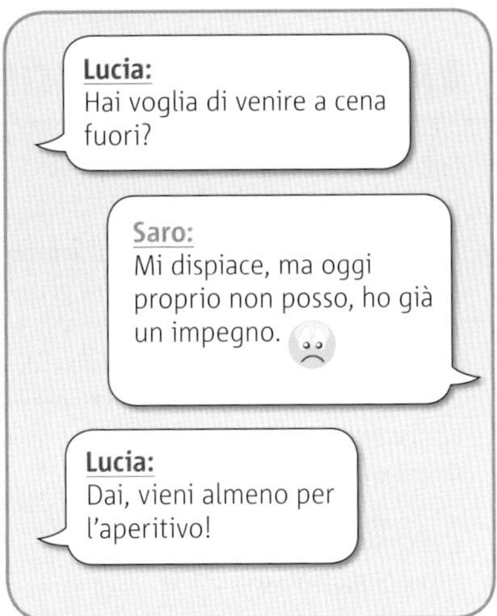

PROPOSTE E CONTROPROPOSTE	ACCETTARE	RIFIUTARE
Ti va di andare al cinema?	Ok	Veramente non mi va
....	....	....
....	....	....
....	....	....
....	....	....

B. Leggi le proposte di questa agenda culturale e proponi ai tuoi compagni di fare qualcosa insieme. Utilizzate le espressioni del punto A secondo i vostri gusti e impegni.

ARTE

Le incredibili macchine di Leonardo
Dalla falciatrice al cannone smontabile, 40 opere del maestro del Rinascimento da vedere, toccare e azionare. Museo di Sant'Agostino (10:00-20:00; intero 8 €, ridotto 4 €)

Brain, il mondo in testa
Illusioni ottiche, giochi interattivi ed effetti speciali per una scienza da toccare con mano. Museo di scienza naturale (10:00-21:00; intero 10 €, ridotto 5 €)

SPETTACOLI

Speciale Pirandello
Al Teatro Politeama si inaugura la rassegna dedicata a Luigi Pirandello con *Così è (se vi pare)*. (Mar.-sab. 21:00; dom. 17:00; intero 15 €, ridotto 8 €)

Musica d'autore
Al Caffè letterario, tributo ai grandi interpreti della musica d'autore italiana: da De André a Paolo Conte. Consumazione obbligatoria. (Giovedì 14, 20:30)

EVENTI

Vino e arte
Festa d'inaugurazione di Enoarte, la prima enoteca artistica della città per assaporare i migliori vini nazionali e internazionali e godere delle opere di giovani artisti. (Venerdì 15, 19:00; ingresso libero)

curiosità

L'usanza dell'aperitivo è ormai da tempo ampiamente diffusa in tutta Italia, ma è nata a Torino nel 1786 con l'invenzione del Vermouth. Alla fine dell'800 era già un'abitudine in molte città, soprattutto Torino, Genova, Firenze, Venezia, Roma, Napoli e Milano. Oggi l'aperitivo tipico italiano è costituito da una bevanda (analcolica o alcolica) accompagnata da un buffet di "stuzzichini": pizzette, tramezzini, patatine, noccioline, paninetti, ma anche pasta e insalate. L'aperitivo ha inoltre la funzione di preparare il corpo al pasto principale e favorire, così, la digestione.

2. CICLOTURISMO

A. Leggi l'e-mail di Laura e completa l'opuscolo con le informazioni mancanti.

A : emma@gmails.it 

Oggetto : All'Elba in bici!

INVIA SALVA COME BOZZA ANNULLA ALLEGA FILE

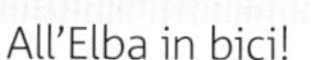

Ciao bella! Cosa pensate di fare tu e Fede per il ponte della settimana prossima? Io e Mara abbiamo deciso di fare un giro in bici per l'isola d'Elba! Perché non venite con noi? Pensiamo di partire mercoledì sera da Piombino, poi giovedì da Portoferraio viene con noi una guida. La prima tappa è il campeggio di Lacona, dove ci rilasseremo un po'. Venerdì partiamo subito dopo colazione e visitiamo la parte occidentale dell'isola. Sabato invece esploreremo la parte orientale, la più rustica e autentica. Domenica andremo a Capoliveri e poi ritorneremo a Portoferraio, dove riprenderemo il traghetto nel primo pomeriggio. Mercoledì pomeriggio potete passare da me e così andiamo insieme al porto per prendere il traghetto. Cosa ne dite?

Un bacione,
Laura

GIRO DELL'ELBA... TRA MARE E MONTI
4 giorni in bici sulle strade dell'isola d'Elba fra scogliere, mare e colline: 190 km per visitare le località più interessanti e caratteristiche dell'isola.

Dettagli
1º giorno: ___________ e campeggio di ___________
2º giorno: _________________, con le famose spiagge di Cavoli, Seccheto, Fetovaia e Pomonte e la caratteristica città di Marciana
3º giorno: _________________, più rustica e autentica, con le città di Porto Azzurro, Cavo e Rio nell'Elba
4º giorno: ___________ e ritorno a _____________

Informazioni
Durata: 4 giorni / 3 notti
Pernottamento: bungalow o tenda
Tipologia: viaggio di gruppo con accompagnatore
Bici: corsa, mountain bike
Fondo: asfalto
Percorso: collinare, 50-60 km a tappa

B. Osserva in che modo Laura parla dei programmi per il futuro e completa il quadro. Usa sempre lo stesso tempo verbale?

PROGRAMMI PER IL FUTURO
pensate di fare, ...
....
....
....
....
....

traccia 48

C. Adesso ascolta il messaggio che lascia Emma. In quali località si incontreranno?

Per scrivere un testo, è utile riguardare con attenzione il modello fornito e riutilizzare gli elementi che ti sembrano più adatti.

Il compitino: organizza una gita di quattro giorni per il tuo gruppo d'italiano. Scegli la destinazione e scrivi il programma.

3. CHE TEMPO FA?

A. Osserva la mappa delle previsioni e prova a dire che tempo farà. Poi leggi i testi e verifica.

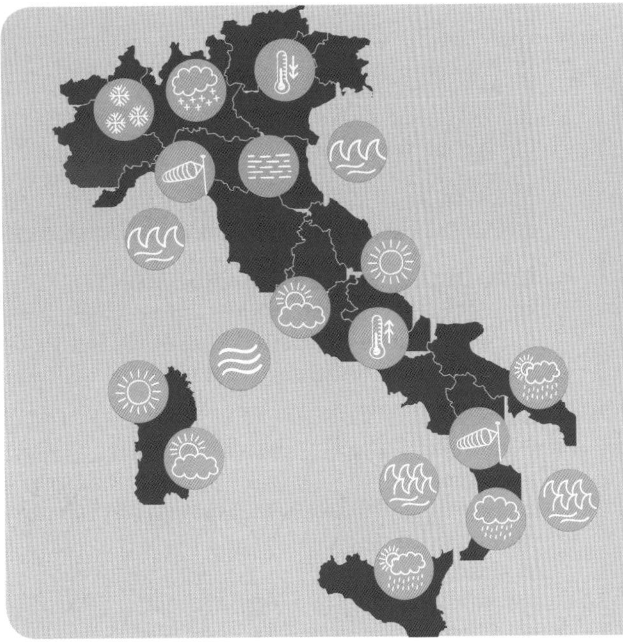

Nord: cominceranno a soffiare venti gelidi dal nord che porteranno brutto tempo. Cieli grigi con molte nubi e nebbia. Nevicherà anche a bassa quota soprattutto in serata. Venti forti. Temperature in calo, massime tra 9ºC e 13ºC. Mari: molto mossi l'Adriatico e il Ligure.

Centro: bel tempo sulle regioni tirreniche con qualche nube sulla costa del Lazio e sulla Sardegna. Bel tempo sulle regioni adriatiche e giornata soleggiata. Temperature in aumento, massime comprese fra 16ºC e 19ºC, superiori in Sardegna. Mari poco mossi.

Sud: tempo variabile in Puglia e in Sicilia. Tendenza al peggioramento sulla Calabria con piogge scarse nella notte. Venti forti. Mari molto mossi.

PAROLE UTILI

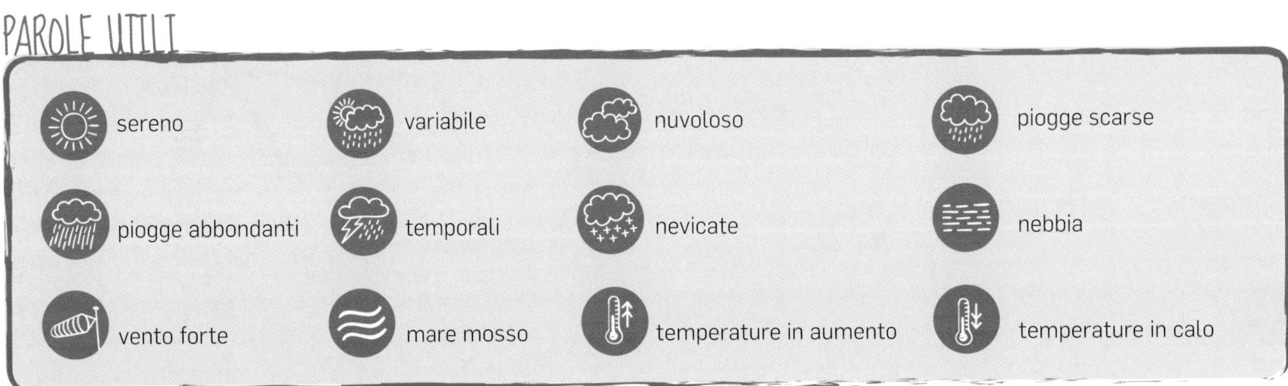

B. Leggi questi messaggi: a quale zona dell'Italia si riferisce ognuno? Poi osserva come si formulano le ipotesi e completa il quadro.

Domenica ti va di andare a visitare un'azienda agricola? Dopo la visita c'è una degustazione dei loro prodotti. Se nevica, possiamo rimanere in città, c'è una trattoria nuova che vorrei provare.

Sabato pomeriggio c'è una caccia al tesoro in un paesino qui vicino. Se sarà una bella giornata, ci divertiremo! Comunque al massimo sarà un po' nuvoloso.

Hai voglia di andare al mercatino dell'antiquariato sabato mattina? Se farà brutto tempo, possiamo andare alla pinacoteca.

Se nevica, possiamo rimanere in città.
...., ci divertiremo!
...., possiamo andare alla pinacoteca.

Il compitino: controlla che tempo farà il prossimo fine settimana e proponi delle attività. Aiutati con il modello del punto B.

GIULIETTA E ROMEO

A. Leggi le indicazioni stradali che ha mandato Giulietta a Romeo per arrivare a casa sua. Segna sulla cartina il percorso che deve fare Romeo per arrivare a casa di Giulietta.

Romeo, Romeo...
se parti da Castelvecchio, devi prendere via Roma e andare sempre dritto. Quando arrivi a piazza Bra gira a sinistra, attraversa la piazza e prendi via Anfiteatro poi prosegui dritto fino a via Cappello. Lì, proprio accanto a una libreria, troverai casa mia. Ci vorranno circa venti minuti...
Ti aspetto!!
Tua Giulietta

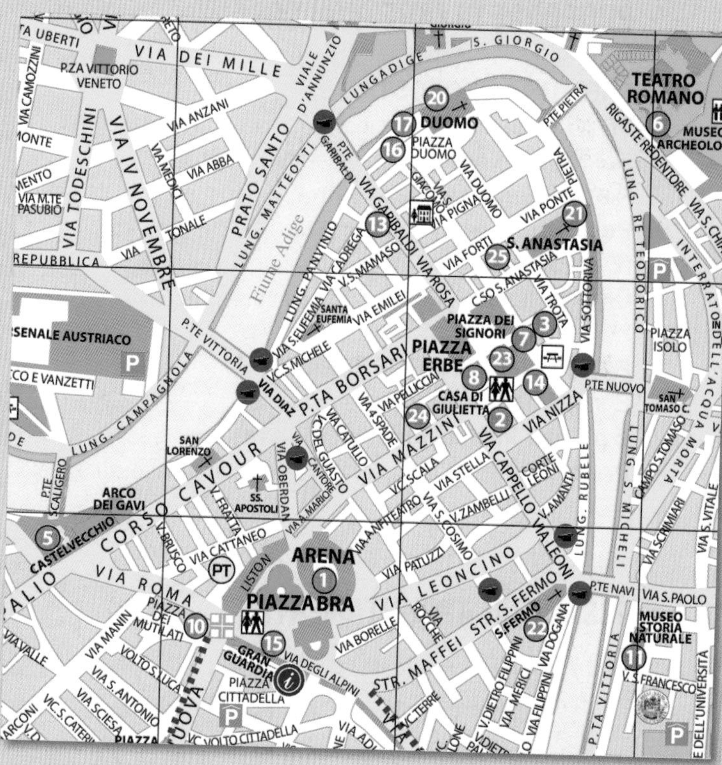

traccia 49

B. Romeo, come tutti gli innamorati, è molto distratto... ha perso il messaggio di Giulietta ed è arrivato a viale D'Annunzio! Ascolta le indicazioni che gli dà una passante e traccia il percorso sulla cartina.

PAROLE UTILI

- andare dritto
- girare a destra
-  girare a sinistra
-  attraversare
- (l') incrocio
-  (la) traversa
-  (il) semaforo

C. Oggi Romeo è proprio distratto... si è perso un'altra volta ed è arrivato al Teatro romano. Aiutalo scrivendo un messaggio a Giulietta con le indicazioni per arrivare da lui.

curiosità

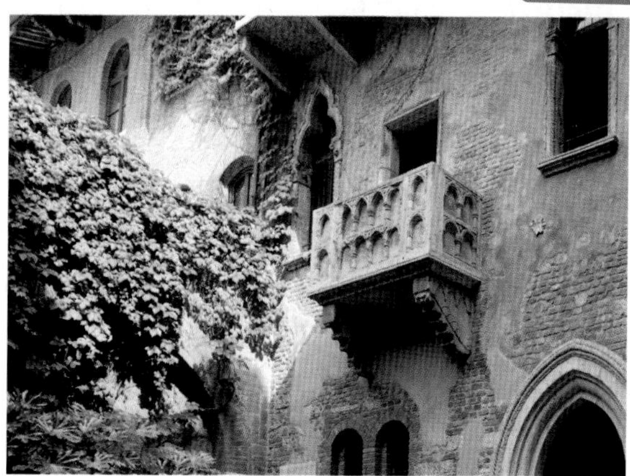

Dal 1930 arrivano a Verona lettere da tutto il mondo indirizzate a Giulietta. I volontari del Club di Giulietta si occupano di rispondere a tutte queste lettere. Nel 2010 ne sono arrivate più di 5000!!!

Quando devi dare delle indicazioni stradali possono esserti utili le parole *dunque* e *allora*. Infatti, in generale, servono per cominciare o riprendere un discorso e per prendere tempo se devi pensare.

PROPORRE DI FARE QUALCOSA

FARE UNA PROPOSTA
Ti / **Vi va di** andare al cinema?
Hai / **avete voglia di** mangiare un gelato?
Perché non andiamo a teatro?
Possiamo fare una passeggiata.
(**E se**) **Andiamo** nel nuovo locale del centro?
Che ne dici di / **dite di** andare in discoteca?

FARE UNA CONTROPROPOSTA
E se invece andiamo a cena fuori?
E perché invece non andiamo a ballare?
Preferirei una pizza... conosco un'ottima pizzeria, ti va?

ACCETTARE
Volentieri!
Buona idea!
D'accordo. / Va bene. / Ok.
Ma sì!
(Ma sì) Perché no?
Sì, dai!

RIFIUTARE
Veramente non mi va.
Mi dispiace ma stasera non posso.
Purtroppo ho già un impegno.
No, grazie, stasera sono proprio stanco/a.
Magari! Purtroppo devo lavorare.

FISSARE UN APPUNTAMENTO

Dove / Quando / A che ora ci vediamo?
Come rimaniamo?
Facciamo domani alle 4?
Ti aspetto davanti al bar.

PERIODO IPOTETICO DELLA REALTÀ

CONDIZIONE:	**CONSEGUENZA**:
se + presente / futuro	presente / futuro
Se piove,	*andiamo al cinema.*
Se farà freddo,	*mangiamo dentro.*
Se ci sarà il sole,	*andremo al mare.*

CHIEDERE E DARE INDICAZIONI STRADALI

- Senta, scusi / Senti, scusa, **per andare** alla stazione?
- Allora, prenda / prendi la seconda traversa a destra e poi vada / vai sempre dritto.

- Mi scusi / Scusa, **è lontano** il Museo Archeologico?
- No, **ci vogliono** 10 minuti a piedi. Al semaforo giri / gira a sinistra e prosegua / prosegui dritto.

- Scusi / Scusa, **come posso arrivare** al Teatro dell'Opera?
- Dunque, a piedi **ci vorranno** 20 minuti. Attraversi / Attraversa la piazza, poi prenda / prendi la prima a sinistra e vada / vai sempre dritto. Se no, in autobus **ci vogliono** 5 minuti.

PROGRAMMI PER IL FUTURO

PENSARE DI + INFINITO
Usiamo questa costruzione per esprimere un'intenzione:
Pensiamo di fare *una crociera nel Mare del Nord quest'estate.*
A che ora ***pensate di partire*** *sabato?*
Penso di organizzare *una cena per il mio compleanno.*

PRESENTE INDICATIVO
In italiano si può usare il presente per riferirsi al futuro quando si tratta di programmi già stabiliti:
Il prossimo fine settimana ***andiamo*** *in un agriturismo in Umbria.* ***Partiamo*** *venerdì dopo pranzo.*

FUTURO SEMPLICE
Usiamo questo tempo per parlare di programmi per il futuro in generale.
Per le vacanze di Pasqua ***farò*** *un viaggio in Scozia.* ***Affitterò*** *una macchina e* ***visiterò*** *i castelli.*

IL FUTURO DEI VERBI IN -CARE, -GARE E -CIARE, -GIARE

CERCARE	PAGARE	COMINCIARE	MANGIARE
cer**che**rò	pa**ghe**rò	comin**ce**rò	man**ge**rò
cer**che**rai	pa**ghe**rai	comin**ce**rai	man**ge**rai
cer**che**rà	pa**ghe**rà	comin**ce**rà	man**ge**rà
cer**che**remo	pa**ghe**remo	comin**ce**remo	man**ge**remo
cer**che**rete	pa**ghe**rete	comin**ce**rete	man**ge**rete
cer**che**ranno	pa**ghe**ranno	comin**ce**ranno	man**ge**ranno

Cosa dico per:

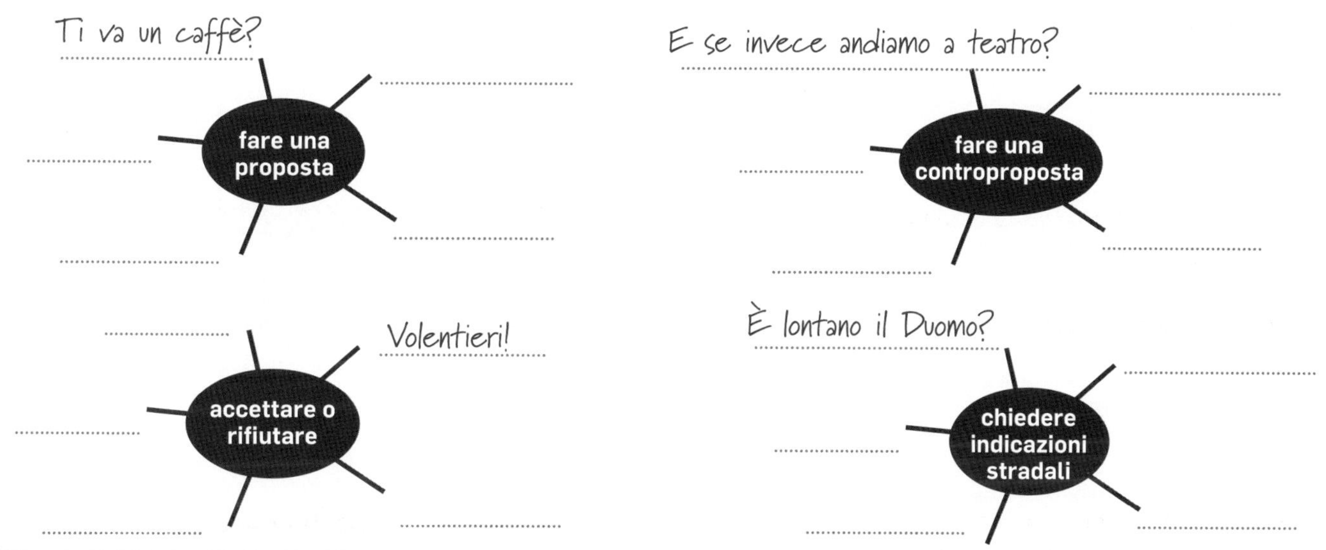

Suoni e lettere

A. Ascolta i seguenti dialoghi e ripetili.

traccia 50

1. ◆ Stasera non ho voglia di uscire...
   ○ Ma sì, esci un pochino!

2. ◆ Al cinema? Mmmm non so...
   ○ No, dai, andiamo!

3. ◆ Ti va di andare a bere qualcosa?
   ○ Sì, sì, volentieri!

B. Ascolta queste parole e indica quale suono senti.

traccia 51

	1	2	3	4	5	6	7	8	9	10
r										
rr										

1. GITA SUL LAGO DI GARDA

www.lagodigarda.it 

A. Leggi con attenzione queste informazioni sul Lago di Garda e decidi insieme ai tuoi compagni cosa possono fare queste persone.

un gruppo di pensionati

un gruppo di studenti di 16 anni

un gruppo di sportivi

una coppia con due figli di 10 e 12 anni

una coppia in viaggio di luna di miele

un gruppo di studenti di enologia

- Secondo me i pensionati possono andare a Sirmione a visitare le Grotte di Catullo...
- □ Sì, e poi lì ci sono anche le terme...

RSS

Lago di Garda

Il Lago di Garda e i suoi dintorni offrono numerose possibilità per chi ama le vacanze attive, la natura, l'arte e la gastronomia.
I parchi di divertimento, inoltre, offrono uno svago per tutta la famiglia.

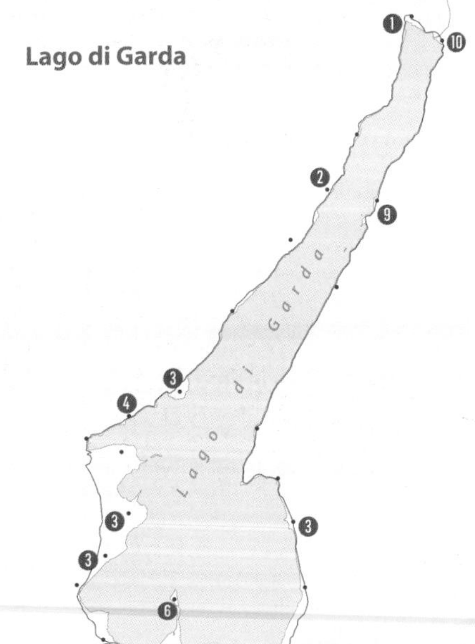

1. A Riva del Garda si può godere di spiagge ampie e assolate, di interessanti opere d'architettura e di un'ampia offerta di attività sportive: vela, windsurf, ciclismo...
2. Tremosine è uno dei centri italiani d'inconfondibile interesse artistico e storico e fa parte dei "borghi più belli d'Italia".
3. A Toscolano-Maderno, Moniga, Manerba, Bardolino si gustano ottimi vini.
4. A Gardone Riviera si possono visitare la tomba e il mausoleo del poeta Gabriele D'Annunzio: museo, parco, villa e teatro all'aperto.
5. Oltre alle bellissime spiagge, Desenzano del Garda offre un'animata vita notturna. È nota per le sue discoteche.
6. Sirmione è famosa per le due stazioni termali "Catullo" e "Virgilio" e per le rovine romane della villa del poeta Catullo, dette le "Grotte di Catullo".
7. Da Peschiera parte una pista ciclabile di circa 40 km che porta fino a Mantova e che per un lungo tratto costeggia il fiume Mincio.
8. Castelnuovo del Garda è conosciuta soprattutto per Gardaland, uno dei parchi di divertimenti più grandi d'Italia.
9. Una funivia collega Malcesine al Monte Baldo (1800 m) che in inverno offre 11 km di piste sciistiche di varia difficoltà.
10. Grazie al vento presente tutto l'anno, Torbole è diventato un notissimo centro velico e di windsurf.

B. Adesso scegliete uno dei gruppi del punto A e preparate l'itinerario.

1º giorno: Sirmione, Grotte Catullo
2º giorno: Sirmione, terme
3º giorno: Bardolino, visita cantine
...

C. Infine presentate il vostro itinerario ai compagni.

- Il nostro gruppo di pensionati alloggerà i primi due giorni a Sirmione. Il primo giorno visiteranno le Grotte di Catullo e il secondo giorno....

2. SI PARTE!

A. A gruppi. Organizzate una gita per un fine settimana. Fate delle proposte per scegliere la destinazione, la durata della gita, i posti da visitare, ecc. e mettetevi d'accordo.

- Che ne dite di andare sul Lago di Como e fare delle escursioni in bici? Potremmo dormire in campeggio...
- Ma quando? Questo fine settimana proprio non posso.
- Allora facciamo per venerdì, sabato e domenica dell'altra settimana? Che ne dite?
- Sì, perfetto!

B. Preparate il programma e scrivete un'e-mail all'altro gruppo per invitarlo a venire con voi. Nell'e-mail date le seguenti indicazioni:

- destinazione e durata della gita;
- informazioni sulla/sulle località scelta/e;
- programma delle giornate;
- ora e punto di ritrovo per la partenza.

C. Rispondete all'e-mail che avete ricevuto. Se accettate l'invito, chiedete altre informazioni o proponete qualche variazione al programma. Se rifiutate l'invito, giustificate la vostra risposta e fate una controproposta.

A: gruppo2@gmails.it
Oggetto: proposta gita
INVIA SALVA COME BOZZA ANNULLA ALLEGA FILE

Carissimi,
che bella proposta! Ci sembra un'ottima idea però siete sicuri di voler partire così presto??? Alle 6.30 del mattino??? Perché non ci vediamo verso le 8:00 invece?
...

> “Il viaggio è un sentimento, non soltanto un fatto.”
>
> Mario Soldati

In giro per festival, fiere e sagre

OTTOBRE E NOVEMBRE // PIEMONTE

Fiera Internazionale del Tartufo Bianco di Alba

Durante i fine settimana di ottobre e novembre si celebra ad Alba, in Piemonte, la Fiera Internazionale del Tartufo. Il tartufo cresce spontaneamente sotto terra vicino ad alcuni alberi o arbusti, in particolare querce e lecci. Si tratta di un alimento estremamente pregiato e molto costoso. La fiera comincia con una sfilata medievale di oltre mille figuranti in costume tipico e con il singolare Palio degli Asini. La Fiera si conclude con l'Asta Mondiale del Tartufo Bianco, che si tiene dal 1999. Un'occasione per ammirare, annusare e acquistare i tartufi bianchi e gustare anche altri prodotti tipici della zona.

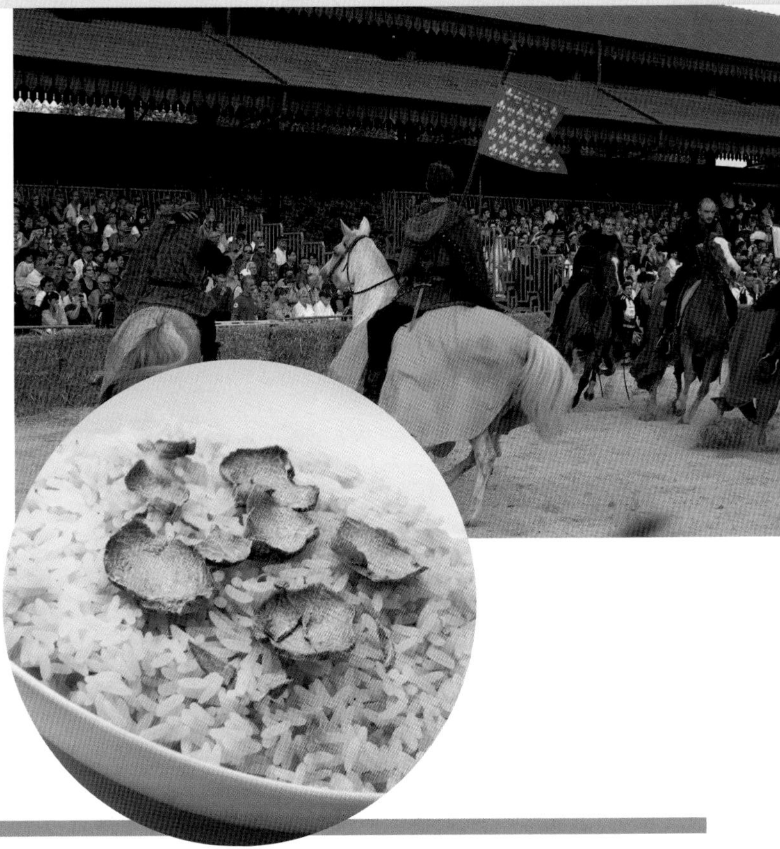

(Nelle foto: il Palio degli Asini e uno squisito risotto al tartufo bianco)

GIUGNIO-LUGLIO // FRIULI

Sagra del Prosciutto San Daniele

Tra fine giugno e i primi di luglio si celebra a San Daniele del Friuli la Sagra del Prosciutto, prodotto tipico della città e dei suoi dintorni. Sono giorni ricchi di sapori, musica, eventi e spettacoli, in cui si organizzano degustazioni guidate e corsi di cucina. Molti espositori esibiscono i loro prodotti nel centro storico della città, ma si possono visitare anche alcuni prosciuttifici. Alla festa sono protagonisti anche i vini bianchi e rossi friulani, quelli che meglio si abbinano al San Daniele.

(Nelle foto: Prosciutti San Daniele Dop)

1. Conosci altri eventi italiani di questo tipo? Presentane uno ai tuoi compagni. Puoi fare una ricerca su internet.

AGOSTO // MARCHE

ROF – Rossini Opera Festival

Il Rossini Opera Festival è un festival musicale lirico che si tiene dal 1980 a Pesaro, città natale del compositore Gioacchino Rossini, durante il mese di agosto. Il ROF ha contribuito alla rilettura filologica di molte opere di Rossini, comprese alcune poco rappresentate in epoca moderna, che ora sono tornate a far parte stabilmente del repertorio delle maggiori opere liriche italiane. Alcune delle opere più famose del maestro sono *La gazza ladra*, *Il barbiere di Siviglia*, *L'italiana in Algeri* e *La Cenerentola*.

AGOSTO // PUGLIA

La Notte della Taranta

La Notte della Taranta è un festival musicale dedicato alla pizzica salentina e alla sua fusione con altri linguaggi musicali, dalla world music al rock, dal jazz alla sinfonica. Dal 1998 si svolge ogni anno in agosto in diversi comuni della provincia di Lecce e della Grecia Salentina. La "pizzica" è una danza popolare tradizionalmente legata all'antico rito del tarantismo, secondo cui, per guarire dal morso della tarantola, era necessario un ballo ossessivo e ripetitivo che contribuiva ad esaurire il veleno del ragno.

GIUGNO-LUGLIO // UMBRIA

Festival dei Due Mondi di Spoleto

Il Festival dei Due Mondi, conosciuto anche come Spoleto Festival, è una manifestazione internazionale di musica, arte, cultura e spettacolo che dal 1958 si svolge tutti gli anni a Spoleto, in provincia di Perugia. L'intenzione del fondatore del festival, il maestro compositore Gian Carlo Menotti, era quella di creare un terreno di incontro tra due culture e due mondi artistici: quello americano e quello europeo. Nel festival, che di solito inizia l'ultimo venerdì di giugno e dura 17 giorni, si alternano numerosi eventi, dal balletto alla pittura, dai concerti di vario genere al teatro e agli spettacoli di marionette.

2. E nel tuo paese ci sono eventi di questo tipo? Prepara un'agenda culturale con delle proposte per i tuoi compagni.

Produzione scritta

	nome della prova	parti della prova	tipologia di esercizi	durata	punteggio
CILS	Produzione scritta	2	• scrivere un testo di 40 – 60 parole • scrivere un testo di 25 – 40 parole	40 minuti	12
CELI	Prova di Produzione di testi scritti	2	• completare dei testi con le parole mancanti • scrivere un testo di 80 – 90 parole	2 ore (scritto + lettura)	20
PLIDA	Scrivere	2	• scrivere due testi informativi o descrittivi di 75 parole	40 minuti	30

Suggerimenti e consigli per la prova

- Quando scrivi un testo in cui si usa una serie di vignette o in cui ti vengono date delle indicazioni, leggi attentamente quanto ti viene chiesto.
- Cerca di immaginarti nella situazione, prenditi qualche minuto per pensare al lessico e alle strutture di cui hai bisogno e fai un piccolo schema di quello che vuoi scrivere.
- Cerca di essere creativo ma scrivi dei testi semplici e chiari adeguati al tuo livello.
- Puoi inventarti personaggi, dati personali e caratteristiche. Ricorda che non si valuta la veridicità dei dati ma la tua capacità di espressione e ricchezza del lessico.
- Cerca di controllare il tempo in modo da avere qualche minuto alla fine per poter rileggere.

All'estero, l'esame CILS prevede anche la prova di competenza grammaticale.

	nome della prova	parti della prova	tipologia di esercizi	durata	punteggio
CILS	Analisi delle strutture di comunicazione	3	• Completare un testo con forme grammaticali suggerite nelle istruzioni dell'esercizio. • Completare un testo con il lessico mancante scegliendo fra le tre possibilità proposte.	40 minuti	12

Suggerimenti e consigli per la prova

- Prima di tutto leggi attentamente quello che ti viene chiesto nell'esercizio, poi leggi il testo e cerca di capire il significato. Rileggi il testo e completalo con le parti mancanti.
- Importante! Se la forma mancante non ti viene in mente subito, non perdere tempo, continua l'esercizio e ritorna sulle parti che trovi difficili in un secondo momento.

ESERCIZIO 1

Osserva queste immagini. Scrivi i dialoghi fra i personaggi oppure descrivi le situazioni raffigurate. Scrivi circa 75 parole.

ESERCIZIO 2

Scrivi un messaggio di posta elettronica a un'azienda operante nel settore turistico-alberghiero e offriti per fare un lavoro durante l'estate (presentati, racconta la tua formazione accademica e la tua esperienza lavorativa). Scrivi circa 75 parole.

ESERCIZIO 3

Completa il testo con le forme corrette dei verbi che trovi tra parentesi.

A : marco.belli@tiscalinet.it
Oggetto : fine settimana
INVIA SALVA COME BOZZA ANNULLA ALLEGA FILE

Ciao Marco,

cosa .... (pensare) di fare questo fine settimana? Io .... (volere) andare fuori città e ho pensato che forse ti va di venire con me. Cosa ne dici? .... (potere) andare due giorni in un agriturismo vicino a Pistoia. Anna ci .... (andare) due settimane fa e le .... (piacere) moltissimo.

Se vieni, ... (chiamare) Luigi perché di sicuro .... (venire) con noi. Se fossi in te, non .... (pensare) più a Roberta. Devi uscire! Dai, ... (prepararsi) per il fine settimana e non .... (dire a me) di no. Ti .... (telefonare) stasera e ne parliamo.

Sandro

ESERCIZIO 4

Completa il testo usando una sola parola per ogni spazio numerato.

Fabio è un giovane trentenne toscano .... (1) in economia. Ha anche ottime .... (2) informatiche. Ha lavorato in una banca a Milano ed in alcune aziende informatiche per otto anni. Il suo ultimo .... (3) era di 1200 euro netti al mese, con .... (4) a progetto. Adesso non lavora più e si sta preparando per presentarsi a un .... (5) pubblico per diventare professore.

Autovalutazione

1. Competenze unità 7 e 8	Sono capace di...	Ho delle difficoltà a...	Non sono ancora capace di...	Esempi
descrivere la propria esperienza accademica e professionale				
parlare di progetti e desideri per il futuro				
formulare ipotesi reali				
fare proposte, accettare, rifiutare e fare controproposte				
chiedere e dare indicazioni stradali				
parlare del tempo meteorologico				

2. Contenuti unità 7 e 8	So e uso facilmente...	So ma non uso facilmente...	Non so ancora...
futuro semplice e anteriore			
bisogna / è necessario / è imprescindibile + infinito			
il periodo ipotetico della realtà: **se...**			
pensare di + infinito			
volerci + quantità di tempo			
lessico del lavoro e delle professioni			
lessico delle indicazioni stradali			

Bilancio

Come uso l'italiano	☺			☹
quando leggo				
quando ascolto				
quando parlo				
quando scrivo				
quando realizzo le attività				

La mia conoscenza attuale	☺			☹
della grammatica				
del vocabolario				
della pronuncia e dell'ortografia				
della cultura				

In questo momento i miei punti di forza sono: ....

In questo momento le mie difficoltà sono: ....

Idee per migliorare	in classe	fuori dalla classe (a casa mia, per la strada...)
il mio vocabolario		
la mia grammatica		
la mia pronuncia e la mia ortografia		
la mia pratica della lettura		
la mia pratica dell'ascolto		
le mie produzioni orali		
le mie produzioni scritte		

Se vuoi, parlane con un compagno.

ALLEGATI

- **Credenze popolari**
- **Feste:** La battaglia delle arance, Mamuthones e Issohadores, il Calendimaggio di Assisi, la Giostra del Saracino, i Gigli di Nola, la Vara e i Giganti di Messina
- **Giro d'Italia:** Lombardia, Trentino-Alto Adige, Friuli-Venezia Giulia, Liguria, Umbria, Abruzzo, Campania, Basilicata, Calabria, Sardegna
- **Riepilogo grammaticale**
- **Verbi**
- **Trascrizioni audio**

Credenze popolari

SEI SUPERSTIZIOSO?

A. In Italia, come in tante altri parti del mondo, le superstizioni e le credenze popolari sono molto presenti nella vita di tutti i giorni. Ne conosci qualcuna?
Fai questo test con un compagno e poi confrontate i risultati con il resto della classe.

1) Porta sfortuna mettere sul letto:
a) una sciarpa
b) un cappello
c) una borsa

2) Porta sfortuna passare sotto a:
a) una scala
b) un ponte
c) un balcone

3) Porta sfortuna il numero:
a) 13
b) 17
c) 7

4) A tavola porta sfortuna essere in:
a) 17
b) 3
c) 13

5) Porta sfortuna rompere:
a) uno specchio
b) un bicchiere
c) un vaso

6) In casa porta sfortuna:
a) mettersi il cappello
b) togliersi le scarpe
c) aprire l'ombrello

7) Porta sfortuna rovesciare:
a) il vino
b) il sale
c) il caffè

8) È un portafortuna:
a) il cornetto
b) il trifoglio
c) l'aglio

9) Allontana la sfortuna toccare:
a) legno
b) ferro
c) argento

10) A teatro non si può andare vestiti di:
a) rosso
b) nero
c) viola

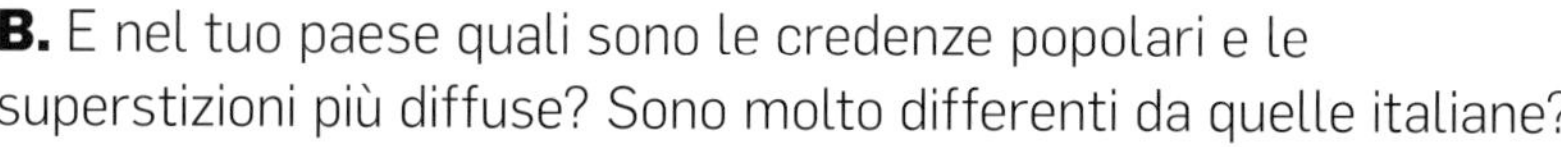

B. E nel tuo paese quali sono le credenze popolari e le superstizioni più diffuse? Sono molto differenti da quelle italiane?

curiosità

Contro la sfortuna e le sventure gli italiani hanno l'abitudine di "fare le corna". Attenzione però: se le corna sono verso il basso, allontaniamo la sfortuna; se le corna sono verso l'alto, offendiamo qualcuno.

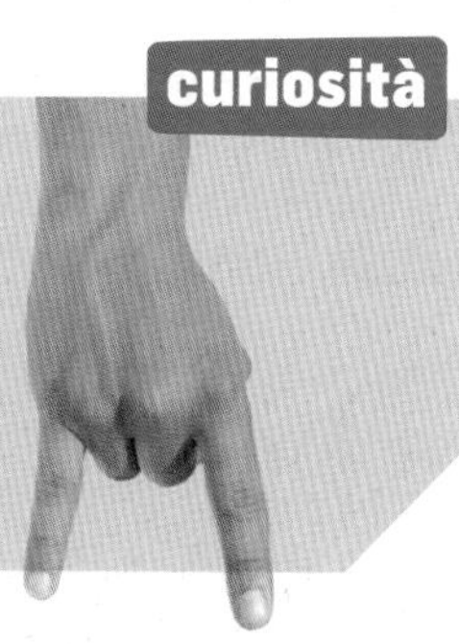

La battaglia delle arance

A Ivrea (Torino) durante il Carnevale si svolge la "battaglia delle arance". Il Carnevale ha origine nel Medio Evo e rievoca momenti importanti della storia della città, la battaglia delle arance è invece più recente: nasce nell'Ottocento, probabilmente come scherzo tra le persone che sfilavano sulle carrozze e quelle che guardavano dai balconi. La città ha trasformato la battaglia nel simbolo della lotta del popolo contro la nobiltà. Così le persone sui carri rappresentano gli uomini al servizio dei nobili e le squadre a piedi il popolo ribelle. Per le vie della città sfilano i carri con gli "aranceri", che indossano un'armatura imbottita e una maschera per proteggere il viso. Dal carro lanciano le arance sulle bande a piedi, che invece non hanno nessuna protezione e a loro volta lanciano le arance contro gli uomini sui carri. La battaglia si ripete per tre giorni e alla fine una commissione premia le bande a piedi e i carri più abili e più leali nel combattimento.

La lotta tra gli aranceri e le bande a piedi

1. Nel tuo paese o nella tua regione esiste una festa simile? Spiega ai tuoi compagni quali sono le origini e in che consiste la festa.

Mamuthones e Issohadores

A Mamoiada (Nuoro, Sardegna) si svolge ogni anno un carnevale molto caratteristico, chiamato anche "la danza dei Mamuthones". In questa danza sfilano le maschere tradizionali, i Mamuthones e gli Issohadores, con i costumi tipici. Si tratta di un rituale molto antico e misterioso, legato al mondo dei contadini e dei pastori. I Mamuthones indossano pelli di pecora e una maschera di legno, portano dei grandi campanacci legati sulla schiena e delle campanelle più piccole al collo. Gli Issohadores indossano una camicia di lino, una giubba rossa, pantaloni bianchi e uno scialle femminile. Alcuni hanno una maschera bianca e tutti hanno dei sonagli e una corda.
I Mamuthones camminano in due file parallele scuotendo i campanacci, gli Issohadores sfilano accanto a loro ballando e scuotendo i sonagli. Ogni tanto lanciano la corda per catturare qualcuno degli spettatori in segno di buon auspicio (salute e fertilità). Questo rito ha probabilmente un significato propiziatorio: il ballo dei sonagli servirebbe ad allontanare il male e a favorire delle raccolte abbondanti.

Un Mamuthone e un Issohadore

1. Conosci altre maschere tradizionali italiane? Cosa indossano?

Il Calendimaggio di Assisi

Il “Calendimaggio” o “cantar maggio” è una festa che celebra l’arrivo della primavera, si svolge nel mese di maggio per festeggiare l’inizio della bella stagione con musica, canti e balli. È una tradizione viva in varie zone d’Italia, come per esempio il Piemonte, la Liguria, la Lombardia, l’Emilia-Romagna, la Toscana e l’Umbria. Ad Assisi, in Umbria, il Calendimaggio si festeggia il giovedì, il venerdì e il sabato dopo il Primo maggio. Oltre a celebrare l’arrivo della primavera, la festa riprende la tradizione delle “canzoni di maggio”, composizioni di poesie da ballo e di canti, e rievoca anche la rivalità tra le due parti in cui era divisa la città nel Medio Evo: la “Parte de Sotto” e la “Parte de Sopra”. Oggi le due Parti si sfidano pacificamente in una gara che comprende giochi tradizionali, come il tiro alla fune e il tiro con la balestra, il canto e la recitazione di brani moderni e tradizionali. Alla fine una giuria composta da esperti (uno storico, un musicologo e una personalità dello spettacolo) sceglie la Parte vincitrice.

Corteo storico alla festa del Calendimaggio

Corteo storico alla festa del Calendimaggio

curiosità

I canti del maggio sono le canzoni che i “maggerini” cantano durante il Calendimaggio. Sono canti in lingua italiana, con variazioni dialettali, e sono caratterizzati da un’andatura allegra e gioiosa, servono infatti a dare il benvenuto alla bella stagione.

Eccolo Maggio che fa fiorir le zucche
date marito alle belle e anche alle brutte
ebbene venga Maggio e Maggio gli è venuto.
(Eccolo Maggio, *canto popolare)*

Maggio giocondo, tu sei il più bel del mondo,
maggio di primavera!
Se non volete credere che maggio l’è arrivato
affacciatevi al balcone [...]
I prati verdeggianti per consolar gli amanti,
per consolar gli amanti.
Guarda gli uccelli che van per la riviera,
maggio di primavera.
(Carlin di maggio, *canto popolare)*

1. Nel tuo paese si festeggia l’inizio di una particolare stagione dell’anno?

La Giostra del Saracino

Ogni anno ad Arezzo, in giugno e in settembre, si svolge la Giostra del Saracino. Questa manifestazione nasce dalla tradizione medievale delle "giostre", gare in cui a turno i cavalieri dovevano colpire un bersaglio. In origine queste gare servivano come allenamento, ma con il tempo sono diventate uno spettacolo che si organizzava per celebrare determinate feste o avvenimenti. Nella Giostra del Saracino di Arezzo i quattro quartieri storici della città si affrontano; ognuno partecipa con due cavalieri che dovranno colpire il bersaglio sullo scudo del "Buratto", una statua girevole con la faccia da uomo arabo (o "saraceno"), simbolo dei nemici dei Cristiani in epoca medievale. La Giostra odierna è preceduta dall'esibizione degli Sbandieratori e accompagnata dal rullo dei tamburi e dal suono delle chiarine del Gruppo Musici. Oltre trecento figuranti con splendidi costumi d'epoca partecipano a questa importante rievocazione storica.

Carriera del Cavaliere di Porta del Foro

curiosità

La tradizione degli sbandieratori è molto importante in Italia, la loro tecnica è nata nel Medio Evo con scopi militari. Lanciando e sventolando le bandiere secondo un codice ben preciso, gli sbandieratori comunicavano con gli altri soldati. Potevano dire, ad esempio, come si stava svolgendo una battaglia o se era il momento adatto per attaccare. Nel Seicento hanno iniziato ad esibirsi nelle corti per i nobili e oggi li troviamo ancora nelle feste popolari.

Gli Sbandieratori della Città di Arezzo

Un cavaliere del Quartiere di Porta Sant'Andrea

1. In Italia la maggior parte delle rievocazioni storiche è di epoca medievale, e nel tuo paese? Descrivi quella che ti sembra più significativa.

I Gigli di Nola

A Nola (Napoli) in giugno si svolge la Festa dei Gigli in onore del patrono San Paolino. Secondo la leggenda, nel 400 d.C. circa il vescovo Paolino torna in città in barca dopo essere stato prigioniero dei barbari. I cittadini lo ricevono portandogli dei fiori, in particolare dei gigli. In origine, nella festa del patrono si portavano in processione ceri decorati con fiori. Con il tempo, i ceri sono diventati sempre più grandi e servivano strutture in legno sempre più complesse per trasportarli. Oggi i "gigli" sono torri piramidali alte 25 metri e pesano oltre 25 quintali. Le pareti sono decorate con scene in cartapesta che rappresentano temi storici, religiosi o di attualità. Alla base c'è uno spazio per la banda musicale. Ogni anno vengono nominate le squadre che costruiranno 8 gigli e un carro più basso con la barca di San Paolino. Nel giorno della sfilata, ogni squadra porta il suo giglio per le strette strade del paese, ballando al ritmo della musica suonata dalla banda.

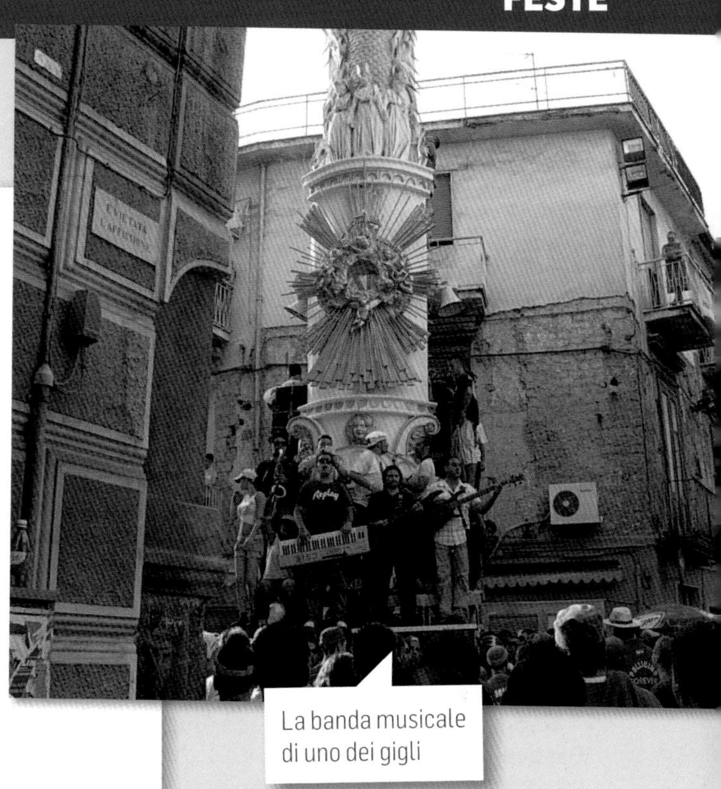

La banda musicale di uno dei gigli

La Vara e i Giganti di Messina

La sommità della Vara

Secondo il calendario cattolico, il 15 agosto si festeggia l'Assunzione di Maria in Cielo. In Italia viene celebrata in molti modi diversi a seconda dei luoghi e tra le feste più importanti c'è la processione della "Vara" a Messina. La Vara è un grande carro a forma di piramide, alto circa 14 metri. È decorato con statue in legno e cartapesta che rappresentano l'Assunzione in Cielo della Madonna. Il carro viene trascinato per le strade del centro da oltre mille persone, scalze e vestite di bianco. Prima della processione della Vara, dal 10 al 14 agosto, a Messina vengono portati in processione i Giganti, due statue in legno alte più di 8 metri. Sono i fondatori della città secondo la leggenda: Mata, una principessa di Messina, e Grifone, un guerriero arabo. Queste statue derivano dalla tradizione spagnola delle processioni con i giganti, che si è diffusa in Sicilia durante la dominazione catalana.

curiosità

In Italia il 15 agosto (Ferragosto) è una festa molto popolare. Oltre al motivo religioso, che generalmente si celebra con processioni e messe, questo giorno è tradizionalmente legato alle vacanze estive. La maggior parte degli italiani va in ferie proprio nella settimana di Ferragosto e le città sono quasi deserte. Di solito si passa la giornata al mare, e la notte tra il 14 e il 15 o quella tra il 15 e il 16 si fanno dei falò sulla spiaggia.

La Lombardia

Città: Milano (capoluogo), Brescia, Pavia, Bergamo, Mantova, Como...

Geografia: il territorio della Lombardia si divide quasi equamente tra pianura (47% del territorio) e zone montuose (41%).
Il restante 12% della regione è collinare. È una terra ricca d'acqua, è attraversata da decine di fiumi (tra cui il Po, il fiume più grande d'Italia) ed è bagnata da centinaia di laghi. Il punto più elevato della regione è il massiccio del Bernina (4049 m), un gruppo montuoso delle Alpi Retiche occidentali.

Specialità: polenta, risotto allo zafferano, tortelli di zucca, cassoeula, zuppa alla pavese, pizzoccheri, mostarda, panettone, torta sbrisolona, vini DOCG Franciacorta.

Lingue: l'italiano, i dialetti lombardi (occidentali, orientali e meridionali) e il dialetto emiliano.

Particolarità: è la regione più popolosa d'Italia e possiede il maggior numero di province, ben 12!

Una veduta della Città Alta di Bergamo, il centro storico della città che conserva ancora le mura medievali (XIV sec.) ↗

Un paesaggio tipico della bassa pianura padana: le campagne di Soresina (Cremona) →

Il cuore economico dell'Italia

Dal punto di vista economico la Lombardia è la regione più importante d'Italia. Inoltre, ospita gran parte delle maggiori attività industriali, commerciali e finanziarie del paese. Insieme a Baden-Württemberg (Germania), Catalogna (Spagna) e Rhône-Alpes (Francia) è uno dei quattro motori economici dell'Europa. I principali settori dell'economia lombarda sono l'agricoltura, l'allevamento, l'industria pesante e leggera e il settore terziario. L'industria è composta soprattutto da imprese di piccole e medie dimensioni, spesso a gestione familiare, ma anche da grandi aziende. Particolarmente fiorenti sono il settore meccanico, elettronico, metallurgico, tessile, chimico, farmaceutico, alimentare, editoriale, ecc. Il settore terziario si caratterizza innanzitutto per il commercio e la finanza: a Milano hanno sede la Borsa Italiana e la Fiera di Milano, uno dei più grandi spazi espositivi d'Europa.

Palazzo Mezzanotte in Piazza Affari (Milano), sede della Borsa italiana

I laghi

La Lombardia è una terra ricca di laghi. Condivide con il Veneto e il Trentino-Alto Adige il Lago di Garda, il lago più grande d'Italia (370 km^2), famosa meta turistica che offre paesaggi naturali incantevoli, località pittoresche e rinomate fonti termali come Sirmione. Il lago è talmente grande che la massa d'acqua influenza il clima locale e permette di coltivare l'ulivo, i limoni e i cedri, tipici del clima mediterraneo. Con la Svizzera e il Piemonte, condivide invece il Lago Maggiore, il secondo lago d'Italia (212 km^2), che si caratterizza per la presenza di numerose isole. Tra queste, l'Isola Bella, che ospita il Palazzo Borromeo con lo splendido giardino all'italiana. La navigazione di linea sul Lago Maggiore ha origini molto antiche: è del 1826 il primo piroscafo, il Verbano. Totalmente lombardo è il famoso Lago di Como, con la sua caratteristica forma a Y rovesciata, che raggiunge una profondità di ben 410 m. È uno dei più suggestivi paesaggi italiani, decantato nell'800 dai maggiori poeti del Romanticismo, da Alessandro Manzoni a Stendhal, da George Gordon Byron a Franz Liszt e ancora oggi meta privilegiata di numerose celebrità.

L'incrocio dei tre rami del Lago di Como con la penisola di Bellagio

Gli orari dell'Impresa di Navigazione Lago Maggiore nel 1885

La facciata di Ca' Granda, sede dell'Università di Milano, e gli affreschi degli Zavattari della Cappella di Teodolinda

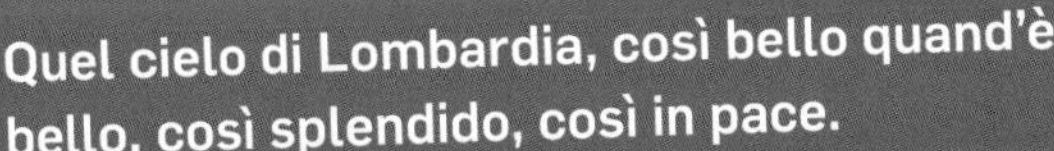

Quel cielo di Lombardia, così bello quand'è bello, così splendido, così in pace.

Alessandro Manzoni, *I promessi sposi*

L'arte lombarda

Nel periodo tardo antico Milano diventa la capitale dell'Impero d'Occidente e il territorio lombardo acquista una grande importanza che si riflette nella produzione artistica, soprattutto nell'architettura sacra, con la costruzione di chiese paleocristiane. Nell'Alto Medioevo, con le invasioni barbariche si introducono elementi dell'arte barbarica che si fondono con i modelli tardo antichi e che risentono delle influenze bizantine. Questa particolare situazione favorisce lo sviluppo di un'arte propriamente lombarda. Esistono, infatti, stili artistici propri della Lombardia, come il Romanico lombardo (Basilica di S. Maria Maggiore a Bergamo), il Gotico lombardo (Duomo di Milano), il Rinascimento lombardo (Ca' Granda) o il Seicento lombardo (Palazzo Arese Borromeo a Cesano Maderno). Molto importante è poi l'influenza dei Longobardi (VI - VIII secolo) in particolare a Brescia (Chiesa di San Salvatore) o a Monza (Cappella di Teodolinda, Duomo di Monza).

Il Trentino-Alto Adige

Città: Trento (capoluogo), Bolzano, Merano, Rovereto...

Geografia: è una regione completamente montuosa compresa fra le Alpi centrali e orientali e le Prealpi venete.
È ricchissima di boschi, che coprono il 70% del territorio, e presenta numerosi corsi d'acqua e laghi alpini.

Specialità: canederli, polenta, wurstel, speck, Grana trentino, formaggio Puzzone di Moena, mela della Val di Non, strudel, Müller-Thurgau, Traminer aromatico, Cabernet, Merlot, grappa.

Lingue: l'italiano, il tedesco, il ladino, il dialetto trentino, il cimbro e il mocheno.

Particolarità: è la regione più settentrionale d'Italia.

Un tipico paesaggio delle Alpi del Trentino-Alto Adige con le casette sulle montagne. ↗

Il bellissimo Castello di Roncolo (Renon, Bolzano), uno dei numerosi castelli del Trentino-Alto Adige →

Immagini gentilmente concesse da SMG Südtirol Marketing

Il cartello di una scuola elementare Ladina (S. Cristina Valgardena, Bolzano)

Una regione ma tante culture

Il Trentino-Alto Adige è sempre stata una terra d'incontro di culture differenti, il luogo di unione e fusione tra il nord e il sud dell'Europa. Molte popolazioni sono passate per questa regione, dai Celti ai Romani, ai Longobardi. Successivamente è stata dominata dalle dinastie dei Carolingi e degli Asburgo. L'incontro fra lingue e culture diverse ha generato un'identità culturale ben definita. Questa peculiarità è presente in maniera molto evidente a livello linguistico. In questa regione si parlano infatti diverse lingue: l'italiano e il tedesco (lingue ufficiali), il dialetto trentino, il ladino (una lingua retoromanza) e il cimbro e il mocheno (due lingue di origine germanica). Nella provincia di Bolzano il ladino è una lingua riconosciuta ufficialmente, quindi non si usa solo in contesti privati, come accade per i dialetti, ma anche nell'insegnamento pubblico e nella pubblica amministrazione. Anche la lingua cimbra e la lingua mochena godono di particolari tutele, come ad esempio istituzioni culturali e musei che ne preservano l'identità e ne raccontano la storia.

Il concilio di Trento

Il Concilio di Trento (1545-1563) è stato un evento molto importante che ha portato alla Controriforma della Chiesa cattolica in reazione alla Riforma protestante. Tra gli argomenti trattati, i più significativi sono la definizione del "peccato originale" e la funzione del battesimo. Come sede è stata scelta Trento perché era una città italiana, ma si trovava entro i confini dell'Impero ed era governata da un principe-vescovo. Il XVI secolo è stato uno dei periodi di maggior splendore per il capoluogo trentino. La trasformazione dell'impianto urbanistico della città secondo i principi rinascimentali si deve ai cardinali Bernardo Clesio e Cristoforo Madruzzo, importanti mecenati dell'epoca. La curvatura delle vie del centro (via S. Pietro, via Belenzani, via Oss Mazzurana, ecc.) sarebbe stata studiata appositamente da Bernardo Clesio per offrire al visitatore un sorprendente effetto scenico.

Sessione solenne del Concilio di Trento nella Cattedrale di San Vigilio (luglio del 1563)

Piazza del Duomo a Trento con la fontana di Nettuno e la Cattedrale di San Vigilio

Una cucina da stella Michelin

Un bellissimo e squisito piatto di canederli

La gastronomia del Trentino-Alto Adige risente principalmente degli influssi della cultura germanica e di quella italiana. La cucina della provincia di Bolzano è vicina alla tradizione tirolese e i piatti hanno nomi tedeschi. La provincia di Trento è invece più vicina alla tradizione veneta e le specialità hanno nomi italiani. La differenza si nota soprattutto nei primi piatti: nell'Alto Adige mancano preparazioni a base di pasta, che sono invece presenti nel più italiano Trentino. Troviamo quindi i canederli tirolesi a Bolzano e l'italianissimo pasticcio di maccheroni a Trento. Ma c'è anche l'influenza mitteleuropea, che ha portato alla diffusione del gulash. Probabilmente per questa mescolanza di tradizioni, i trentini e gli altoatesini hanno sviluppato una particolare arte culinaria che si caratterizza per una speciale e armoniosa fusione di gusti.

La gastronomia di questa terra raggiunge infatti dei livelli molto alti, tanto che è stata recentemente premiata con ben 17 stelle Michelin, un risultato che la porta in testa alla classifica italiana.

Gio ve voi ben
Colores da la sera
Empeade tal cher
L'amor de mia tera
Chel resa douc
Di monc più auc
Chel vert ja scur
Di bosch che dorm

Padre F. Ghetta,
Colores de mia tera

* Traduzione in italiano:
Io vi voglio bene / Colori della sera / Accendete nel cuore / L'amore della mia terra / Quel rosa dolce / Dei monti più alti / Quel verde già scuro / Dei boschi che dormono

Il Friuli-Venezia Giulia

Città: Trieste (capoluogo), Udine, Pordenone, Gorizia...

Geografia: è formata dalla regione storico-geografica del Friuli, che occupa il 96% del territorio, e dalla parte di Venezia Giulia rimasta all'Italia dopo la Seconda guerra mondiale. Il territorio può essere suddiviso in 4 aree principali: area montana, area collinare (famosa per la produzione del vino), pianura e zona costiera.

Specialità: minestra di orzo e fagioli, gnocchi di prugne, muset, cevapcici, gulasch, frico, prosciutto San Daniele, brovade, polenta, torta gubana, vino bianco Tocai, grappa.

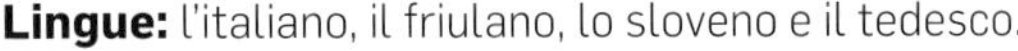

Lingue: l'italiano, il friulano, lo sloveno e il tedesco.

Particolarità: dalle Alpi Giulie al Mare Adriatico si estende il Carso, un altopiano roccioso calcareo, caratterizzato da notevoli fenomeni geologici come le cavità carsiche, le numerose grotte, come la Grotta Gigante, e i fiumi sotterranei.

Un paesaggio collinare con i vigneti ↗
Rocce calcaree del Carso modellate dal vento →

Statua di Italo Svevo in Piazza Hortis, a Trieste

Italo Svevo

Italo Svevo, pseudonimo di Ettore Schmitz, nasce a Trieste nel 1861 in una famiglia ebraica, da padre tedesco e madre italiana. Combina filoni di pensiero contraddittori: da un lato il positivismo, Darwin e il marxismo, e dall'altro il pensiero negativo e antipositivista di Schopenhauer, di Nietzsche e di Freud. Li assimila e li rielabora in maniera coerente e originale, prendendo da questi pensatori le idee che sente più affini al proprio pensiero. Su ispirazione del positivismo, di Darwin e di Freud, sviluppa un interesse per le tecniche scientifiche e rifiuta le prospettive più astratte, metafisiche o spirituali. Svevo studia Freud con particolare interesse, accetta la psicoanalisi come tecnica di conoscenza, ma non come visione della vita, né come terapia medica. Infatti, nel suo romanzo più famoso, *La coscienza di Zeno*, difende i "malati" e rappresenta la nevrosi come un atteggiamento di reazione e non di rassegnazione verso i meccanismi della società. Inoltre, nelle sue opere è centrale il rapporto tra i protagonisti e la realtà in cui vivono.

Tante perle d'arte

Una foto aerea di Palmanova mostra la particolarità della pianta

Terra di Romani, Longobardi, Veneziani, Asburgo, il Friuli-Venezia Giulia racconta l'incontro di popoli diversi attraverso l'arte: monumenti, chiese, città e mosaici testimoniano il passaggio e la mescolanza di culture differenti. A Trieste, città mitteleuropea e cosmopolita, gli edifici di stile neoclassico, liberty, barocco e asburgico convivono con le rovine romane. Oltre alle chiese cattoliche, troviamo quella greco-ortodossa, serbo-ortodossa, evangelica luterana ed elvetica, e la sinagoga. Udine colpisce per le bellissime piazze di stile veneziano e i capolavori del Tiepolo. Aquileia possiede un'importante area archeologica in cui si possono vedere i resti del foro romano, di una basilica, dei mosaici, dei mercati, delle mura, del porto fluviale, di un grande mausoleo, ecc. Palmanova è un capolavoro dell'architettura militare: una città fortezza progettata per difendere i confini dai Turchi. È unica nel suo genere per la sua forma di stella a nove punte perfettamente simmetrica, con una piazza centrale. Cividale è stata la sede del primo ducato longobardo in Italia, ma ha visto passare anche Celti, Romani e Carolingi. Grado è "l'isola d'oro", con la sua suggestiva laguna dal fascino veneziano.

Il Buon Pastore nei mosaici romani di Aquileia

I caffè di Trieste

Il Caffè Stella polare

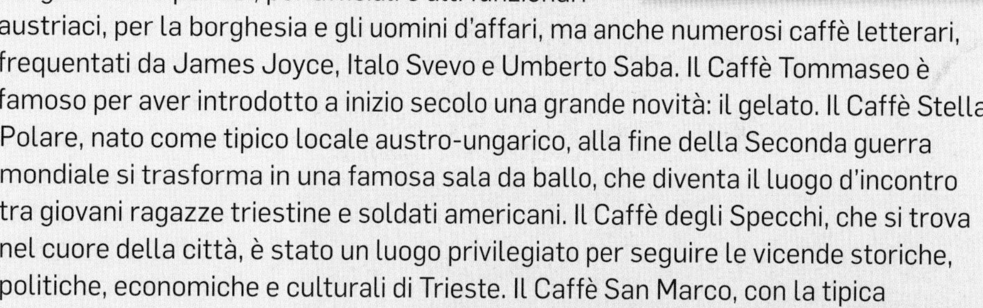

L'interno del Caffè degli Specchi

A Trieste le prime Botteghe da caffè aprono nella seconda metà del Settecento. Seguono l'esempio di molti locali veneziani alla moda, ma assumono da subito un'inconfondibile impronta viennese. Sorgono caffè politici, per ufficiali e alti funzionari austriaci, per la borghesia e gli uomini d'affari, ma anche numerosi caffè letterari, frequentati da James Joyce, Italo Svevo e Umberto Saba. Il Caffè Tommaseo è famoso per aver introdotto a inizio secolo una grande novità: il gelato. Il Caffè Stella Polare, nato come tipico locale austro-ungarico, alla fine della Seconda guerra mondiale si trasforma in una famosa sala da ballo, che diventa il luogo d'incontro tra giovani ragazze triestine e soldati americani. Il Caffè degli Specchi, che si trova nel cuore della città, è stato un luogo privilegiato per seguire le vicende storiche, politiche, economiche e culturali di Trieste. Il Caffè San Marco, con la tipica atmosfera da bar viennese, è stato frequentato da intellettuali come Umberto Saba e Italo Svevo, mentre James Joyce preferiva il Caffè Pasticceria Pirona, dove probabilmente ha progettato il suo *Ulisse*.

[...] il Friuli è un piccolo compendio dell'universo, alpestre piano e lagunoso in sessanta miglia da tramontana a mezzodì

Ippolito Nievo, *Le confessioni d'un italiano*

La Liguria

Città: Genova (capoluogo), La Spezia, Savona, Imperia...

Geografia: è una regione lunga e stretta, compresa tra le Alpi Liguri e l'Appennino Ligure a nord e il Mar Ligure a sud. Le colline arrivano fino al mare, creando un paesaggio molto suggestivo. Le coste della Riviera di Levante sono alte, rocciose e frastagliate; quelle della Riviera di Ponente presentano rocce a picco sul mare e spiagge sabbiose.

Specialità: farinata, focaccia alla genovese, torta Pasqualina, salsa di noci, pesto, mescciüa, cima alla genovese, trippa alla genovese con patate e fagioli, amaretti di Sassello, pandolce, canestrelli.

Lingue: l'italiano e i dialetti liguri.

Particolarità: è una delle regioni più piccole d'Italia, dopo la Valle d'Aosta e il Molise, ma è anche una delle più densamente popolate.

www.turismoinliguria.it

Una veduta della costa ligure, stretta e con le rocce a picco sul mare ↗

La rinomata località di Portofino, sulla costa a ovest di Genova →

La Repubblica di Genova

Genova in un'incisione del XV secolo (*Cronache di Norimberga*)

La storia della Repubblica di Genova inizia nel 1096, quando la città diventa autonoma dal Sacro Romano Impero e si dichiara Libero Comune. In quest'epoca partecipa alla prima crociata e in seguito inizia attività esplorative e commerciali sempre più intense nel Mar Mediterraneo e nel Mar Nero. Oltre a conquistare i territori vicini, riesce a costruire una rete di relazioni commerciali che va da Gibilterra fino all'Asia, all'Africa e poi fino alle Americhe. Nel 1284 sconfigge la Repubblica di Pisa e ottiene il predominio sul Mar Tirreno, ma avrà sempre la Repubblica di Venezia come eterna rivale. Il suo momento di massimo splendore è nel XVI secolo, definito "el siglo de los genoveses" (il secolo dei genovesi), per la posizione di primo piano che Genova occupa nei commerci internazionali e per la sua stretta relazione con la Spagna. Secondo una versione storica, è genovese anche l'esploratore più famoso, Cristoforo Colombo, che con il sostegno dei re spagnoli parte con l'intenzione di raggiungere le Indie ma trova il "Nuovo Mondo".

Le Cinque Terre

Le coste della Liguria offrono un paesaggio ricco di bellezze naturali in cui si uniscono la terra e il mare. Le Cinque Terre sono un tratto di costa frastagliato della Riviera ligure di Levante situato nella provincia della Spezia, lungo il quale si trovano cinque borghi, anticamente chiamati "terre". Da ovest a est i cinque paesi sono: Monterosso al Mare, Vernazza, Corniglia, Manarola, Riomaggiore. Dal 1997 fanno parte della lista dei Patrimoni dell'Umanità dell'UNESCO. Qui la costa è quasi sempre rocciosa e ripida, con alcune spiagge di sabbia o sassi e lunghi tratti di roccia, che spesso arriva a picco sul mare. Si può godere del bellissimo panorama passeggiando lungo i sentieri che attraversano il Parco Regionale delle Cinque Terre. Il sentiero principale è quello che unisce i cinque paesi, che è lungo 12 chilometri e ha un tempo di percorrenza di circa 5 ore e un quarto. Il tratto più conosciuto di questo sentiero è la Via dell'Amore, una comoda e romantica passeggiata che unisce Riomaggiore e Manarola.

Una suggestiva veduta di Vernazza

La Via dell'Amore, il sentiero che unisce i paesi di Riomaggiore e Manarola

Gli ingredienti per preparare un ottimo piatto di trofie al pesto

Via del Campo c'è una bambina con le labbra color rugiada gli occhi grigi come la strada nascon fiori dove cammina.

Fabrizio de André, *Via del Campo*

Il pesto genovese

Il pesto è un condimento tipico della Liguria per la pasta, la focaccia e altre specialità locali. Il suo ingrediente di base è il basilico, in particolare il basilico genovese, una varietà coltivata in Liguria, ma che si può comunque sostituire con la varietà comune. La prima ricetta di pesto risale all'Ottocento e probabilmente deriva da altre salse simili a base di aglio e noci diffuse ai tempi della Repubblica Marinara. Secondo la tradizione, il vero pesto alla genovese si prepara con sette ingredienti: foglie di basilico genovese, olio extravergine di oliva ligure, pinoli italiani, Parmigiano-Reggiano o Grana Padano, formaggio pecorino del tipo "Fiore Sardo", aglio di Vessalico (località in provincia di Imperia) e sale marino grosso. Nella ricetta originale gli ingredienti si triturano con il mortaio e il pestello, ma oggi per comodità si usa anche il frullatore. In un'antica versione più "ricca", per condire la pasta si aggiungono al pesto patate e fagiolini bolliti. È possibile assaggiare questa gustosa variante in molti ristoranti liguri.

L'Umbria

Città: Perugia (capoluogo), Terni, Foligno, Città di Castello...

Geografia: si trova al centro dell'Italia e non possiede zone costiere. Il suo territorio è prevalentemente collinare e montuoso e presenta un paesaggio molto vario, in cui si alternano vallate, catene montuose, altipiani e pianure.

Specialità: agnolotti al sugo, lumache, porchetta, capocollo, salsicce di cinghiale, salame di Norcia, pecorino umbro, lenticchie di Castelluccio, tartufo bianco e nero, pane di Terni, pampepato, torta al testo, torta o pizza di Pasqua, Vin Santo, vino Orvieto, Lago di Corbara, Colli del Trasimeno.

Lingue: l'italiano e i dialetti umbri.

Particolarità: è una tra le più piccole regioni italiane e l'unica che non è situata sui confini dell'Italia, terrestri o marittimi.

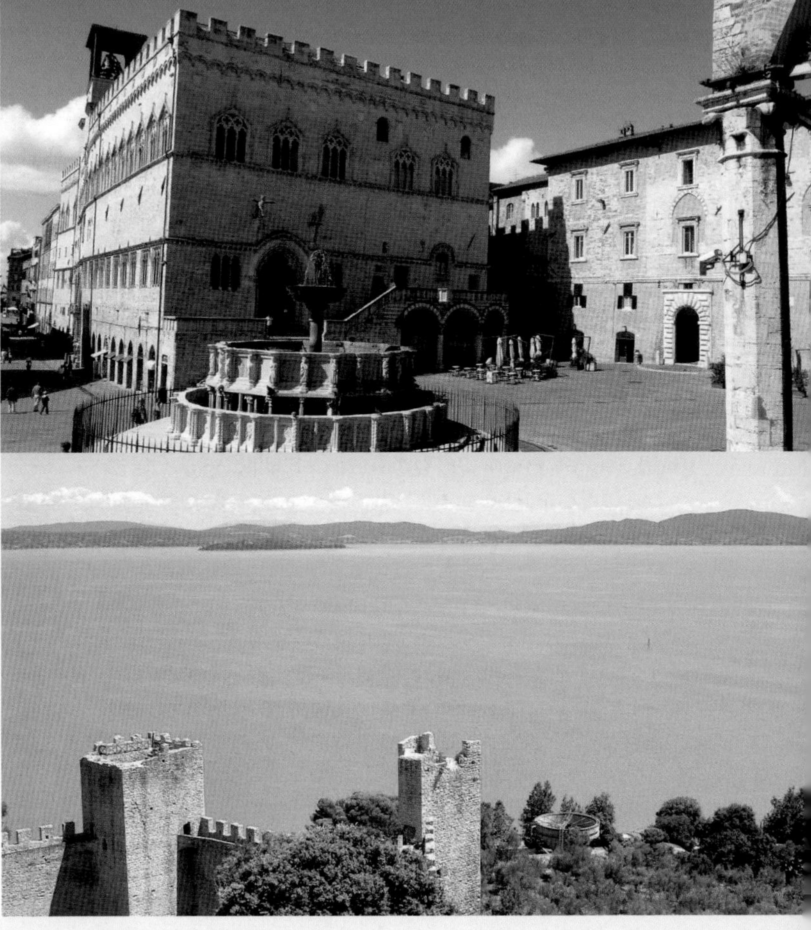

Palazzo dei Priori e Fontana Maggiore, piazza IV Novembre (Perugia) ↗

Il Lago Trasimeno visto da Castiglione del Lago →

La Basilica di San Francesco e un affresco attribuito a Giotto (Assisi)

Una terra di santi

In Umbria si trovano molti luoghi della tradizione spirituale cristiana, legati ad alcuni importanti santi della Chiesa cattolica. Il primo grande santo umbro è San Benedetto da Norcia (480 circa - 547), fondatore dell'ordine dei monaci benedettini, famosi per il motto "Ora et labora" (Prega e lavora). L'abbazia di San Pietro e di Santa Maria di Valdiponte (Perugia) o l'abbazia di Sassovivo (Foligno) sono alcuni tra i bellissimi monasteri benedettini. Molto celebri sono anche i due santi di Assisi, San Francesco (1182 - 1226) e Santa Chiara (1193 circa -1253). San Francesco, fondatore dei Francescani, è uno dei santi più amati in Italia e ne è anche il patrono. Santa Chiara, seguendo San Francesco, ha fondato l'ordine delle monache clarisse. Ad Assisi si possono ammirare gli affreschi di Giotto, Cimabue e Lorenzetti nella splendida Basilica di San Francesco. Altri famosi santi umbri sono Santa Rita da Cascia, la santa dei casi impossibili, e San Valentino da Terni, personaggio leggendario dell'epoca romana che è diventato il protettore degli innamorati.

Il cuore verde dell'Italia

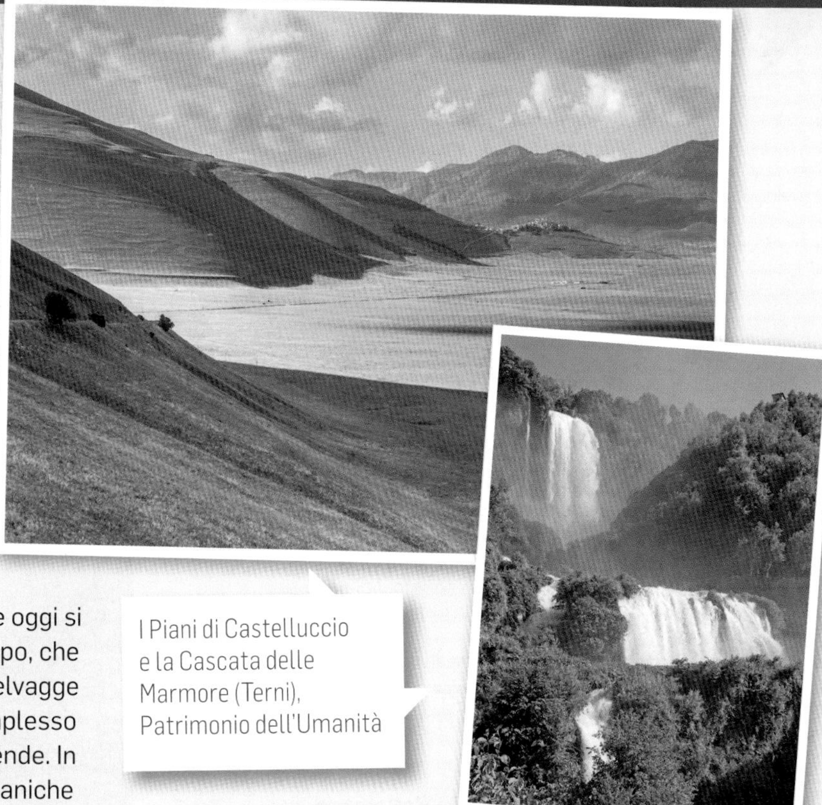

I Piani di Castelluccio e la Cascata delle Marmore (Terni), Patrimonio dell'Umanità

Grazie alle caratteristiche morfologiche del suo territorio l'Umbria presenta una grande varietà di paesaggi e di aree naturali con colline, montagne, fiumi e laghi. Il tipico paesaggio umbro sono le dolci colline ondulate, dove si coltivano le viti, gli ulivi, i girasoli, il tabacco e altri prodotti. I Piani di Castelluccio, famosi per la coltivazione della lenticchia, sono un anfiteatro naturale circondato da alte montagne dove crescono tantissime specie di piante e fiori. La Macchia Cavaliere è un bosco di faggi dove oggi si possono trovare esemplari di gatto selvatico e di lupo, che recentemente è tornato a popolare le zone più selvagge dell'Appennino centrale. I Monti Sibillini sono un complesso montuoso legato a civiltà antiche, a miti e leggende. In questa zona sono state censite ben 1800 specie botaniche e per questo sono considerati un'area unica in Europa.

Lodato sii mio Signore, insieme a tutte le creature, / specialmente il fratello sole, / il quale è la luce del giorno, e tu tramite esso ci illumini.

San Francesco d'Assisi, *Cantico delle creature*

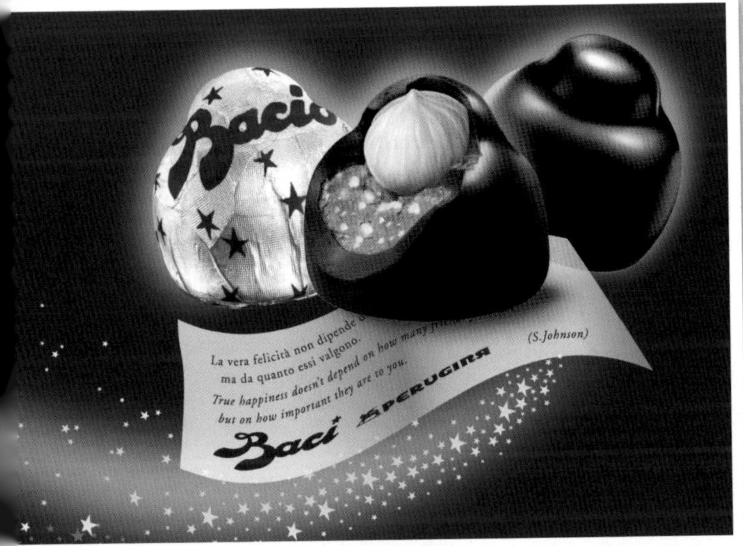

La tradizione del cioccolato

A Perugia ha sede uno storico marchio italiano del cioccolato, la Perugina, fondata nel 1907 da Luisa e Annibale Spagnoli. Il suo prodotto più famoso è il Bacio Perugina, un cioccolatino dalla forma irregolare e tondeggiante ripieno di gianduia e granella croccante di nocciole. Nasce nel 1922 quando Luisa Spagnoli prova a creare un cioccolatino con la granella di nocciola rimasta dalla lavorazione degli altri prodotti. Aggiunge una nocciola intera e poi ricopre tutto di cioccolato. Il risultato è una massa arrotondata che ricorda un pugno e per questo pensa di chiamarlo "cazzotto". Le suggeriscono però di pensare a un nome più dolce, e così nasce il Bacio Perugina. Con il tempo il Bacio diventa un simbolo dell'amore romantico, grazie alle suggestive pubblicità e all'idea del "cartiglio", il bigliettino con una frase d'amore contenuto nella confezione di ogni cioccolatino. Per promuovere la tradizione del cioccolato, nel 1993 a Perugia è nata la manifestazione "Eurochocolate", che comprende diversi eventi con spettacoli, iniziative culturali e degustazioni. L'evento principale si svolge ogni anno in autunno a Perugia, dove arrivano tantissimi turisti golosi!

L'Abruzzo

Città: L'Aquila (capoluogo), Pescara, Chieti, Teramo.

Geografia: è una regione prevalentemente montuosa (per il 65% del territorio) e collinare (34%); la pianura (1%) si trova solo in una stretta fascia costiera. In Abruzzo ci sono le vette più alte dell'Appennino peninsulare, il Gran Sasso (Corno Grande, 2914 m) e il massiccio della Maiella (Monte Amaro, 2793 m). Nella parte orientale della regione si trova una lunga fascia collinare compresa tra il mare e le montagne.

Specialità: spaghetti e maccheroni alla chitarra, strozzapreti, scrippelle, arrosticini, pallotte "cace e ove", brodetti di pesce, confetti di Sulmona, Montepulciano d'Abruzzo DOC.

Lingue: l'italiano, il dialetto sabino, i dialetti abruzzesi (adriatico e occidentale) e l'albanese.

Particolarità: il 36% del territorio regionale è sottoposto a tutela ambientale: la regione possiede tre parchi nazionali, un parco regionale e 38 aree protette tra oasi, riserve regionali e riserve statali.

L'acquedotto medievale di Sulmona, la città del poeta latino Ovidio ↗

Il Corno Grande del Gran Sasso visto dall'altipiano Campo imperatore →

La regione dei Parchi

L'Abruzzo è la regione italiana con più aree protette, possiede infatti tre parchi nazionali (Parco nazionale d'Abruzzo, Lazio e Molise, Parco nazionale del Gran Sasso e Monti della Laga e Parco nazionale della Maiella), uno regionale (Parco regionale Sirente Velino) e varie oasi e riserve. Dal punto di vista naturalistico i parchi presentano specie rare di flora e fauna. La fauna abruzzese è molto varia e l'animale simbolo della regione è senz'altro il camoscio d'Abruzzo, che ha rischiato l'estinzione. Altri animali caratteristici della regione sono l'orso bruno marsicano, il lupo, il cervo, la lince, la volpe, il gatto selvatico, ecc. Gli uccelli più importanti sono l'aquila reale, il nibbio e il falco. Troviamo inoltre una grande varietà di flora. Alcune specie diffuse in questa zona sono la Stella alpina dell'Appenino, il Papavero alpino e l'orchidea alpina.

Monte Cefalone (Parco Nazionale del Gran Sasso)

Un camoscio d'Abruzzo, una delle specie animali protette in Abruzzo

L'Aquila: la città ricostruita più volte

Una testimonianza del tremendo terremoto del 2009

Le origini dell'Aquila si trovano nella ribellione antifeudale: nel 1229 gli abitanti di numerosi castelli (99 secondo la tradizione) chiedono a papa Gregorio IX il permesso di fondare una città. Dovranno però aspettare qualche anno, quando re Corrado IV, figlio di Federico II di Svevia, concede loro il diploma di fondazione. Per la sua particolare origine, l'Aquila rappresenta un caso unico nell'architettura medievale italiana: ogni castello aveva infatti la sua area, dove sono state costruite le case, una chiesa e una piazza con la fontana pubblica. Nascono così i vari quartieri e alcuni gioielli dell'architettura sacra romanica aquilana, come le chiese di S. Maria Paganica, S. Giusta, S. Pietro di Coppito e S. Silvestro. Nel 1259 re Manfredi ordina di distruggerla per punire la sua fedeltà al papa e nel 1265 è ricostruita da Carlo I d'Angiò. Nel 1349 un forte terremoto distrugge numerosi edifici e uccide molti aquilani. La ricostruzione è difficile e molti abitanti abbandonano la città, ma nel Quattrocento l'Aquila vive un'epoca di ripresa e splendore. Nel 1703 un altro terremoto provoca gravi danni e ancora una volta la città viene ricostruita. Nell'aprile del 2009 un violentissimo terremoto colpisce L'Aquila provocando gravi danni. Il recupero del centro storico è un processo lento e complesso.

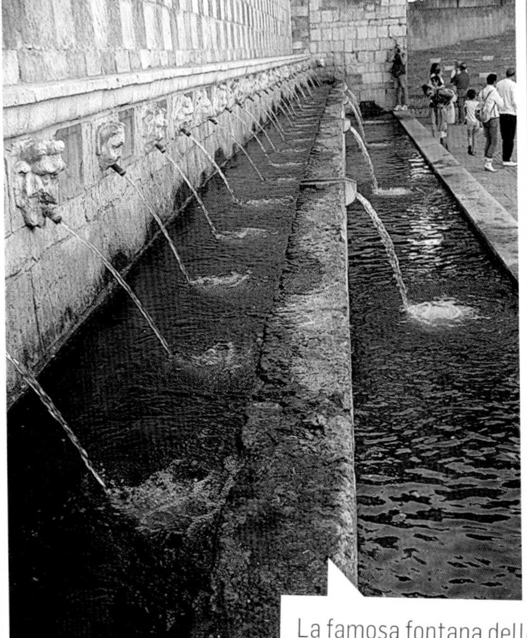

La famosa fontana delle 99 cannelle, simbolo dei 99 castelli che hanno dato origine alla città

Gabriele D'Annunzio

Gabriele D'Annunzio (Pescara, 1863 - Gardone Riviera, 1938) è un personaggio poliedrico con una personalità notevole: è stato scrittore, poeta, drammaturgo, militare, politico e giornalista. Insieme a Giovanni Pascoli è uno dei maggiori rappresentanti del Decadentismo italiano. La particolare sensibilità e il temperamento sanguigno fanno di D'Annunzio un artista raffinato e un uomo impegnato passionalmente nelle vicende politico-militari della sua epoca. Nell'elaborazione della sua poetica sono molto importanti l'influenza del simbolismo francese e del pensiero di Nietzsche, che lo spingono a una costante ricerca estetica e a un'elaborazione personale della teoria del Superuomo. Oltre che nelle numerose opere letterarie, D'Annunzio ha espresso il suo pensiero e la sua personalità partecipando attivamente agli eventi di quegli anni, combattendo in varie battaglie della Prima guerra mondiale e guidando iniziative sensazionali come l'*Impresa di Fiume*. L'artista ha vissuto in vari luoghi ma ha sempre mantenuto un forte attaccamento alla sua terra d'origine. Molte sue opere sono infatti legate all'Abruzzo come *Le novelle della Pescara* (1902), *La figlia di Iorio* (1903) o *Il Trionfo della morte* (1894).

Gabriele D'Annunzio

Settembre, andiamo. È tempo di migrare.
Ora in terra d'Abruzzi i miei pastori
lascian gli stazzi e vanno verso il mare:
scendono all'Adriatico selvaggio
che verde è come i pascoli dei monti.

Gabriele D'Annunzio, *I Pastori* (*Alcyone*, 1903)

La Campania

Città: Napoli (capoluogo), Salerno, Caserta, Benevento, Avellino...

Geografia: il territorio presenta aree collinari, pianure e zone costiere. Lungo la costa si trovano zone molto famose, come la baia di Napoli, la costiera amalfitana e la costiera sorrentina. Possiede due parchi nazionali, il Parco nazionale del Vesuvio e il Parco nazionale del Cilento e Vallo di Diano.

Specialità: pizza, pasta e fagioli, gnocchi alla sorrentina, parmigiana di melanzane, mozzarella di bufala, caprese, friarelli, gattò di patate, pastiera, babà, sfogliatella, struffoli, caffè, limoncello.

Lingue: l'italiano, la lingua napoletana, il dialetto cilentano, il dialetto beneventano, il dialetto irpino, l'arbereshe (dialetto albanese).

Particolarità: insieme a Toscana e Lombardia, è la regione con il maggior numero di beni Patrimonio dell'Umanità dell'UNESCO.

Il Lago d'Averno, di origine vulcanica ↗

La spettacolare Reggia di Caserta (XVII sec.), Patrimonio dell'UNESCO →

Le coste e le isole

Un'incantevole veduta di Positano e i celebri Faraglioni di Capri

Le coste della Campania e delle sue isole sono tutte bagnate dal mar Tirreno. In molti tratti della costa, i monti arrivano fino al mare, creando paesaggi suggestivi. Le coste più famose per natura, bellezza e cultura, sono quelle della penisola sorrentina e della penisola cilentana. La penisola sorrentina comprende la costiera sorrentina, che prende il nome dalla celebre cittadina di Sorrento, e la costiera amalfitana, che comprende località prestigiose come Amalfi e Positano. Hanno inoltre una fama internazionale le isole, in particolare Capri e Ischia. Capri è nota per la sua bellezza fin dai tempi dei romani, che hanno costruito qui ville lussuose. Un'attrazione famosissima è la Grotta Azzurra, chiamata così per il colore che i riflessi della luce del sole creano nell'acqua. Il simbolo di Capri sono i Faraglioni, tre grandi scogli vicini alla costa, che creano un effetto spettacolare. È molto famosa anche l'isola di Ischia, la terza isola italiana più popolata, dopo Sicilia e Sardegna. L'isola attrae molti turisti non solo per le sue splendide coste, ma anche per le acque termali.

Il Vesuvio

Il Vesuvio è il famoso vulcano che si vede alle spalle della città di Napoli. È un vulcano ancora attivo. La sua ultima eruzione è stata nel 1944. Si attendono nuove eruzioni, ma non è possibile prevedere quando saranno. È il primo vulcano al mondo che viene studiato sistematicamente fin dal 1841, quando nasce l'Osservatorio Vesuviano. Oggi è uno dei vulcani pericolosi più studiati e controllati al mondo, perché sulle sue pendici vivono circa 700.000 persone. Secondo gli studiosi, l'attività vulcanica nella zona del Vesuvio risale almeno a 400.000 anni fa. In epoca romana, nel 79 d.C., un'eruzione violentissima distrugge le città di Pompei, Ercolano e Stabia. Le rovine rimangono sepolte fino al XVIII secolo, quando vengono scoperte per caso e iniziano gli scavi per riportarle alla luce. Oggi rappresentano una straordinaria testimonianza della vita dell'epoca, perché tutto è rimasto come nel momento in cui la città è stata colpita dalla pioggia di cenere vulcanica. Si possono persino vedere i resti delle persone nella posizione esatta in cui si trovavano al momento dell'eruzione.

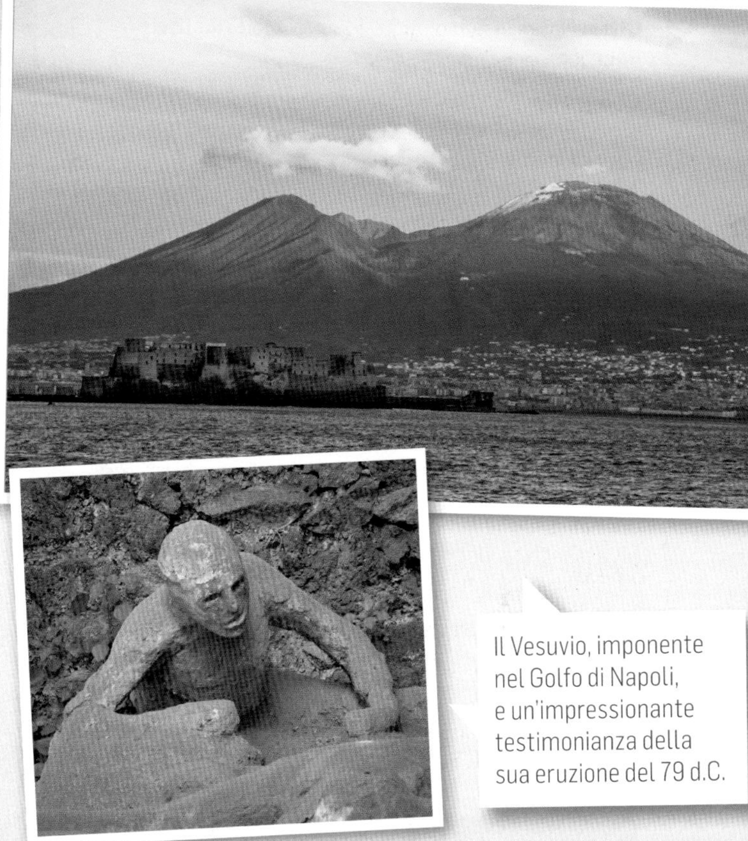

Il Vesuvio, imponente nel Golfo di Napoli, e un'impressionante testimonianza della sua eruzione del 79 d.C.

www.incampania.com/turismo.cfm

Napule è 'nu paese curioso: / è 'nu teatro antico, sempre apierto. / Ce nasce gente ca senza cuncierto / scenne p' 'e strate e sape recita'.

Eduardo De Filippo

La cucina campana

Molti prodotti italiani famosi in tutto il mondo provengono dalla Campania: la mozzarella di bufala, la pasta al pomodoro, la pizza, il limoncello. In realtà la cucina campana è molto varia. Tuttavia, i due piatti più celebri sono sicuramente la pasta e la pizza. Secondo testimonianze antiche, nel 1100 a Napoli si trovava già una pasta fatta di fili sottili, gli spaghetti. In seguito si è creata una grande varietà di pasta napoletana, in particolare pasta di grano duro, di produzione industriale, come linguine, bucatini, paccheri, ziti. Anche i tempi di cottura sono considerati importanti, perché la pasta deve essere "al dente". Il simbolo della cucina italiana è però sicuramente la pizza. La pizza vera e propria, con salsa di pomodoro, nasce nell'Ottocento. In particolare, la celebre "pizza Margherita" è stata inventata dal pizzaiolo Raffaele Esposito nel 1889 in onore della regina Margherita di Savoia per celebrare il Regno d'Italia. La pizza aveva gli stessi colori della bandiera italiana: il rosso del pomodoro, il bianco della mozzarella e il verde del basilico.

La Basilicata

Città: Potenza (capoluogo), Matera, Melfi, Pisticci, Policoro...

Geografia: a sud-ovest è bagnata dal Mar Tirreno e a sud-est dal Mar Ionio. Il suo territorio è prevalentemente montuoso e collinare. Possiede un'unica grande pianura, la Piana di Metaponto, l'area più ricca e popolata, dove si coltivano frutta e ortaggi di ogni genere. Nell'area nord-occidentale si trova un vulcano spento, il monte Vulture.

Specialità: pasta al ragù, gnummarieddi, strazzata, sanguinaccio dolce, baccalà con peperoni cruschi, soppressata e salame pezzente, lucanica, fave bianche e cicorie, pane cotto, frascatula, vino Aglianico del Vulture.

Lingue: l'italiano, i dialetti lucani, l'arbereshe (dialetto albanese).

Particolarità: nella Val d'Agri si trova un giacimento di petrolio di dimensioni ridotte, che è comunque uno dei più grandi dell'Europa continentale.

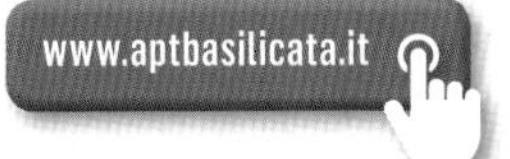

Veduta della costa di Maratea ↗
Un particolare dell'area archeologica del Metaponto →

La Lucania

La Basilicata è l'unica regione italiana con una doppia denominazione. Basilicata è il nome riconosciuto ufficialmente nella Costituzione italiana, ma gli abitanti preferiscono essere chiamati "Lucani", in ricordo di un periodo glorioso della loro storia. La Lucania era una regione storica dell'Italia antica dove vivevano i Lucani, che parlavano la lingua osca, prima dell'epoca della Magna Grecia e dei Romani. Comprendeva quasi tutta l'attuale Basilicata e territori delle regioni confinanti. Nel periodo della Magna Grecia, la regione vive un periodo di pace, prosperità economica e sviluppo artistico e culturale, anche grazie alle relazioni con la Grecia. La fabbrica lucana della ceramica, che inizia la sua attività intorno al 440 a.C., è la più antica d'Italia. Nel III secolo a.C. i Romani creano il distretto di Lucania. Più tardi, i Normanni la chiamano Basilicata, termine più recente che deriva da "Basiliskos", nome di un amministratore bizantino. Durante il fascismo viene nuovamente chiamata "Lucania". La Costituzione italiana, infine, riprende il termine "Basilicata".

Affreschi lucani ritrovati a Paestum e un esempio della pregiata ceramica lucana

I briganti

Quando nasce il Regno d'Italia, la Basilicata è una delle regioni con il più alto tasso di brigantaggio. I briganti sono bande di uomini armati organizzate per assaltare i ricchi proprietari terrieri e combattere contro il nuovo Regno. Prima di allora c'erano gruppi sparsi di banditi, ma quando il Regno delle Due Sicilie (il Sud Italia e la Sicilia) entra a far parte del Regno d'Italia, a loro si unisce una buona parte della popolazione, delusa dal nuovo governo. In particolare, i contadini si ribellano perché non hanno ottenuto la ridistribuzione delle terre e sono costretti a fare il servizio militare. In Basilicata le bande dei briganti si concentrano nell'area del monte Vulture e il loro capo è Carmine Crocco, un personaggio leggendario che prima combatte al fianco di Garibaldi ma poi, deluso per le promesse non mantenute, inizia a combattere l'esercito italiano con il sostegno dei precedenti re Borboni. Tra il 1860 e il 1864 i briganti controllano una buona parte del territorio della Basilicata e si scontrano duramente con le truppe del Regno d'Italia, ma alla fine vengono sconfitti.

Un assalto dei briganti in una riproduzione del XIX secolo

Carmine Crocco, il più famoso brigante post-unitario

Matera, unica per i suoi Sassi

Chiunque veda Matera non può non restarne colpito, tanto è espressiva e toccante la sua dolente bellezza.

Carlo Levi, *Le mille patrie*

I Sassi di Matera

Matera è nota in tutto il mondo per i Sassi, i quartieri del suo centro storico che rappresentano un esempio unico al mondo di architettura rupestre, cioè di edifici costruiti nella roccia. I Sassi sono anche una delle città più antiche al mondo. Sono stati scavati e costruiti sulla Gravina di Matera, una gola tra due colline, dove la città è rimasta protetta perché non poteva essere vista dai nemici. I Sassi così come li vediamo oggi sono il risultato di diverse fasi: periodo neolitico, medievale, bizantino, normanno-svevo, rinascimentale, barocco. Negli anni '50 del Novecento, infine, a causa delle cattive condizioni igieniche e sociali la legge obbliga gli abitanti a trasferirsi nei nuovi quartieri. Negli anni Ottanta inizia il risanamento dei Sassi. I vicinati sono formati da case che si affacciano su uno stesso spiazzo, spesso con il pozzo al centro. Siccome avevano poca acqua a disposizione nel sottosuolo della città, fin dall'inizio gli abitanti si sono impegnati per costruire un sistema di serbatoi e canali, ancora oggi molto ammirato per la sua efficienza e precisione.

La Calabria

Città: Catanzaro, Cosenza, Crotone, Reggio Calabria, Vibo Valentia...

Geografia: è circondata dal mare: il Mar Tirreno a ovest, il Mar Ionio a est, il golfo di Taranto a nord-est. A sud-ovest si trova lo Stretto di Messina, che separa la Calabria dalla Sicilia. Nel punto più stretto la distanza tra le due coste è di 3,2 km. Il territorio è prevalentemente collinare e montuoso. I rilievi più famosi sono il Massiccio del Pollino, l'altipiano della Sila e l'Aspromonte.

Specialità: pasta 'ncasciàta, fileja, frittole, soppressata, 'nduja, peperoncino, zippuli, licurda, pitta 'mpigliata, cipolla di Tropea, amaro Silano, Bergamino.

Lingue: l'italiano, i dialetti calabresi, la lingua greca di Calabria, l'arbereshe (dialetto albanese), la lingua occitana (a Guardia Piemontese).

Particolarità: possiede il 10% del totale delle coste italiane ed è la regione che presenta la più ampia varietà di spiagge di roccia, grazie alle sue particolari caratteristiche geologiche.

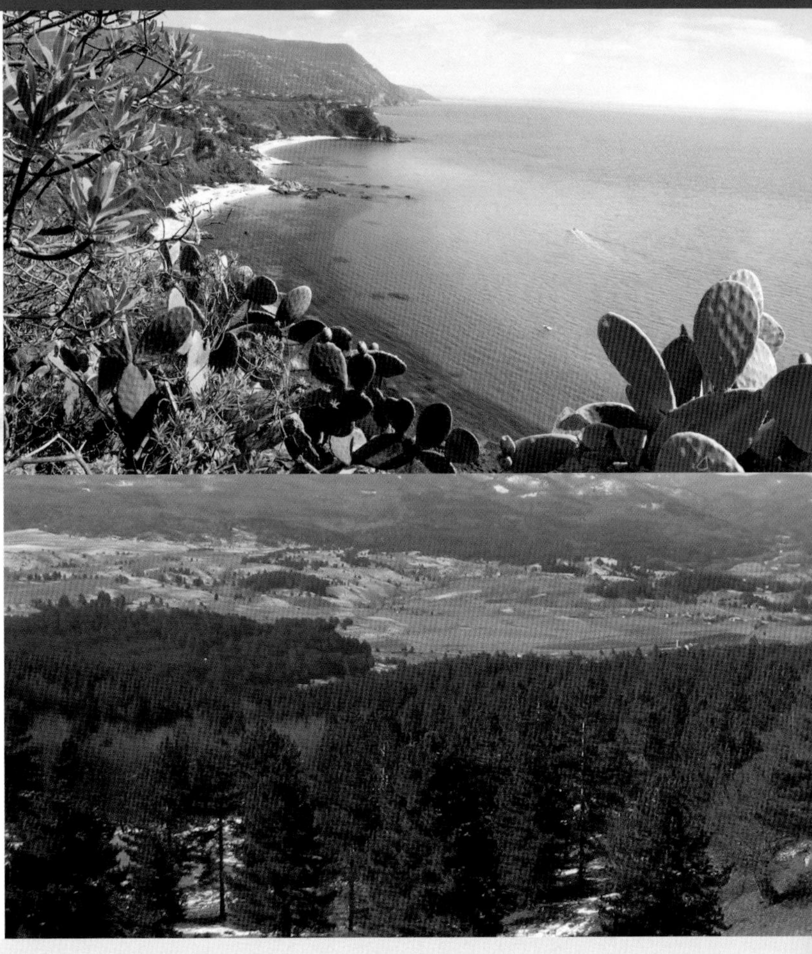

La costa nei pressi di Capo Vaticano (Vibo Valentia) ↗

L'altipiano della Sila →

I Bronzi di Riace

I Bronzi di Riace sono una coppia di statue in bronzo ritrovate sul fondo del mare presso la località calabrese di Riace. Sono considerati una delle principali testimonianze della scultura greca classica. Nel 1972 sono stati scoperti per caso da un appassionato subacqueo. Successivamente sono stati studiati e restaurati, prima a Reggio Calabria e poi a Firenze. Da allora gli studiosi hanno formulato diverse ipotesi. Tuttavia, non è ancora stato possibile stabilire con certezza quando e da chi sono stati scolpiti, né chi sono i personaggi raffigurati. Si sa che le due statue, che risalgono circa al V secolo a.C., sono state gettate in mare da una nave, forse perché stava affondando. Dal momento che non si conoscono i soggetti, sono stati chiamati "A" e "B". Sono alte circa 2 metri e secondo le ipotesi più recenti rappresentano due eroi guerrieri dell'antica Grecia. Sono molto ammirate per la loro bellezza e soprattutto per la precisione nei dettagli anatomici, in particolare i riccioli dei capelli e della barba, gli occhi, le vene delle mani e dei piedi.

L'armonia classica dei Bronzi di Riace

La leggenda di Scilla e Cariddi

Fin dai tempi antichi, lo Stretto di Messina è stato un luogo affascinante che ha dato origine a diversi miti. La navigazione qui era molto rischiosa, per le correnti rapide e irregolari e i forti venti. A volte si formano correnti velocissime che si scontrano tra loro creando enormi vortici. Ancora oggi, i vortici più noti sono quelli che gli antichi Greci chiamarono Scilla e Cariddi. Il primo si trova davanti alla costa della Calabria, dove ha anche dato il nome a una località, e il secondo davanti a quella della Sicilia. Questi nomi derivano da due figure della mitologia greca, Scilla e Cariddi. Scilla significa "colei che dilania". Era una ninfa molto bella. Per gelosia, la maga Circe la trasforma in un mostro che assalta le navi. Cariddi, che significa "colei che risucchia", era una ninfa che aveva sempre fame. Zeus la trasforma in un mostro che tre volte al giorno risucchia l'acqua e inghiotte i marinai. Oggi si usa l'espressione "trovarsi tra Scilla e Cariddi" quando una persona si trova tra due grossi pericoli e non sa come muoversi.

Scilla in una placca di terracotta del V secolo a.C.

www.turiscalabria.it

La Calabria sembra essere stata creata da un Dio capriccioso che, dopo aver creato diversi mondi, si è divertito a mescolarli insieme.

Guido Piovene, *Viaggio in Italia*

Peperoncini appesi al sole e 'nduja spalmata sul pane

Il peperoncino

La Calabria è la regione italiana che consuma più peperoncino, ingrediente fondamentale di tanti piatti tradizionali ma anche di nuove invenzioni nate più recentemente dalla fantasia dei produttori. Il peperoncino piccante (Capsicum frutescens) è originario delle regioni tropicali dell'America. Ha una forma allungata o arrotondata e con la maturazione diventa rosso, ma non diventa dolce, a differenza del peperone (Capsicum annum). Cristoforo Colombo lo scopre nel corso dei suoi viaggi. Poi gli spagnoli e i portoghesi lo portano in Europa. Gli europei, abituati a sapori più delicati, non sembrano gradirlo, mentre africani, arabi e asiatici lo apprezzano molto. In Calabria già nel XVII secolo l'uso del peperoncino è molto diffuso, probabilmente a causa dell'influenza araba. Inizialmente viene utilizzato per le sue proprietà disinfettanti e in generale per gli effetti benefici per la salute. Nell'alimentazione, viene usato per conservare gli alimenti, in particolare la carne. I calabresi ancora oggi sono maestri nella produzione di salumi. Il più famoso è la "nduja", insaccato di carne di maiale. La ricetta tradizionale richiede almeno 200 grammi di peperoncino per ogni chilo di carne!

La Sardegna

Città: Cagliari (capoluogo), Nuoro, Sassari, Oristano...

Geografia: il territorio è in prevalenza montuoso o collinare, le montagne più alte si trovano nel complesso del Gennargentu. La pianura più importante è il Campidano.
Molte sono le isole e le isolette, tra cui Sant'Antioco, l'Asinara, San Pietro, la Maddalena e Caprera.

Specialità: malloreddus, culurgiones, pane frattau, zuppa gallurese, maialetto arrosto, pane carasau, pane gutiau, torrone, seadas, formaggio Fiore Sardo e pecorino sardo, Cannonau, Vermentino di Gallura, Vernaccia di Oristano, acquavite Filu 'e ferru, liquore Mirto.

Lingue: l'italiano, il sardo, il sassarese, il gallurese, l'algherese (variante arcaica del catalano), tabarchino (a San Pietro e Sant'Antioco), Veneto (ad Arborea e Tanca Marchese).

Particolarità: grazie all'isolamento geografico, sull'isola sono presenti specie animali e vegetali che non si trovano in nessun'altra parte d'Europa.

Il lago Cedrino, nel Gennargentu ↗

I cavallini dell'oasi naturale della Giara di Gesturi e gli asinelli bianchi dell'Asinara →

Il Nuraghe Santa Sabina, in provincia di Nuoro

I nuraghi

I nuraghi rappresentano la testimonianza più importante della Civiltà nuragica, che è nata e si è sviluppata tra il 1700 a.C. (età del Bronzo) e il II secolo a.C. (età romana) e ha convissuto con le altre civiltà arrivate sull'isola, come i Fenici e i Romani. Sono torri circolari a forma di tronco di cono, realizzate con pietre di grandi dimensioni, che progressivamente diventano più piccole man mano che aumenta l'altezza. Gli studiosi non hanno ancora stabilito con esattezza l'origine della parola "nuraghe". Spesso si trovano in una posizione strategica, ad esempio sulle colline o lungo le coste vicino ai punti di approdo per le navi, ma anche al centro delle pianure. Per questo gli studiosi ipotizzano diverse funzioni: fortezze, torri di avvistamento, ma anche luoghi di riunione o templi religiosi. Oggi ne rimangono circa 7000. Di solito sono costituiti da una sola torre, ma esistono anche villaggi di nuraghi come Su Nuraxi di Barumini, dichiarato Patrimonio dell'Umanità dell'UNESCO.

Grazia Deledda

Grazia Deledda (Nuoro, 1871 - Roma, 1936) è la scrittrice sarda più conosciuta al mondo. La sua attività inizia con la pubblicazione di racconti su giornali e riviste. A 21 anni pubblica il suo primo romanzo, *Fior di Sardegna* (1892). Dopo il matrimonio si trasferisce a Roma, dove inizia la fase più felice e intensa della sua produzione di romanzi. Nel 1913 pubblica il suo capolavoro, *Canne al vento*. La sua opera è molto apprezzata da scrittori italiani, come Luigi Capuana e Giovanni Verga, e stranieri, come il russo Maksim Gorkij e l'inglese D. H. Lawrence, che ha anche tradotto i suoi libri. Nel 1926 è la seconda donna a ricevere il Premio Nobel per la Letteratura, dopo la svedese Selma Lagerlöf. Nelle sue opere racconta vicende forti d'amore, dolore e morte e parla del senso del peccato, della morte e della fatalità del destino. Sullo sfondo c'è sempre la Sardegna, dove le tradizioni e le usanze millenarie entrano in contatto con il progresso e la modernità, creando contraddizioni e contrasti che ancora oggi ritroviamo nella realtà sarda.

Grazia Deledda da ragazza

La famosa roccia dell'Orso di Palau (la Maddalena), l'acqua cristallina di Stintino e la caratteristica macchia mediterranea di Mari Pintau (Cagliari)

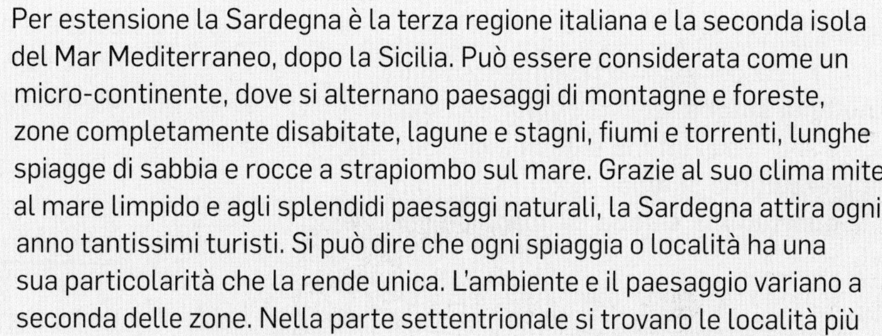

Sa domo est minore, su coro est mannu.*

Proverbio sardo

* La casa è piccola, il cuore è grande.

Le coste e le spiagge

Per estensione la Sardegna è la terza regione italiana e la seconda isola del Mar Mediterraneo, dopo la Sicilia. Può essere considerata come un micro-continente, dove si alternano paesaggi di montagne e foreste, zone completamente disabitate, lagune e stagni, fiumi e torrenti, lunghe spiagge di sabbia e rocce a strapiombo sul mare. Grazie al suo clima mite, al mare limpido e agli splendidi paesaggi naturali, la Sardegna attira ogni anno tantissimi turisti. Si può dire che ogni spiaggia o località ha una sua particolarità che la rende unica. L'ambiente e il paesaggio variano a seconda delle zone. Nella parte settentrionale si trovano le località più mondane ed esclusive della Costa Smeralda, ma anche splendidi paesaggi come la spiaggia di Stintino e l'arcipelago della Maddalena. Nella parte nord-orientale si incontrano chilometri di spiagge dalla finissima sabbia bianca con il mare cristallino, immerse nella vegetazione della macchia mediterranea. La costa meridionale e occidentale presenta invece zone più selvagge, dove si alternano baie con ampie spiagge sabbiose e promontori verdi con insenature di rocce e torri spagnole, come nella penisola del Sinis.

L'ALFABETO

		Lettere straniere
A (a)	**N** (enne)	**J** (i lunga)
B (bi)	**O** (o)	**K** (cappa)
C (ci)	**P** (pi)	**W** (doppia vu)
D (di)	**Q** (cu)	**X** (ics)
E (e)	**R** (erre)	**Y** (ipsilon)
F (effe)	**S** (esse)	
G (gi)	**T** (ti)	
H (acca)	**U** (u)	
I (i)	**V** (vu, vi)	
L (elle)	**Z** (zeta)	
M (emme)		

VOCALI E CONSONANTI

Le vocali dell'italiano sono cinque (a, e, i, o, u) ma quelle toniche, cioè quelle che portano l'accento, sono sette: **a**, **e aperta** (ɛ), **e chiusa**, **i**, **o chiusa**, **o aperta** (ɔ), **u**. Le uniche vocali che possono essere aperte o chiuse sono la **e** e la **o**.

Tutte le consonanti italiane, tranne l'**h**, possono essere doppie. In questo caso il suono della consonante è più forte (*dobbiamo, differenza, nessuno, notte...*).

L'ACCENTO

In italiano l'accento tonico cade spesso sulla **penultima sillaba** (*ge<u>la</u>to, a<u>mi</u>co*), però può cadere anche sull'**ultima sillaba** (*universi<u>tà</u>, caf<u>fè</u>*), sulla **terzultima sillaba** (*<u>zu</u>cchero, <u>par</u>lano*) e sulla **quartultima sillaba** (*<u>a</u>bitano, co<u>mu</u>nicano*).

 Quando l'accento tonico cade sull'ultima sillaba si deve scrivere.

L'accento grafico può essere **aperto** (`) o **chiuso** (´). La **e** è l'unica vocale che ha accento grafico aperto e chiuso: *caff**è**, perch**é***.

 In alcuni casi si mette l'accento grafico per distinguere parole uguali:
è (verbo essere), **e** (congiunzione);
là (avverbio), **la** (articolo).

LA PRONUNCIA

suono	lettere	esempio
[k]	**c** (+ a, o, u, he, hi)	**ca**sa, **Co**losseo, **cu**ore, ami**che**, **chi**esa
[tʃ]	**c** (+ e, i, ia, io, iu)	**ce**na, arriveder**ci**, **cia**o, **cio**ccolato, **ciu**ffo
[g]	**g** (+ a, o, u, he, hi)	**ga**tto, la**go**, **gu**ida, spa**ghe**tti, fun**ghi**
[dʒ]	**g** (+ e, i, ia, io, iu)	**ge**lato, vi**gi**le, vali**gia**, buon**gio**rno, **giu**sto
[ʎ]	**gli**	fami**glia**
[ɲ]	**gn**	co**gno**me
[ʃ]	**sc** (+ e, i, ia, io, iu)	**sce**na, u**sci**re, **scia**rpa, la**scio**, a**sciu**tto
[sk]	**sc** (+ a, o, u, he, hi)	**sca**le, **sche**da, ma**schi**le
muta	**h**	**h**o, **h**ai, **h**a, **h**anno, **h**otel

L'INTONAZIONE

La costruzione delle frasi **dichiarative**, **esclamative** e **interrogative** è la stessa. L'unica differenza consiste nell'intonazione: l'intonazione nelle dichiarative è più uniforme, nelle esclamative è discendente e nelle interrogative è ascendente.

Giulio viene con noi.

Giulio viene con noi!

Giulio viene con noi?

I NUMERI

I NUMERALI CARDINALI

0 zero
1 uno
2 due
3 tre
4 quattro
5 cinque
6 sei
7 sette
8 otto
9 nove
10 dieci
11 undici
12 dodici
13 tredici
14 quattordici

15 quindici
16 sedici
17 diciassette
18 diciotto
19 diciannove
20 venti
21 ventuno
22 ventidue
23 ventitré
24 ventiquattro
25 venticinque
26 ventisei
27 ventisette
28 ventotto
29 ventinove

30 trenta
40 quaranta
50 cinquanta
60 sessanta
70 settanta
80 ottanta
90 novanta
100 cento
101 centouno
102 centodue
103 centotré
104 centoquattro
105 centocinque
106 centosei
107 centosette

108 centootto
109 centonove
110 centodieci
200 duecento
300 trecento
400 quattrocento
500 cinquecento
600 seicento
700 settecento
800 ottocento
900 novecento
1000 mille
2000 duemila
1.000.000 un milione
2.000.000 due milioni

I numerali cardinali sono invariabili eccetto **uno**, che al femminile diventa **una**; **mille**, che al plurale diventa **mila**; **milione**, che al plurale diventa **milioni**, e **miliardo**, che al plurale diventa **miliardi**.

I NUMERALI ORDINALI

1º primo
2º secondo
3º terzo
4º quarto
5º quinto
6º sesto
7º settimo
8º ottavo
9º nono
10º decimo
11º undicesimo
12º dodicesimo

13º tredicesimo
14º quattordicesimo
15º quindicesimo
16º sedicesimo
17º diciassettesimo
18º diciottesimo
19º diciannovesimo
20º ventesimo
21º ventunesimo
22º ventiduesimo
23º ventitreesimo
24º ventiquattresimo

25º venticinquesimo
26º ventiseiesimo
27º ventisettesimo
28º ventottesimo
29º ventinovesimo
30º trentesimo
40º quarantesimo
50º cinquantesimo
60º sessantesimo
70º settantesimo
80º ottantesimo
90º novantesimo

100 centesimo
200º duecentesimo
300º trecentesimo
400º quattrocentesimo
500º cinquecentesimo
600º seicentesimo
700º settecentesimo
800º ottocentesimo
900º novecentesimo
1000º millesimo
2000º duemillesimo

I numerali ordinali a partire dall'**11º** si formano sostituendo la vocale finale con il suffisso -**esimo**.
I numeri che hanno come unità i numeri **3** e **6** mantengono la vocale finale: **trentatreesimo**, **ottantaseiesimo**.

I NOMI

In italiano esistono **due generi**: il **maschile** e il **femminile**. Sono numerosi i nomi maschili che terminano in -**o** (*l'amic***o**, *il libr***o**) e quelli femminili in -**a** (*la ragazz***a**, *la lavagn***a**), però esistono dei nomi femminili che terminano in -**o** (*la radi***o**, *la man***o**) e dei nomi maschili che terminano in -**a** (*il problem***a**, *il tem***a**, *il giornalist***a**). Ci sono inoltre nomi che terminano in -**e**, possono essere maschili (*il ristorant***e**, *l'evidenziator***e**) e femminili (*la canzon***e**, *la class***e**).
I nomi che terminano in **consonante** sono generalmente di origine straniera, sono per lo più maschili e invariabili (*il ba***r**, *lo spor***t**).

FORME PARTICOLARI DEL FEMMINILE

I nomi maschili che terminano in -**e** hanno il femminile in -**a** o -**essa**:
*il signore - la signor***a**, *lo studente - la student***essa**.

Alcuni nomi maschili che terminano in -**tore** hanno il femminile in -**trice**:
*l'attore - l'at***trice**, *lo scrittore - la scrit***trice**.

Alcuni nomi hanno due **forme completamente differenti** per il maschile e per il femminile:
l'uomo - la donna, il padre - la madre, il fratello - la sorella.

NOMI INVARIABILI NEL GENERE

Oltre ai nomi in -**ista** (*artista, turista*), molti nomi in -**e** e alcuni con differenti terminazioni hanno una forma invariabile per il maschile e il femminile: *il cantante - la cantante, il cliente - la cliente, il nipote - la nipote, il collega - la collega.*

LA FORMAZIONE DEL PLURALE

	SINGOLARE	PLURALE
nomi maschili in -o	il ragazz**o**	i ragazz**i**
nomi femminili in -a	la piazz**a**	le piazz**e**
nomi in -e	lo student**e** la stazion**e**	gli student**i** le stazion**i**
nomi maschili in -a	il problem**a**	i problem**i**
nomi con accento sull'ultima sillaba	il caff**è** la citt**à**	i caff**è** le citt**à**
nomi che terminano in consonante	il ba**r** il compute**r**	i ba**r** i compute**r**
nomi che sono abbreviazioni	la **moto**(cicletta) la **foto**(grafia) il **cinema**(tografo)	le **moto**(ciclette) le **foto**(grafie) i **cinema**(tografi)

IL PLURALE DEI NOMI IN -CIA E -GIA

SINGOLARE	PLURALE
aran**cia**, spiag**gia**	aran**ce**, spiag**ge**
cami**cia**, cilie**gia**	cami**cie**, cilie**gie**

IL PLURALE DEI NOMI -CO, -GO, -CA E -GA

MASCHILE		FEMMINILE	
singolare	**plurale**	**singolare**	**plurale**
par**co** austria**co**	par**chi** austria**ci**	bibliote**ca**	bibliote**che**
		botte**ga**	botte**ghe**
alber**go** psicolo**go**	alber**ghi** psicolo**gi**		

Per i nomi maschili che terminano in -**co** e -**go** la formazione del plurale dipende dalla posizione dell'accento: se cade sulla penultima sillaba hanno il plurale in -**chi** e -**ghi**, se cade sulla terzultima hanno il plurale in -**ci** e -**gi**.

 Esistono delle eccezioni: ami**co** → ami**ci**; dialo**go** → dialo**ghi**

Per il plurale dei nomi femminili in -**cia** e -**gia** bisogna fare attenzione alla lettera che precede la terminazione: se è una consonante il plurale è in -**ce** e -**ge**, se è una vocale il plurale è in -**cie** e -**gie**.

SOSTANTIVI CON IL PLURALE IRREGOLARE

Si tratta di sostantivi che al singolare sono maschili e al plurale sono femminili. Quasi tutti hanno il plurale in -**a**, eccetto *orecchio* che ha il plurale in -**e**.

il bracci**o** → **le** bracci**a**
il dit**o** → **le** dit**a**
il ginocchi**o** → **le** ginocchi**a**
l'oss**o** → **le** oss**a**
il labbr**o** → **le** labbr**a**
l'orecchi**o** → **le** orecchi**e**

 Ricorda che oltre alla vocale finale è fondamentale cambiare anche l'articolo, che ci dà sempre informazioni su genere e numero.

FORMAZIONE DEI NOMI DELLE PROFESSIONI

MASCHILE	FEMMINILE
-o	**-a**
cuoco, maestro...	cuoca, maestra...
-aio	**-aia**
operaio, giornalaio...	operaia, giornalaia...
-iere	**-iera**
cameriere, infermiere...	cameriera, infermiera...
-tore	**-trice**
autore, pittore...	autrice, pittrice...
-e	**-essa**
dottore, professore...	dottoressa, professoressa
-e	**-e**
il cantante, il preside	la cantante, la preside
-ista	**-ista**
il giornalista, il dentista	la giornalista, la dentista

GLI AGGETTIVI

Gli aggettivi indicano le caratteristiche del nome che accompagnano e concordano con il nome a cui si riferiscono.

SINGOLARE		PLURALE	
maschile	**femminile**	**maschile**	**femminile**
piccol**o** modern**o**	piccol**a** modern**a**	piccol**i** modern**i**	piccol**e** modern**e**
fort**e** intelligent**e**		fort**i** intelligent**i**	

 Quando gli aggettivi si riferiscono a nomi maschili e femminili insieme prevale il genere maschile: *Giovanni e Laura sono molto simpatic**i**.*

IL COMPARATIVO DI MAGGIORANZA

sostantivo + essere + **più** + aggettivo + **di** + sostantivo
*Il legno è **più** ecologico **del** cemento.*

IL COMPARATIVO DI MINORANZA

sostantivo + essere + **meno** + aggettivo + **di** + sostantivo
*Il cemento è **meno** ecologico **del** legno.*

IL COMPARATIVO DI UGUAGLIANZA

sostantivo + essere + aggettivo + **come** + sostantivo
*Il legno è ecologico **come** il sughero.*
sostantivo + essere + aggettivo + ***quanto*** + sostantivo
*Il legno è ecologico **quanto** il sughero.*

ALCUNI COMPARATIVI IRREGOLARI

bene → meglio; buono → migliore; cattivo → peggiore; grande → maggiore; piccolo → minore

I PRONOMI

I PRONOMI SOGGETTO

In italiano l'uso del pronome soggetto generalmente non è obbligatorio perché le forme verbali indicano chiaramente chi è il soggetto.

io (persona che parla)
tu (persona che ascolta)
lui / **lei** / **Lei** (persona nominata)
noi (persone che parlano)
voi (persone che ascoltano)
loro (persone nominate)

LA FORMA DI CORTESIA

La forma di cortesia si usa per rispetto ed educazione per parlare con persone più anziane, con persone che non si conoscono o con cui non si ha confidenza.

Per la forma di cortesia si usa il pronome **Lei** e ha funzione di pronome di seconda persona perché si riferisce alla persona che ascolta, però il verbo va alla terza persona singolare:
Signor Bianchi, Lei dove abita?

Il plurale della forma di cortesia è il **voi**:
Buongiorno signori, cosa prendete?

I PRONOMI DIRETTI

I pronomi diretti si usano per sostituire il complemento oggetto (senza preposizione).

	ATONI	TONICI
io	mi	me
tu	ti	te
lui, lei, Lei	lo, la, La	lui, lei, Lei
noi	ci	noi
voi	vi	voi
loro	li, le	loro

Le forme **lo**, **la**, **li**, **le** concordano in genere e numero con il nome che sostituiscono.
La forma **lo** può anche sostituire una frase:
- ◆ *Cosa fanno stasera in tv?*
- ▫ *Non **lo** so.*

I PRONOMI INDIRETTI

I pronomi indiretti si usano per sostituire il complemento indiretto (con la preposizione a).

	ATONI	TONICI
io	mi	a me
tu	ti	a te
lui, lei, Lei	gli, le, Le	a lui, a lei, a Lei
noi	ci	a noi
voi	vi	a voi
loro	gli	a loro

Le forme toniche si usano per dare enfasi:
***A me** il jazz non piace per niente!*

Nelle frasi negative, le forme atone vanno sempre tra negazione e verbo:
*L'arte contemporanea **non mi interessa**.*

LA POSIZIONE DEI PRONOMI

Generalmente il pronome va prima del verbo:
Mi piace cucinare.

Con i verbi *potere*, *volere*, *sapere* + *infinito*, può andare prima o dopo il verbo:
***Lo** posso provare? / Posso provar**lo**?*

Con l'imperativo affermativo, il pronome va sempre dopo il verbo:
*Ho fatto una torta. Mangia**la** a merenda.*
Con l'imperativo negativo, può andare prima o dopo il verbo:
*Il latte è scaduto, non **lo** bere / non ber**lo**!*

Il pronome non si usa solo per sostituire, ma anche per dare enfasi:
*La verdura, **la** mangio tutti i giorni.*

LA PRONOME NE

La pronome **ne** può sostituire un elemento in riferimento a una quantità:
- ◆ *Vorrei della mortadella, per favore.*
- ▫ *Quanta **ne** vuole?*
- ◆ *Due etti, grazie.*

GLI INTERROGATIVI

Chi è il tuo insegnante?
Che lavoro fai?
Cosa studi?
Come stai?
Perché studi l'italiano?
Dove abiti?

Quando parte il treno?
Quanto costa questo vestito?
Quanti anni hai?
Qual è il tuo zaino?
Quali scarpe preferisci?

 La forma **qual** si usa con il verbo *essere* e non si mette l'apostrofo.
Se l'interrogativo **quale** è seguito da un nome ha due forme: singolare e plurale:
***Quale** magliett**a** ti piace?*
***Quali** pantalon**i** mi stanno meglio?*

GLI INDEFINITI

tanti / molti cappuccini

qualche cappuccino

pochi cappuccini

nessun cappuccino

IL CI LOCATIVO

Il pronome **ci** può avere la funzione di avverbio di luogo quando sostuisce un complemento di luogo.
*La **cucina** è la mia stanza preferita, infatti **ci** passo molto tempo. (passo molto tempo **in cucina**)*
*Conosci l'**isola d'Elba**? Io **ci** vado quest'estate. (vado **all'Isola d'Elba**)*

❍ *Quando sei andato **a Cagliari**?*

■ ***Ci** sono andato due mesi fa.*

❍ *Quando vai **in Cina**?*

■ ***Ci** vado il prossimo mese.*

LA CONGIUNZIONE SE

La congiunzione **se** seguita dal verbo all'indicativo introduce un'ipotesi reale. Esistono diverse possibilità di correlazione dei tempi e dei modi verbali tra le due frasi:

Se + presente indicativo + presente indicativo
***Se vieni** alla festa di domani, ti **presento** mia cugina.*

Se + presente indicativo + futuro
***Se** domenica **piove**, **andremo** al cinema.*

Se + futuro + futuro
***Se ci sveglieremo** presto, **faremo** un'escursione.*

Se + presente indicativo + imperativo
***Se hai** mal di testa, **dormi** un po'.*

I CONNETTIVI CAUSALI

I connettivi causali introducono una frase che esprime una causa.
*Ieri non sono andato al lavoro **perché** stavo male.*
*Ieri non sono andato al lavoro **poiché** stavo male.*
*Ieri non sono andato al lavoro **dato che** stavo male.*
*Ieri non sono andato al lavoro **visto che** stavo male.*
***Siccome** ieri stavo male, non sono andato al lavoro.*

 Quando utilizziamo **siccome**, la frase che contiene la causa precede quella con la conseguenza.

I CONNETTIVI TEMPORALI

I connettivi temporali introducono una frase che esprime una circostanza di tempo.
***Appena** arrivo a casa, ti chiamo.*
***Quando** arrivo a casa, ti chiamo.*
***Nel momento in cui** mi hai telefonato, hanno suonato al campanello.*
***Mentre** ero al telefono, hanno suonato al campanello.*
*Da piccola non avevo il computer, **allora** non era molto diffuso.*

LE PREPOSIZIONI

DI
Sono **di** Lisbona. (origine)
Questa è la macchina **di** mia sorella. (appartenenza)
La borsa **di** pelle. (materiale)

A
Vivo **a** Berlino. (residenza)
Vado **a** Firenze. (destinazione)
Il film finisce **a** mezzanotte. (momento dell'azione)
La camicia **a** quadri. (caratteristica)

DA
Vengo **da** Venezia. (provenienza)
Da giovedì sono in vacanza. (inizio dell'azione)
Studio cinese **da** un anno. (tempo)
Stasera andiamo a cena **da** Laura. (a casa di)

IN
Viviamo **in** Toscana. (residenza)
Domani Carla va **in** Austria. (destinazione)
In inverno qui fa molto freddo. (momento dell'azione)

CON
Vado a pattinare **con** Francesco. (compagnia)

SU
Il dizionario è **sul** tavolo. (equivale a sopra)

PER
Ho studiato inglese **per** cinque anni. (durata)
Studiamo il tedesco **per** lavoro. (finalità)

TRA / FRA
Tra / **fra** le due e le tre faccio la pausa pranzo. (intervallo di tempo)

COMUNICARE

ESPRIMERE L'INIZIO E LA FINE DI UN'AZIONE
Ho cominciato a lavorare tre settimane fa.
Ho smesso di fumare sei mesi fa.

ESPRIMERE IL TEMPO DI UN'AZIONE
Ho studiato francese **per** 10 anni.
È **da** 10 anni che studio francese.
Sono 10 anni che studio francese.
Studio francese **da** 10 anni

ESPRIMERE ANTERIORITÀ O POSTERIORITÀ
Prima di andare a Londra, ho fatto un corso di inglese.
Dopo aver fatto il corso di inglese, sono andato a Londra.

PARLARE DI PROGETTI
Domani **vado** al cinema.
Il prossimo fine settimana **andrò** a Barcellona.
Penso di andare a teatro domani sera.

ESPRIMERE L'INTENZIONE DI FARE QUALCOSA
A lezione **provo a** parlare sempre in greco.
Al cinema **cerco di** capire quello che dicono senza leggere i sottotitoli.

ESPRIMERE EMOZIONI, SENTIMENTI E DIFFICOLTÀ
Mi vergogno di parlare davanti a tutta la classe.
Quando parlo in inglese, **ho paura di** sbagliare
Mi sento ridicolo/a quando pronuncio male.
Sono contento/a di imparare una nuova lingua.
Mi sento a mio agio quando lavoro in gruppo.
Mi sento a disagio quando devo parlare in pubblico.
Faccio fatica a capire un film in versione originale.
Non riesco a pronunciare bene la "r" francese.

DARE CONSIGLI E SUGGERIMENTI
Prendi un'aspirina per il mal di testa.
Signora **non beva** caffè se ha mal di stomaco.
Devi mangiare il pesce più spesso!
Io al posto tuo, **chiamerei** un medico.
Se fossi in te, **prenderei** un'aspirina.
Cerca di mangiare più verdura.
Prova a bere più acqua.

PARLARE DI SINTOMI
Ho la febbre / **la** tosse / **il** raffreddore
Ho mal di testa / denti / stomaco.
Mi fa male la schiena.
Mi fanno male i piedi.

ESPRIMERE OBBLIGO
Per diventare gondoliere **bisogna vincere** un concorso.
Si deve conoscere l'inglese per avere più possibilità.
Si devono parlare bene almeno due lingue per lavorare in un albergo.
È fondamentale avere due anni d'esperienza per questo posto di lavoro.
È necessario saper guidare la moto per diventare corazziere.
È indispensabile avere la laurea per fare un master.

LOCALIZZARE
Il bagno è **a destra**.
Entrando **a sinistra** c'è lo studio.
La cucina è **accanto al** salone.
In fondo al corridoio c'è il ripostiglio.
La scrivania è **di fronte alla** finestra.
All'angolo c'è una pianta.
Le sedie sono **intorno al** tavolo.
In mezzo al salone c'è il divano.
La scrivania è **davanti alla** finestra.
La camera è **di fronte al** salone.

CHIEDERE E DARE INDICAZIONI STRADALI
◆ Senta scusi / senti scusa, **per andare al** Duomo?
▫ Dunque, **prenda** / **prendi** la seconda traversa, poi **vada** / **vai** sempre dritto fino al semaforo e **giri** / **gira** a destra.
◆ **È lontano**?
▫ No, **è vicino**. **Ci vogliono** circa 10 minuti a piedi.

FARE UNA PROPOSTA
Ti / **vi va di** andare al cinema?
Perché non andiamo a teatro?
(**E se**) **Andiamo** in spiaggia domani?
Possiamo andare a Trieste domenica.
Hai / **avete voglia di** fare una passeggiata?
Che ne dici / **dite di** andare a pattinare?

ACCETTARE UNA PROPOSTA
D'accordo / Va bene / Ok
Sì, dai!
Volentieri!
Buona idea!
Ma sì!
(Ma sì) Perché no?

RIFIUTARE UNA PROPOSTA
Mi dispiace ma sabato sera non posso.
Putroppo domenica ho già un impegno.
Veramente non mi va di andare al cinema.
No, grazie, sono troppo stanco/a per andare a ballare.

FARE UNA CONTROPROPOSTA
Stasera **preferirei** qualcosa di più tranquillo... ti va di andare a teatro?
E se invece domenica andiamo al mare?
E perché invece non facciamo una passaggiata?

FISSARE UN APPUNTAMENTO
Come rimaniamo per domani?
Facciamo venerdì alle 19:00?
Dove / **Quando** / **A che ora** ci vediamo?
Vi aspettiamo alle 9:00 davanti alla stazione.

CHIEDERE E CONCEDERE IL PERMESSO
◆ **Posso** aprire la finestra?
▫ **Sì, certo** (prego) / **Certamente** / **Apri pure** / **Apra pure**
◆ **Ti** / **Le** / **Vi dispiace se** accendo la radio?
▫ **No** / **affatto** / **per niente** alza / alzi / alzate (pure).

CHIEDERE E CONCEDERE FAVORI
◆ **Mi lasci** / **Mi dai** / **Mi presti** / **Mi passi** il giornale?
▫ Senz'altro / Certamente / Volentieri.
◆ **Mi lasceresti** / **Mi daresti** / **Mi presteresti** / **Mi passeresti** il giornale?
▫ Sì, certo (prego) / Sì, prego prenda (pure).
◆ **Ti** / **Le** / **Vi dispiacerebbe** / **dispiace** aiutarmi?
▫ No / affatto / per niente (volentieri).

NON CONCEDERE IL PERMESSO / RIFIUTARE FAVORI
Guarda / Guardi, purtroppo non posso.
Scusa / Scusi, ma veramente non posso.
Mi dispiace ma non posso.
Veramente non posso.
Ti presterei il motorino ma è dal meccanico.

CHIEDERE E DIRE SE SI POSSIEDE O NO QUALCOSA
Ce l'hai il microonde?
Io la lavastoviglie non **ce l'ho**.
Ce l'avete internet a casa?

IL PASSATO PROSSIMO

Il **passato prossimo** esprime un'azione compiuta nel passato. Si usa per:

-parlare di eventi accaduti uno dopo l'altro

*Quando Giulio **è nato**, suo padre **ha perso** il lavoro ed **è partito** per la Germania.*

***Ho fatto** colazione, **mi sono fatta** la doccia e **sono uscita**.*

-esprimere azioni compiute nel passato che hanno una qualche relazione con il presente

*Ieri **ho preso** un bel raffreddore.*

***Ho imparato** l'inglese in Irlanda.*

Azioni espresse con il passato prossimo

L'IMPERFETTO INDICATIVO

L'**imperfetto indicativo** esprime un'azione incompiuta nel passato. Si usa per:

-descrivere azioni abituali o ripetute

*Da piccolo, **andavo** al mare con i miei cugini e **giocavamo** tutto il giorno.*

-descrivere persone, luoghi, oggetti

*Mia madre **era** molto bella e **portava** sempre degli orecchini piccoli.*

-descrivere situazioni e circostanze

*Negli anni '70 in Italia **c'era** molta violenza.*

Negli anni '60 non si poteva divorziare.

Azione espressa con l'imperfetto

ACCORDO DEL PARTICIPIO PASSATO

AUSILIARE ESSERE

Quando è accompagnato dall'ausiliare **essere**, il participio passato concorda in genere e numero con il soggetto:

*Giacomo **è** tornat**o** da Londra ieri sera.*

*Negli anni '90 Ludovica si **è** trasferit**a** a Padova.*

*I miei nonni si **sono** sposat**i** negli anni '40.*

*Beatrice e Rachele **sono** uscit**e** con Luca.*

AUSILIARE AVERE

Quando è accompagnato dall'ausiliare **avere**, il participio passato rimane invariato:

*Gli studi di Cinecittà **hanno** ospitat**o** produzioni famose.*

Ma se è preceduto dai pronomi diretti **lo**, **la**, **li**, **le** e dal pronome **ne** concorda con l'oggetto in genere e numero:

*(Il pane) **l'**ho comprat**o** stamattina.*

*(Sandra) **l'**ho incontrat**a** in centro.*

*(I bambini) **li** ho accompagnat**i** a nuoto.*

*(Le carte) **le** ha portat**e** Raffaele.*

*(Di cioccolatini) **ne** ho mangiat**i** troppi.*

IL FUTURO SEMPLICE

Il **futuro semplice** esprime azioni ed eventi che si devono ancora verificare. Si usa per:

-esprimere una sequenza di azioni

*Dopo Natale **compreremo** il biglietto per Parigi e poi **prenoteremo** l'hotel.*

*Domenica **ci sveglieremo** presto, **faremo** un giro in bici e **pranzeremo** in un agriturismo.*

-esprimere azioni future contemporanee

Quando farò lo stage, imparerò come funziona un'azienda.

-fare progetti

*Questo fine settimana **andrò** in Francia*

-fare previsioni

*Sembra che domani **pioverà** tutto il giorno.*

-fare ipotesi o stime

*Per arrivare al Duomo **ci vorranno** dieci minuti.*

IL FUTURO ANTERIORE

Il **futuro anteriore** è formato dall'ausiliare (**essere** o **avere**) al futuro semplice e dal participio passato del verbo. Esprime un'azione futura anteriore a un'altra.
Quando ***mi sarò laureata***, farò *un master a Londra.*
Appena ***avremo trovato*** *il numero, telefoneremo a Giovanni.*

Normalmente la frase con il futuro anteriore è introdotta da **quando** o **appena**.

L'IMPERATIVO

Usiamo l'imperativo per dare un'istruzione, un ordine o un consiglio.
Con la febbre alta, ***rimanete*** *a letto.*
Martina, ***vai*** *a dormire!*
Per l'insonnia, ***prendi*** *un sonnifero.*

L'IMPERATIVO NEGATIVO

Per formare l'imperativo negativo si mette la negazione **non** davanti alle forme verbali all'imperativo.
Signora, per il mal di testa ***non beva*** *caffè.*
Ragazzi, ***non rimanete*** *in casa con una giornata così bella.*

Per la seconda persona del singolare (**tu**) si mette la negazione **non** davanti al verbo all'infinito.
Piero, con il raffreddore, ***non uscire****.*
Sabrina, ***non ti stancare*** *troppo.*

IL GERUNDIO

Il gerundio si forma aggiungendo i suffissi -**ando** ed -**endo** rispettivamente alla radice dei verbi in -**are** ed -**ere**, -**ire**.

Il gerundio di **dire**, **fare** e **bere** si forma dagli antichi verbi *dicere*, *facere* e *bevere*:
dire → dic**endo**, fare → fac**endo**, bere → bev**endo**

IL CONDIZIONALE PRESENTE

Il **condizionale presente** si usa per:
-esprimere un desiderio
Vorrei *andare al cinema.*
-chiedere e dare un consiglio
Cosa ***faresti*** *al mio posto?*
Io ***andrei*** *dal medico.*
-fare una richiesta in modo gentile
Potresti *aprire la finestra, per cortesia?*
-esprimere una possibilità.
Potremmo *andare a cena fuori stasera.*

L'IMPERATIVO CON I PRONOMI

PRONOMI E IMPERATIVO AFFERMATIVO

Alla seconda persona singolare e plurale (**tu** e **voi**) il pronome segue il verbo.
*Prendi****ti*** *qualche giorno di ferie!*
*Prendete****vi*** *qualche giorno di ferie!*

Alla terza persona singolare (**Lei**) il pronome precede il verbo.
Si *faccia un bagno caldo.*
Ecco le pastiglie per il mal di testa, ***ne*** *prenda una.*

PRONOMI E IMPERATIVO NEGATIVO

Alla seconda persona singolare e plurale (**tu** e **voi**) il pronome può precedere o seguire il verbo:
Non ***ti*** *alzare! / Non alzar****ti****!*
Non ***vi*** *preoccupate! / Non preoccupate****vi****!*

Alla terza persona singolare (**Lei**) il pronome precede il verbo.
Non ***si*** *alzi dal letto per 2 giorni!*
Di caffè, non ***ne*** *beva più di uno al giorno.*

STARE + GERUNDIO

Il costrutto verbale **stare** + **gerundio** esprime un'azione progressiva e durativa. Si può usare al presente, al passato e al futuro.
Margherita e Alice ***stanno guardando*** *i cartoni animati.*
Cosa ***stavi facendo*** *quando sono arrivato?*
A quest'ora Marco ***starà lavorando****.*

PASSATO PROSSIMO REGOLARE

AUSILIARE *ESSERE* O *AVERE* AL PRESENTE	+	PARTICIPIO PASSATO
ho, hai, ha, abbiamo, avete, hanno		studiat**o**
sono, sei, è siamo, siete, sono		andat**o/a** andat**i/e**

PARTICIPIO PASSATO IRREGOLARE

INFINITO	PARTICIPIO PASSATO
aprire	aperto
chiudere	chiuso
dire	detto
dirigere	diretto
essere	stato
fare	fatto
leggere	letto
mettere	messo
morire	morto
nascere	nato
perdere	perso
prendere	preso
rimanere	rimasto
scoprire	scoperto
scrivere	scritto
svolgere	svolto
vedere	visto
venire	venuto
vincere	vinto
vivere	vissuto

IMPERFETTO INDICATIVO: VERBI REGOLARI

ABITARE	VIVERE	USCIRE
abit**avo**	viv**evo**	usc**ivo**
abit**avi**	viv**evi**	usc**ivi**
abit**ava**	viv**eva**	usc**iva**
abit**avamo**	viv**evamo**	usc**ivamo**
abit**avate**	viv**evate**	usc**ivate**
abit**avano**	viv**evano**	usc**ivano**

IMPERFETTO INDICATIVO: VERBI IRREGOLARI

ESSERE	FARE	DIRE	BERE
ero	facevo	dicevo	bevevo
eri	facevi	dicevi	bevevi
era	faceva	diceva	beveva
eravamo	facevamo	dicevamo	bevevamo
eravate	facevate	dicevate	bevevate
erano	facevano	dicevano	bevevano

FUTURO SEMPLICE: VERBI REGOLARI

STUDIARE	PRENDERE	PARTIRE
studi**erò**	prend**erò**	part**irò**
studid**erai**	prend**erai**	part**irai**
studi**erà**	prend**erà**	part**irà**
studi**eremo**	prend**eremo**	part**iremo**
studi**erete**	prend**erete**	part**irete**
studi**eranno**	prend**eranno**	part**iranno**

FUTURO SEMPLICE: VERBI IRREGOLARI

ESSERE	STARE	FARE	DARE
sarò	starò	farò	darò
sarai	starai	farai	darai
sarà	starà	farà	darà
saremo	staremo	faremo	daremo
sarete	starete	farete	darete
saranno	staranno	faranno	daranno

ALTRI VERBI IRREGOLARI

avere → avrò
andare → andrò
vivere → vivrò
vedere → vedrò
potere → potrò
dovere → dovrò
sapere → saprò

volere → vorrò
venire → verrò
bere → berrò
tenere → terrò
rimanere → rimarrò

IL FUTURO DEI VERBI IN -CARE, -GARE E -CIARE, -GIARE

CERCARE	PAGARE	COMINCIARE	MANGIARE
cer**che**rò	pa**ghe**rò	comin**ce**rò	man**ge**rò
cer**che**rai	pa**ghe**rai	comin**ce**rai	man**ge**rai
cer**che**rà	pa**ghe**rà	comin**ce**rà	man**ge**rà
cer**che**remo	pa**ghe**remo	comin**ce**remo	man**ge**remo
cer**che**rete	pa**ghe**rete	comin**ce**rete	man**ge**rete
cer**che**ranno	pa**ghe**ranno	comin**ce**ranno	man**ge**ranno

CONDIZIONALE SEMPLICE: VERBI REGOLARI

STUDIARE	LEGGERE	USCIRE
studi**erei**	legg**erei**	usc**irei**
studi**eresti**	legg**ereresti**	usc**iresti**
studi**erebbe**	legg**erebbe**	usc**irebbe**
studi**eremmo**	legg**eremmo**	usc**iremmo**
studi**ereste**	legg**ereste**	usc**ireste**
studi**erebbero**	legg**erebbero**	usc**irebbero**

CONDIZIONALE SEMPLICE: VERBI IRREGOLARI

ESSERE	STARE	FARE	DARE
sarei	starei	farei	darei
saresti	staresti	faresti	daresti
sarebbe	starebbe	farebbe	darebbe
saremmo	staremmo	faremmo	daremmo
sareste	stareste	fareste	dareste
sarebbero	starebbero	farebbero	darebbero

ALTRI VERBI IRREGOLARI

avere → avrei
andare → andrei
vivere → vivrei
vedere → vedrei
potere → potrei
dovere → dovrei
sapere → saprei
volere → vorrei
venire → verrei
bere → berrei
tenere → terrei
rimanere → rimarrei

IMPERATIVO

		AFFERMATIVO		NEGATIVO
tu	**-are**	Mangi**a** leggero se hai mal di stomaco.	**-are**	**Non mangiare** pesante se hai mal di stomaco.
	-ere	Prend**i** una camomilla per dormire.	**-ere**	**Non prendere** sonniferi per dormire.
	-ire	Dorm**i** al buio.	**-ire**	**Non dormire** dove c'è il computer.
Lei	**-are**	Mang**i** leggero se ha mal di stomaco.	**-are**	**Non mangi** pesante se ha mal di stomaco.
	-ere	Prend**a** una camomilla per dormire.	**-ere**	**Non prenda** sonniferi per dormire.
	-ire	Dorm**a** al buio.	**-ire**	**Non dorma** dove c'è il computer.
voi	**-are**	Mangi**ate** leggero se avete mal di stomaco.	**-are**	**Non mangiate** pesante se avete mal di stomaco.
	-ere	Prend**ete** una camomilla per dormire.	**-ere**	**Non prendete** sonniferi per dormire.
	-ire	Dorm**ite** al buio.	**-ire**	**Non dormite** dove c'è il computer.

fare → (tu) fai / fa'; (Lei) faccia
stai → (tu) stai / sta' ; (Lei) stia
dare → (tu) dai / da'; (Lei) dia
dire → (tu) di'; (Lei) dica
andare → (tu) vai / va'; (Lei) vada
essere → (tu) sii ; (Lei) sia
avere → (tu) abbi; (Lei) abbia
bere → (tu) bevi; (Lei) beva
tenere → (tu) tieni; (Lei) tenga
venire → (tu) vieni ; (Lei) venga
scegliere → (tu) scegli; (Lei) scelga
uscire → (tu) esci; (Lei) esca

UNITÀ 1 ITALIANO... CHE PASSIONE!

Primo contatto B – traccia 1

- Angelica, tu sei di Trieste, vero? Che bella città...
- Eh, sì, Trieste è proprio bella e... speciale! Sai, è una città di frontiera quindi c'è un ambiente particolare.
- Multiculturale...
- Esatto! Guarda, io e la mia famiglia ne siamo un esempio!
- Ah sì?
- Beh sì, vedi io sono italiana e mio marito, Luka, è sloveno.
- E in che lingua parlate tra di voi?
- Soprattutto in italiano, però spesso parliamo anche in sloveno.
- Parli lo sloveno? Brava! So che è un po' difficile.
- Beh l'importante è praticarlo... e poi sono abituata a parlare lingue straniere, al lavoro parlo quasi sempre in inglese e in tedesco. In più adesso faccio un corso di flamenco e poco a poco imparo anche qualche parola di spagnolo.
- Mamma mia, quante lingue! E con vostra figlia in che lingua parlate tu e tuo marito?
- Beh, io in italiano e in dialetto triestino, e Luka parla con Isabella principalmente in sloveno, ma qualche volta anche in italiano.
- Che famiglia multilingue!

Testi e contesti 1A - traccia 2

- Buongiorno, come ti chiami?
- Moritz Gruber.
- Bene Moritz, come mai studi l'italiano?
- Scusi?
- Perché studi l'italiano? Per dei motivi professionali o...?
- Ah, no, no! Io studio italiano per piacere. Adoro la lingua italiana e ho molti amici italiani.
- Ah! Benissimo! E senti, quali attività preferisci fare in classe?
- A me piace un sacco vedere dei video, dei documentari, il telegiornale, poi mi piace molto fare delle attività su Internet e lavorare in gruppo. E poi mi piace molto scoprire nuovi cantanti e gruppi italiani perché amo la musica.
- Bene. E ci sono delle attività che invece non ti piacciono molto?
- Beh, non mi piacciono per niente i dettati, li trovo noiosi e detesto fare esercizi di grammatica in classe, mi sembra più interessante fare delle attività orali con i compagni.
- Va bene, ho capito. E senti, hai opportunità di parlare in italiano nella tua vita quotidiana?
- A volte lo parlo, ma non molto spesso. Invece ho occasione di chattare con i miei amici italiani.
- E vedi film in italiano?
- Sì, spesso. Adoro il cinema italiano e quando c'è un film interessante, lo vedo in versione originale.
- Senti, hai detto che ti piace la musica italiana... e la radio, la ascolti?
- Sì, ascolto spesso la radio italiana via Internet.
- Bene. Adesso, dimmi, secondo te, qual è la cosa più importante per parlare bene una lingua.
- Beh, secondo me tutto è importante, però uno degli aspetti più importanti è conoscere le abitudini degli abitanti di un paese. E anche conoscere molte parole... avere un lessico ampio aiuta molto.
- Benissimo Moritz, abbiamo terminato. Grazie mille!

Alla scoperta della lingua 2A - traccia 3

- Ciao Nadia, com'è andato l'esame oggi?
- Ciao Marcello! Bene. E a te?
- Abbastanza bene, credo, ma l'orale è stato un disastro!
- Come mai?
- Mah, per me è sempre la parte più difficile... e poi a lezione dovremmo praticare di più la pronuncia, che è importantissima.
- Forse devi cercare qualcuno con cui parlare. È fondamentale parlare anche fuori dalle ore di lezione.
- Sì lo so, adesso ho un paio di amici cinesi e con loro faccio uno scambio linguistico. È fantastico!
- Questo ti aiuterà di certo. Per me la cosa più difficile è la comprensione orale. Guardo spesso la TV in cinese, però capisco molto poco ed è così scoraggiante... invece mi piace fare esercizi di grammatica. Per me è davvero utile perché mi aiutano a memorizzare.
- Io invece per memorizzare faccio delle liste di parole e poi faccio dei componimenti.
- Mamma mia! Io odio fare i componimenti scritti, ed è molto faticoso farne uno alla settimana! Invece mi piace molto leggere, mi piace cercare di capire il significato dal contesto, senza consultare il dizionario.
- Eh sì, hai ragione, bisogna sforzarsi di leggere senza cercare tutte le parole nel dizionario...

Suoni e lettere A – traccia 4

1. Stamattina abbiamo fatto un dettato. / **2.** È utile consultare siti Internet! / **3.** Oggi sono molto soddisfatto! **4.** Come mai studi tedesco?

Suoni e lettere B - traccia 5

1. soddisfazione / **2.** poliglotta / **3.** divertente / **4.** olandese / **5.** sito / **6.** settimana / **7.** ridicolo / **8.** addio

In azione 1B – traccia 6

Imparare l'italiano in Italia è un'esperienza bellissima. Innanzitutto ascolti e leggi l'italiano continuamente e puoi praticare quello che hai imparato a lezione. Purtroppo a volte parlare può essere difficile perché c'è il rischio di uscire solo con gli altri studenti e quindi di usare l'inglese perché è meno faticoso. Sai, non è sempre così facile conoscere italiani, anche se sono molto aperti.
E poi quando studi l'italiano in Italia capisci meglio come sono le persone e puoi imparare anche modi di dire ed espressioni che senti per la strada e che non ci sono nei libri...

Al di là della lingua 2 – traccia 7

1. Nella mia regione usiamo tantissimo il dialetto. Io nella mia vita privata, in famiglia, con gli amici ma anche per andare a fare la spesa, parlo sempre in dialetto. Invece al lavoro uso l'italiano: insegno all'università e ho studenti di tutta Italia e anche molti stranieri.
2. Io parlo in dialetto solo in famiglia. Con i miei amici non sempre, dipende dalla situazione. Al lavoro uso l'italiano e l'inglese perché lavoro in un albergo, però con qualche collega ogni tanto diciamo qualche frase in dialetto.
3. Io parlo quasi sempre in dialetto: a casa, con gli amici e anche al lavoro. Lavoro in un ufficio comunale e quasi tutti i colleghi sono di qui. Però, ovviamente, per i documenti scritti e le comunicazioni ufficiali usiamo l'italiano.

UNITÀ 2 COME ERAVAMO

Testi e contesti attività 2A - traccia 8

1. Ricordo che negli anni Sessanta portare una minigonna non era molto frequente. Se indossavi una minigonna, ad esempio, non potevi entrare in alcuni edifici pubblici e molti dicevano che era un abbigliamento poco decente. Per andare a scuola ovviamente era assolutamente proibito! Alcuni diritti che abbiamo ora non li avevamo negli anni '60, soprattutto noi donne. Ad esempio, avevamo l'obbligo dell'istruzione, però nel lavoro non avevamo le stesse opportunità, i posti più importanti erano solo per gli uomini. E poi non si poteva divorziare, non potevamo votare prima dei 21 anni. Erano anni di grandi cambiamenti e trasformazione, i movimenti di protesta e contestazione sono nati proprio in quell'epoca.
2. A metà degli anni Sessanta non avevamo ancora la televisione a casa, così io e mia sorella andavamo spesso a casa dei vicini perché loro ne avevano una. Che spettacolo! Ricordo che c'erano solo due canali, quelli che oggi sono Rai Uno e Rai Due. Per me era una cosa magica! Mia sorella si portava sempre la Barbie, la pettinava, la vestiva mentre guardava la TV. Ogni tanto andavamo al cinema, quella era un'epoca d'oro per il cinema italiano. E poi ricordo che

mia mamma ascoltava molto spesso la radio, ha sempre adorato la musica e le piacevano anche le novità come il rock e il beat.

Suoni e lettere A – traccia 9

1. Da bambino giocavo a calcio.
2. Ogni pomeriggio io e mio fratello guardavamo i cartoni animati.
3. In quell'epoca i miei genitori lavoravano a Milano.
4. Dove andavate a giocare da bambini?
5. Quando avevo diciassette anni, io e i miei amici fumavamo.

Suoni e lettere B – traccia 10

andavo / andavi / andava / andavamo / andavate / andavano

Suoni e lettere C – traccia 11

raccontare / vacanza / economico / piccolo / giochi / vecchi / epoca / pacchetti

In azione 2A - traccia 12

1. Durante le vacanze estive rimanevamo a casa perché abitavamo in un paese vicino al mare. Tutti i giorni andavamo in spiaggia e facevamo il bagno con il cane. Dopo pranzo, spesso facevo un riposino e poi giocavo a palla con gli altri bambini.
2. D'inverno, durante le vacanze di Natale, andavo in montagna ad Auronzo di Cadore, sulle Dolomiti, perché i miei nonni vivevano lì. La mattina andavo sempre a sciare e giocavo sulla neve con mia sorella. Il pomeriggio facevamo sempre merenda con una cioccolata calda... che buona!

UNITÀ 3 NESSUN POSTO È COME CASA

Testi e contesti 2B – traccia 13

● Ilaria, Giovanni, perché avete scelto di costruire una casa ecologica?
◆ Perché il legno è una materia prima di lunga durata e rinnovabile, inoltre permette di risparmiare energia.
● Ma una parete in legno può isolare dal caldo e dal freddo?
◆ Certo che può! E si limitano anche molto i costi del riscaldamento d'inverno e dell'aria condizionata in estate.
● Per costruire una casa in muratura so che ci vuole molto tempo e tanta pazienza. Figuriamoci per una in legno...
◆ In realtà ci vuole poco tempo, anzi pochissimo. La nostra casa, che è di 100 mq, l'hanno costruita in un mese e mezzo. E a volte i tempi si riducono anche a sole due settimane.
● E quanto ai costi, una casa in legno è più cara di una casa in muratura?
◆ Quando abbiamo controllato i prezzi ci siamo resi conto che una casa in legno costa come una casa in muratura, il vantaggio è che si possono diminuire i costi di mantenimento ed energia. Quindi alla fine risulta più conveniente.
● Il legno fa pensare a una casa tradizionale, invece il design è moderno, vero?
◆ Eccome! Ci sono tantissime possibilità, ovviamente dipende dai gusti. Comunque il legno può essere molto moderno e la cosa positiva è che anche in case minimaliste, con pochi mobili e spazi semivuoti, la sensazione è sempre di un ambiente caldo e accogliente.
● Qual è la particolarità di questa casa?
◆ Gli spazi, li abbiamo personalizzati tantissimo. Al piano di sotto c'è un unico ambiente, molto ampio, per ingresso, salone, cucina e studio. Ci piace condividere gli spazi e poi così c'è più luce.

Alla scoperta della lingua 1C – traccia 14

● Pronto?
◆ Pronto, buonasera, sono Stefano. Chiamo per lo scambio di casa...
● Ah sì! Ciao Stefano, sono Maia! Avete ricevuto la nostra e-mail?
◆ Sì, sì, grazie! Ma ho pensato che era meglio parlare direttamente... ho qualche domanda.
● Hai fatto benissimo! Dimmi, dimmi pure.
◆ Sì, guarda volevo sapere se c'è la possibilità di connettersi a Internet. Sai, facciamo sempre tantissime foto e ci piace caricarle subito su Facebook...
● Sì, sì abbiamo una connessione wifi.
◆ Ah, benissimo. E senti, quante televisioni ci sono?
● Due, però una è piccolina...
◆ Ah, non importa! È per i bambini, così ognuno vede quello che vuole! E senti, un'ultima domanda: i bagni hanno la vasca da bagno o la doccia?
● Guarda, il bagno più grande ha una bella vasca grande, è comodissima per fare il bagno ai bambini. E nel bagno che sta nella camera matrimoniale c'è una vasca piccola, però per fare la doccia è perfetta. Ah, senti, a proposito di bagno, anch'io ho una domanda.
◆ Ma certo, dimmi.
● C'è il bidet?
◆ Sì, sì!
● Anche nel bagno piccolo?
◆ No, in quello piccolo no. Lì c'è la lavatrice... non c'era più spazio!
● E senti, avete la lavastoviglie? Odio lavare i piatti!!
◆ Sì, tranquilla! Neanche a noi piace! Guarda, in cucina c'è di tutto, anche il microonde ovviamente.
● Perfetto! Tutto chiarissimo, grazie!
◆ Grazie a te! Ci sentiamo per e-mail, a presto!

Alla scoperta della lingua 2B – traccia 15

● Allora signora, cosa ne pensa di queste proposte? Vanno bene per le sue esigenze?
◆ Beh, sono tutte e tre molto interessanti, è un po' difficile scegliere!
● Però se vuole qualcosa di un po' diverso, secondo me il loft è una buona scelta. È spazioso come l'appartamento su due piani, però è più moderno.
◆ Sì, è vero però è un po' caro.
● Beh, ma ha una bellissima terrazza di 20 mq! Se no, c'è il bilocale, è meno caro del loft ed è molto comodo perché è in centro.
◆ Già... sì, effettivamente è più comodo del loft, però è meno luminoso... Mmm, non so, è che a me piacciono gli spazi ampi... Ma sì, guardi, pago un po' di più però è più bello: va bene il loft!

Qualcosa in più 2A – traccia 16

◆ Ciao Simone, sono Daniela! Che fai di bello oggi?
● Spolverare!
◆ Eh eh non sembri contento! Ma devi spolverare tutto il giorno?
● Guarda, domani vengono a pranzo i miei quindi devo pulire bene!
◆ Eh eh capisco! Ma dai spolverare non è poi così male! Io mi rilasso, infatti lo faccio ogni fine settimana...
● Beata te! Io invece odio spolverare, non lo faccio quasi mai!
◆ Io invece odio stirare!
● Già, ma io devo stirare quasi tutti i giorni, che pizza! Sai al lavoro metto la camicia...
◆ Io un'altra cosa che odio è lavare i piatti, è una seccatura! Appena posso compro la lavastoviglie!
● No, invece per me non è un problema lavare i piatti, lo faccio tutti i giorni, però non mi pesa.
◆ A me non pesa spazzare, è un'abitudine: tutte le sere dopo cena spazzo in cucina e nel salone.
● E l'aspirapolvere non ce l'hai? È molto più comodo e veloce!
◆ Sì, ma lo uso poco... al massimo due o tre volte al mese. Beh, ti lascio che devo fare il bucato.
● Io lo faccio dopo, o domani... Lo faccio spesso quindi ho poche cose da lavare...
◆ Uh, io ho chili di roba! Lo faccio solo una volta alla settimana perché non mi piace stendere... è proprio noioso!

Suoni e lettere A – traccia 17

1. La TV non ce l'hai?!
2. L'appartamento è proprio carino, pero non ci sono i balconi!
3. No, la lavapiatti non ce l'ho!
4. Questo spremiagrumi non funziona!
5. Hai comprato una casa tutta di legno?
6. La macchina del caffè si è rotta!

7. Questa poltrona di cartone è comodissima!
8. Andrea, perché non hai lavato i piatti?

Suoni e lettere B – traccia 18
progetto / oggetto / agi / vantaggi / paesaggio / disagio / Perugia / spiaggia / soggiorno / buongiorno / passeggiata / nostalgia

UNITÀ 4 UNA VITA DA SPETTACOLO

Testi e contesti 1A - traccia 19
1. Marcello Mastroianni è probabilmente l'attore italiano con maggior fama mondiale. Ha lavorato con i più grandi registi italiani: Luchino Visconti, Mario Monicelli, Federico Fellini. Proprio con Fellini ha girato uno dei film cult degli anni Sessanta, *La dolce vita*.
2. Pier Paolo Pasolini è stato uno dei grandi della cultura italiana del XX secolo. Artista poliedrico, è stato sceneggiatore, regista, poeta e scrittore. Ha lavorato con personalità come Fellini e Bolognini. *Accattone*, il suo primo lavoro come regista, è uno dei film più importanti del Novecento.
3. Indimenticabile la sua interpretazione in *Roma città aperta* di Roberto Rossellini, Anna Magnani è stata la prima interprete italiana a vincere il Premio Oscar come migliore attrice protagonista. È sicuramente uno dei volti più significativi del Neorealismo.

Qualcosa in più A - traccia 20
1. ● Lo sai che Sophia Loren ha trascorso diciassette giorni in carcere per frode fiscale?
   ◆ Sul serio?
2. ● Nella scena della Fontana di Trevi della *Dolce vita*, Marcello Mastroianni indossava una muta sotto lo smoking per resistere all'acqua fredda.
   ◆ Non mi dire!
3. ● Una volta Marylin Monroe ha detto che la chiamavano "la Lollobrigida d'America" perché le sue forme ricordavano quelle di Gina Lollobrigida.
   ◆ Davvero?
4. ● Sapevi che *La vita è bella* di Roberto Benigni ha vinto ben tre Premi Oscar? Uno come miglior film straniero, uno per il miglior attore protagonista e uno per la colonna sonora.
   ◆ Accidenti!

Suoni e lettere A – traccia 21
1. Ma dai
   Ma dai
2. Non mi dire
   Non mi dire
3. Davvero
   Davvero

Suoni e lettere B – traccia 22
fama / volo / vero / figura / funzione / evento

Suoni e lettere C – traccia 23
difficile / avventura / biografia / profondo / affitto / davvero / meraviglia / improvviso / motivo / differenza

In azione 1B – traccia 24
Alla fine degli anni '80, ora non ricordo bene se nell'88 o nell'89, ho fatto un viaggio in Marocco con degli amici. All'epoca avevo vent'anni, ed era il mio primo viaggio esotico, che emozione! Un giorno ci siamo trovati nel mezzo di un set cinematografico. Eravamo troppo curiosi e ci siamo avvicinati. Noi pensavamo di passare inosservati, sai, con tutta la gente che c'è su un set... ma a un certo punto abbiamo sentito qualcuno che ha detto in italiano: "Ma chi sono quegli stupidi proprio in mezzo alla scena?" Che vergogna, stavano proprio parlando di noi! Abbiamo fatto finta di non capire, di non essere italiani, ma lo hanno capito subito e ci hanno presi in giro... che figura! Poi abbiamo scoperto che era il set del *Tè nel deserto*, di Bertolucci.

PROVE UFFICIALI, COMPRENSIONE ORALE

Prove ufficiali, Esercizio 1 – traccia 25
◆ Giovanna, qual è il tuo posto favorito della casa o quello più speciale?
● Dunque, in realtà non ho un solo posto favorito, ma due: la cucina e il bagno.
◆ Ah sì?
● Sì, ad esempio adoro fare colazione, in cucina ovviamente, perché la mia cucina ha un balcone che dà su un cortile bellissimo, pieno di alberi, e mi piace tantissimo guardare fuori mentre mangio. E poi è molto luminosa e ampia.
◆ Ed è grande il balcone?
● Beh, abbastanza. D'estate ci ceno e ci prendo un aperitivo quando viene qualche amico... È molto gradevole.
◆ Insomma è un posto accogliente?
● Sì, sì, è molto intimo.
◆ Intimo come il bagno, no?
● Sì, anche il bagno è molto intimo, ma in un altro senso. Quando torno a casa dopo una giornata di lavoro stressante, mi faccio un bel bagno caldo... e mi rilasso! E poi è molto bello, tutto nuovo, e l'ho arredato seguendo i principi del Feng shui.
◆ E cioè?
● Per quanto riguarda i colori, secondo il Feng shui, le tonalità devono essere tra l'azzurro, il grigio, il verde e il bianco, e il mio bagno è azzurro e bianco. Ha una finestra grande e perciò è molto luminoso. È il luogo ideale per il benessere.

Prove ufficiali, Esercizio 2 – traccia 26
L'appartamento è abbastanza grande ed è diviso in due parti: la zona giorno e la zona notte. Ci sono: un soggiorno, una cucina, due bagni, uno studio, due camere da letto e un ripostiglio. Quando si entra dalla porta d'ingresso c'è subito il soggiorno e a sinistra ci sono la cucina e un ripostiglio. Nel soggiorno c'è una porta che divide la zona giorno dalla zona notte. Entrando nella zona notte c'è un piccolo corridoio. A sinistra c'è un bagno piuttosto grande e a destra, di fronte al bagno, c'è lo studio, accanto allo studio c'è la camera matrimoniale. L'altro bagno è in fondo al corridoio e la seconda camera da letto è tra i due bagni. Dal soggiorno si esce sulla terrazza e in cucina c'è un balcone.

Prove ufficiali, Esercizio 3 – traccia 27
◆ Se devo dire il nome di un attore che amo in particolar modo, mi viene in mente Massimo Troisi. Lo ricordo soprattutto nel film *Il postino*, perché mi è piaciuto moltissimo. L'ho rivisto proprio qualche settimana fa.
● Anch'io l'ho rivisto poco tempo fa.
◆ Sai che è stato l'ultimo film di Troisi? È morto poche ore dopo aver finito il film.
● Davvero?
◆ Eh, sì. È morto molto giovane, aveva solo 41 anni. E due anni dopo la sua morte, *Il postino* è stato candidato a cinque Premi Oscar, tra cui c'era la candidatura di Troisi come miglior attore. Purtroppo delle cinque nomination ha vinto solo quella per la migliore colonna sonora.
● Che peccato! A proposito di colonne sonore, a me piace tantissimo quella di *Nuovo cinema Paradiso*. La ricordi?
◆ Bella! Il film è di Giuseppe Tornatore, vero? E la musica di chi è?
● Di Ennio Morricone. Ma *Nuovo cinema Paradiso* non ha vinto l'Oscar per la colonna sonora, ha vinto come miglior film straniero, nel 1990.

UNITÀ 5 VOLENTIERI!

Testi e contesti 1B – traccia 28
- Pronto?
- Buongiorno. Sono Gianfranco Furlan, posso parlare con Francesco Del Farra?
- Sì, sono io.
- Sì, dunque, ho inviato un'e-mail per chiedervi di suonare alla festa di laurea di mia sorella.
- Ah, sì, sì... Ho risposto per dire che purtroppo non è possibile.
- Sì, ho appena letto l'e-mail, ho visto che suonate fino alle sette. Però la festa di mia sorella inizia alle otto, potreste venire più tardi, alle nove?
- Mmmm è un po' complicato... è che suoniamo un po' lontano da Montebelluna... ci vuole tempo per mettere a posto gli strumenti...
- Potrei avere una soluzione. Posso mandare qualcuno ad aiutarvi con gli strumenti.
- Potrebbe mandarci qualcuno ad aiutarci?
- Sì, sì, nessun problema.
- Beh, allora così sarebbe possibile.
- Quindi siamo d'accordo?
- Sì, sì. D'accordo. Sabato 23 saremo lì alle nove. Mando un'e-mail di conferma.
- Perfetto, grazie! Mia sorella sarà felicissima!

Alla scoperta della lingua 4B – traccia 29
1. ◆ Ciao Paolo, ti disturbo?
   ● No, no, figurati! Sto guardando la TV...
   ◆ Senti, sto montando un armadio, ma è un po' difficile... potresti venire ad aiutarmi?
   ● Ma certo!
2. ◆ Ciao ragazzi, cosa fate con tutti questi pacchi?
   ● Eh, ci stiamo trasferendo...
   ◆ Ah sì? Volete una mano? Potrei aiutarvi a caricare qualcosa...
   ● No, non ti preoccupare, grazie! Abbiamo quasi finito.
3. ◆ Fa molto caldo, no? Potrei aprire un po' la finestra...
   ● Prego, prego, faccia pure!

Qualcosa in più B – traccia 30
1. Domani ho un colloquio di lavoro!
2. Mi sono laureata con centodieci e lode!!!
3. Vi piace il mio nuovo appartamento?
4. È nato Giulio!
5. Ho vinto il primo premio al concorso di poesia!
6. Allora vi è piaciuto il risotto che vi ho preparato?

Suoni e lettere A – traccia 31
1. ● Cameriere! Mi potrebbe portare un caffè decaffeinato, per favore? Certo, glielo porto subito.
2. ● Scusi, Le dispiace se apro la finestra?
   ◆ Veramente ho un po' di freddo.
3. ● Direttore, vorrei chiederLe se posso prendermi un giorno di permesso venerdì prossimo...
   ◆ Assolutamente no! Venerdì prossimo arrivano i clienti dalla Cina!
4. ● Ciao Giorgia! Posso venire a pranzo da te domani?
   ◆ Ma certo! Mi fa molto piacere se vieni!
5. ● Senti, e se prendiamo un altro cane?
   ◆ Non se ne parla nemmeno!
6. ● Romina, domani posso uscire un po' prima? Vorrei andare a prendere mio fratello all'aeroporto.
   ◆ Certo, nessun problema.

Suoni e lettere B – traccia 32
collega / dialogo / telefonata / allora / solo / bello / volentieri / intelligente

In azione A – traccia 33
1. Senta, scusi, Le dispiacerebbe spostarsi un po', per cortesia? Non riesco a vedere la guida.
2. Il fumo mi dà fastidio, potrebbe andare a fumare un po' più lontano?
3. Per favore, potrebbe farmi una foto con la Torre?
4. Mi farebbe il piacere di abbassare la musica? Non sento quello che dice la guida.
5. Posso andare a fare un giro? Mi annoio!

In azione B – traccia 34
1. ● Senta, scusi, Le dispiacerebbe spostarsi un po', per cortesia? Non riesco a vedere la guida.
   ◆ Oh scusi, vuole mettersi qui davanti?
2. ● Il fumo mi dà fastidio, potrebbe andare a fumare un po' più lontano?
   ◆ MI dispiace, ma siamo all'aperto. Se le dà fastidio, potrebbe spostarsi Lei.
3. ● Per favore, potrebbe farmi una foto con la Torre?
   ◆ Volentieri! Come no!
4. ● Mi farebbe il piacere di abbassare la musica? Non sento quello che dice la guida.
   ◆ Eh? Come, scusi?
5. ● Posso andare a fare un giro? Mi annoio!
   ◆ Assolutamente no!

UNITÀ 6 SALUTE E BENESSERE

Testi e contesti 1B – traccia 35
- Carlotta?
- Oh ciao Lea! Quanto tempo! Come stai?
- Bene, tutto bene, grazie. E tu? Ti trovo benissimo, ma sei dimagrita?
- Sì, un pochino! Giusto due o tre chili, ma guarda, mi sento proprio meglio!
- E si vede! Ma ti sei messa a dieta?
- Ma guarda, proprio dieta no, semplicemente ho ridotto un po' le quantità, soprattutto a cena. E ti dirò che mangiando di meno, mi sento proprio meglio, più leggera e in forma.
- Brava, è la maniera più intelligente per dimagrire. Io purtroppo viaggio molto per lavoro e mangio spesso fuori, a volte salto anche i pasti...
- Ah no, questo fa malissimo! Cerca di mangiare sempre qualcosa. Beh, però almeno tu ti muovi molto, di certo non stai seduta tutto il giorno a una scrivania...
- Macché! Sono sempre in giro! E quando passo dei periodi che sto più tempo in ufficio, mi alzo spesso e mi muovo. Ti consiglio di farlo, aiuta la circolazione.
- Senti, ma perché non prendiamo un aperitivo e facciamo due chiacchiere con calma?
- Sì, volentieri! Qui vicino c'è un'enoteca che fa degli aperitivi molto buoni.
- Sì, dai, un pochino di vino buono fa sempre bene, al corpo e alla mente!

Testi e contesti 2B – traccia 36
- Buongiorno signora Penzo, mi dica, qual è il problema?
- Mah, dottore, guardi, da qualche giorno ho gli occhi sempre arrossati e mi lacrimano molto e ho sempre il naso chiuso.
- E starnutisce molto?
- Sì, faccio molti starnuti, uno dietro l'altro.
- Ha avuto anche degli episodi di tosse?
- No, la tosse no, però a volte ho la sensazione che mi manchi l'aria.
- E le prudono gli occhi e il naso?
- Sì, molto!
- Signora, probabilmente è solo un po' di allergia. Cerchi di tenere il cane in giardino, non lo faccia entrare in casa. Spolveri con più frequenza i mobili, e controlli se c'è della muffa in casa. Ah! Importantissimo: pulisca i filtri del riscaldamento sia in casa che in macchina, sono alcuni tra i posti prediletti degli acari...

Qualcosa in più 2B – traccia 37
- Non ti senti bene? Non hai un bell'aspetto...

- ● Mi fa un po' male la gola e ho un po' di mal di testa...
- ◆ Ti sei misurato la febbre?
- ● Sì, ma non ce l'ho.
- ◆ E tosse?
- ● No, nemmeno...
- ◆ Hai gli occhi un po' arrossati, forse è solo un po' di stanchezza o un colpo di freddo. Prenditi una tisana e riposati!

Suoni e lettere – traccia 38

1. ◆ Ho mal di testa!
   ● Bevi molta acqua, sdraiati per dieci minuti e stai al buio.
2. ◆ Mi fa male la schiena
   ● Non si preoccupi. Faccia questi esercizi e non sollevi cose pesanti.
3. ◆ Sono sempre stressata per il lavoro!
   ● Prenditi una camomilla!

In azione A – traccia 39

1. ◆ Francesca, hai deciso cosa fare?
   ● Sì, guarda ho consultato anche la Posta di Serena! A questo punto la cosa migliore è parlare direttamente con il mio ragazzo e spiegargli cosa mi preoccupa.
   ◆ Brava, mi sembra la soluzione migliore!
   ● Sì, siamo una coppia e dobbiamo mantenere la nostra indipendenza.
2. ◆ Allora Mario, hai risolto il tuo problema con la paura di volare?
   ● Beh, ho ancora un po' di paura, però mi hanno dato dei buoni consigli e quindi mi sento un po' più tranquillo.
   ◆ Prenderai un calmante?
   ● No, no, innanzi tutto cercherò di rilassarmi con un po' di musica e leggerò qualcosa di divertente.
   ◆ Buona idea. E non bere caffè, mi raccomando!
   ● Ah no no! Né caffè, né altre bevande eccitanti! Poi mi hanno consigliato di scegliere un posto nelle file centrali.
   ◆ Ah sì? E perché?
   ● Perché si sentono meno rumori, così non mi preoccupo! E poi per qualsiasi problema posso chiedere al personale di bordo.
   ◆ Ma certo! Loro sono preparati e abituati a tranquillizzare le persone.
3. ◆ Stefania, ti vedo tranquilla... ma oggi non vai dal dentista? Hai preso un tranquillante?
   ● No, nessun tranquillante! Guarda, la mia vicina mi ha consigliato un dentista molto bravo, è molto paziente... è abituato a lavorare con i bambini!
   ◆ Ah beh, allora sì che è paziente!
   ● E poi mi accompagna un'amica che mi tranquillizza molto. E ho anche deciso di dire al dentista qual è il mio problema.
   ◆ Ben fatto! Vedrai che ti aiuterà a far passare la paura.

UNITÀ 7 IL LAVORO CHE FA PER ME

Primo contatto – traccia 40

1. Io quello che voglio fare è l'attrice! Ma non di cinema, che non mi interessa molto, io voglio fare l'attrice di teatro! Studio da tantissimo tempo, ho cominciato quando avevo 9 anni... Purtroppo non è facile, infatti sto studiando anche per diventare educatrice infantile, così se non riesco ad avere successo nel mondo dello spettacolo, almeno posso insegnare ai bambini a recitare!
2. Da piccolo volevo fare il veterinario perché adoro gli animali. Poi volevo fare l'avvocato come mio padre. Infine, alle superiori, ho incontrato un professore che mi ha spinto a coltivare la mia vera passione, quella per la musica. Faccio il cantante lirico e sono fortunatissimo perché posso fare un lavoro che amo, e di questi tempi non è poco.
3. Mi ha sempre attirato il lavoro del medico. Assistere chi ha bisogno di aiuto, contribuire al benessere delle persone ed essere utile agli altri, mi sembra un bel modo di impegnare il proprio tempo. Ma mentre studiavo ho capito la mia vera vocazione: fare l'infermiere... e sono contentissimo della scelta!
4. Io sono maestra e mi è sempre piaciuto molto il mio lavoro, però adesso ho bisogno di cambiare, vorrei viaggiare e conoscere persone nuove. L'insegnamento è la mia passione e quindi mi sono iscritta a un master per diventare insegnante d'italiano per stranieri. Quando avrò finito, farò il tirocinio all'estero, e poi si vedrà...

Testi e contesti 1B – traccia 41

1. Ho lavorato per 15 anni al Comune della mia città e ho sempre avuto la passione per la pittura e per la decorazione in generale. Quando è nata mia figlia, ho decorato io la sua cameretta ed è stato un successone: è piaciuto a tutti! Mio marito mi ha spinta a fare dei corsi professionali e da 5 anni lavoro in proprio, decorando case, negozi, ristoranti... non ho più la stabilità economica del lavoro al Comune, ma sono molto più felice!
2. Facevo la guida turistica in un museo. Poi, per colpa della crisi, ho perso il lavoro, ma non mi sono perso d'animo. Ho pensato a quello che sapevo fare e a quello che mi piaceva: la cultura, le lingue e il contatto con la gente. Allora, insieme a degli ex colleghi ho messo su un B&B un po' speciale: si tratta di un B&B culturale! Oltre ad offrire alloggio, offriamo attività culturali in giro per la città: visite, itinerari tematici...
3. Eh sì, sono proprio fortunata: faccio un lavoro che adoro! Sono artigiana, faccio mobili su misura. L'attività era di mio nonno e io sono cresciuta nel suo laboratorio, ho imparato tutto da lui. Ma mi sono anche modernizzata: ho fatto dei corsi di restauro e ho ampliato i contatti grazie a Internet: ho un sito tutto mio e una pagina su Facebook su cui mi arrivano tantissimi ordini.

Alla scoperta della lingua 3C – traccia 42

1. ● Sai che Alberto vuole diventare corazziere?
   ◆ Ma dai!!! Ma per fare il corazziere bisogna essere altissimi! Alberto è alto, ma secondo me non abbastanza...
   ● Lo so e gliel'ho detto. Ma lui insiste.
   ◆ E poi bisogna essere belli forti, i corazzieri stanno anche ore e ore in piedi...
   ● Sì, ed anche è imprescindibile saper andare a cavallo...
   ◆ Beh, lui da piccolo faceva equitazione, magari con qualche lezione recupera un buon livello.
   ● Sai, invece, chi sarebbe un bravo corazziere? Il fratello di Camilla.
   ◆ È vero! Lui sì che ha l'aspetto da corazziere, sarà alto due metri!
   ● Sì ma poi guida benissimo la moto, fa motocross da quando aveva 12 anni!
2. ● Pierpaolo, ho deciso di cambiare lavoro!
   ◆ Ah, sì? E cosa vorresti fare?
   ● Il gondoliere!
   ◆ Il gondoliere!?! Ma scherzi?? Ma non è un lavoro per soli uomini?
   ● No, no! È aperto a tutti!
   ◆ E come funziona? Come si diventa gondoliere?
   ● Si fa un concorso...
   ◆ Un concorso?! E poi, che altro si deve fare?
   ● Bisogna avere il diploma di maturità, meglio se in ambito turistico...
   ◆ Ah, e tu ce l'hai, no?
   ● Eh sì! E poi si devono conoscere le lingue, e io parlo l'inglese e il tedesco.
   ◆ E bisogna superare qualche prova fisica?
   ● Non è necessario essere fortissimi, l'importante è saper navigare bene. E poi sai che a me piace parlare e raccontare storie e curiosità su Venezia...
   ◆ Eh sì, saresti proprio un bravo gondoliere!

Qualcosa in più B – traccia 43

1. Ciao, mi chiamo Chiara e ho 24 anni. È da dieci anni che studio danza, classica, moderna, contemporanea... e adesso vorrei cominciare a studiare coreografia. Mi piace anche cantare, canto in un gruppo gospel, però non ho mai studiato seriamente.
2. Mi chiamo Tommaso e ho 21 anni. Adoro lo sport. Infatti studio Scienze motorie e gioco molto bene a calcio e a tennis. Sono

abituato a lavorare con i bambini, insegno a nuotare a bambini tra i 4 e i 5 anni.
3. Salve! Sono Emiliano. Mi piacciono molto le lingue, parlo il tedesco perfettamente perché mio padre è tedesco e poi ho imparato molto bene l'inglese e lo spagnolo. Sono un ragazzo molto dinamico e mi piace il contatto con la gente, sono anche molto paziente.
4. Buongiorno, mi chiamo Nicoletta. Sono una ragazza molto allegra e socievole e mi piace stare in mezzo alla gente. Quando andavo al liceo ho studiato recitazione e ho anche organizzato degli spettacoli per la scuola. Ho lavorato per due anni in una profumeria e adesso studio per diventare guida turistica.

Suoni e lettere A – traccia 44
innovativo / animatore / innamorato / annuncio / dinamico / iniziativa / maggiorenne

Suoni e lettere B – traccia 45
accademia / commesso / diploma / immediato / memoria / nominare / scommettere / tema

In azione B – traccia 46
1. • Allora dottoressa De Rossi, ho letto con attenzione il suo curriculum, ma vorrei farle comunque qualche domanda.
   ◆ Ma certo, prego.
   • Vorrei sapere un po' più specificamente quali sono le sue qualifiche. Dunque, Lei si è laureata in Giurisprudenza, ma non ha mai esercitato in questo ambito...
   ◆ Sì, esatto, io mi sono laureata in Giurisprudenza ma, mentre frequentavo l'università, ho fatto un corso di cucina e mi sono innamorata di questo mondo.
   • Da quanti anni fa la cuoca a livello professionale?
   ◆ Da tredici anni ormai. Prima però ho frequentato una scuola di cucina a Parigi e ho fatto un breve periodo di pratica da Chez Maxime.
   • Quindi lei parla molto bene il francese?
   ◆ Sì, il francese è una lingua che parlo con facilità e parlo anche l'inglese. L'ho studiato a scuola e ho fatto dei corsi in Inghilterra durante l'estate. Poi parlo anche un po' di spagnolo perché ho fatto volontariato per un anno in Chiapas, in Messico.
   • Benissimo. A lei piace il lavoro in équipe?
   ◆ Sinceramente preferisco lavorare da sola, il mestiere del cuoco è molto creativo e per creare devo lavorare tranquilla.
   • Un'ultima domanda, quanti anni ha?
   ◆ 42
   • Molto bene. Beh, Lei ha senza dubbio delle ottime referenze, Le faremo sapere qualcosa al più presto.
2. • Buongiorno signor Massimi, avrei qualche domanda da farle in riferimento al suo curriculum.
   ◆ Sì certo.
   • Allora, Lei ha 46 anni, e dice di aver fatto la scuola alberghiera e di aver lavorato per 10 anni in una mensa scolastica.
   ◆ Sì, in effetti, è così. Ho lavorato nella mensa di una scuola. È stato un lavoro molto interessante perché bisognava sempre lavorare in collaborazione con le maestre e i dirigenti scolastici... sa, i bambini hanno particolari esigenze.
   • Benissimo, quindi è abituato al lavoro in équipe.
   ◆ Sì, sì, e mi piace molto perché dagli altri s'impara sempre qualcosa di nuovo.
   • Ecco, vedo che Lei è specializzato nei piatti di pesce, ma immagino che non avrà problemi con i piatti di carne...
   ◆ No, no, nessun problema. Nella mensa della scuola si doveva proporre un menù molto vario.
   • Ah! Un'ultima cosa, può fornirci delle referenze, nel suo curriculum non ne parla...
   ◆ Proverò a chiedere, ma non posso assicurarglielo perché le persone con cui ho lavorato a scuola non lavorano più lì...
   • Capisco. Va bene, Le faremo sapere qualcosa al più presto. Grazie.

UNITÀ 8 FACCIAMO UN GIRO?

Testi e contesti 2B – traccia 47
• Senti, io vorrei andare al lido di Mondello...
◆ È lontano?
• No, è a 11 km da Palermo, dal centro con l'autobus ci vuole poco. È considerata la spiaggia dei palermitani.
◆ Non lo so... Perché non andiamo a visitare il Panificio Marello, visto che siamo da queste parti?
• Il Panificio Marello?
◆ Sì, ha una facciata in stile Liberty, dicono che sia bellissima.
• E dov'è?
◆ Qui vicino... guarda, se prendiamo questa strada ci arriviamo in cinque minuti.
• Va bene, d'accordo. Facciamo così: adesso visitiamo il Panificio Marello e verso sera andiamo al lido di Mondello e ci fermiamo a cenare. Che ne dici?
◆ Buona idea! Possiamo andare a cenare in un ristorante sul mare.
• Sì, ho voglia di assaggiare la pasta con le sarde!
◆ Beh, è uno dei piatti tipici! Ma comunque prima dobbiamo assolutamente andare al Teatro Massimo.
• No... A me non va tanto di andarci...
◆ E dai! È il più grande edificio teatrale lirico d'Italia e uno dei più grandi d'Europa!
• È da queste parti?
◆ Sì, sì, è vicinissimo, pochi minuti a piedi!
• E va bene... Allora, prima andiamo al panificio e al teatro, e poi però andiamo in spiaggia!

Alla scoperta della lingua 2C – traccia 48
Ciao Laura, sono Emma! Ho letto la tua e-mail. Bello il viaggio! Senti, noi veniamo però, visto che non siamo molto sportivi, seguiremo un programma diverso, ok? Sì, insomma, veniamo in moto! Da Portoferraio andremo direttamente a Marina di Campo, e da lì visiteremo con voi alcune spiagge e Marciana. E poi l'ultima notte dormiamo a Porto Azzurro. Ci vedremo lì, no?

Qualcosa in più B – traccia 49
• Senta, scusi. Per andare in via Cappello?
◆ A piedi?
• Perché? Ci vuole molto?
◆ Mah, ci vorranno 15/20 minuti... Allora, guardi, attraversa il ponte e poi va sempre dritto su via Garibaldi. Poi quando arriva a corso S. Anastasia, gira a destra e poi subito a sinistra. Lì c'è piazza delle Erbe, la attraversa e arriva a via Cappello.
• Mmmm... e in autobus?
◆ Sì, allora, attraversa il ponte e dopo il primo incrocio prende la seconda traversa a sinistra. Lì passa il 31.
• Ah va bene, grazie mille!

Suoni e lettere A – traccia 50
1. • Stasera non ho voglia di uscire....
   ◆ Ma sì, esci un pochino!
2. • Al cinema? Mmmm non so...
   ◆ No, dai, andiamo!
3. • Ti va di andare a bere qualcosa?
   ◆ Sì, sì, volentieri!

Suoni e lettere B – traccia 51
raro / terrazza / itinerario / turismo / arrivo / visitare / proporre / caro

Bravissimo! • Corso d'italiano

Libro dello studente • Livello A2

Autori
Marilisa Birello, Albert Vilagrasa; Valentina Nanetti (*Feste* e *Giro d'Italia*); Ludovica Colussi (*Credenze popolari* e *Giro d'Italia*)

Revisione pedagogica
Michel Morel, Evelina Bologna-Tollemer, Caroline Sarian

Coordinamento editoriale
Ludovica Colussi

Redazione
Ludovica Colussi, Barbara Ceruti

Correzione
Valentina Nanetti

Impaginazione e progetto grafico
Besada+Cukar

Illustrazioni
Martín Tognola

Documentazione
Valentina Nanetti

Registrazioni
Coordinamento: Ludovica Colussi
Studio di registrazione: Blind records

Locutori
Marilisa Birello, Barbara Ceruti, Ludovica Colussi, Vincenzo Golfi, Raffaele Magazzino, Pier Paolo Palloni.

Ringraziamenti
Vogliamo ringraziare tutte quelle persone che hanno contribuito alla realizzazione di questo manuale, in particolar modo Francesca Colussi, Oscar García, Luis Luján, Andrea Mecozzi, Arianna Ponzi e Alessandra Serra.

© **Fotografie e immagini: Copertina** niall62/Flickr.com, Stefano G/Fotolia.com, SMG Südtirol Marketing, Raffaella Midiri, ronnybas/Fotolia.com; **Unità 1** p. 10-11 hovistoninavolare/Flickr.com, Ludovica Colussi, Corolanty/Dreamstime.com, Wikipedia/Tiesse, Wikipedia/Gaspardo85; p. 12 Wikipedia/Francesco Gasparetti; RealPhotoItaly/Fotolia.com; p. 13 Albert Vilagrasa, Carmen Mora, Claudia Zoldan; p. 15 Origamiancy/flickr, Wikipedia/Gianfranco, Wikipedia/cloudzilla; p. 16 Wikipedia/Yasu; p.17 Vincenzo De Bernardo/Dreamstime.com; p. 22 Ludovica Colussi; p. 23 Wikipedia; **Unità 2** p. 24-25 Davide Campari; p. 26 Archivio Storico Fiat, Fondazione Vera Nocentini, Fondazione Istituto Piemontese Antonio Gramsci, Albert Vilagrasa, Berthold Werner/Wikipedia; p. 27 Ludovica Colussi, Wikipedia/Giac83, Wikipedia; p. 28 Ludovica Colussi, Indos82/Dreamstime.com; p. 29 Wikipedia/Joost J. Bakker, Wikipedia/Malcolm Tyrrell, Ludovica Colussi, Wikimedia/Stacie; p. 31 Turinboy/flickr, Wikimedia/Tiesse, Wikipedia/Flanker, Wikimedia/Mani1, Wikipedia/Christos Vittoratos, Wikipedia/gillyberlin, Wikipedia/Frederic Pasteleurs; p. 34 Ludovica Colussi, Wikipedia/Pavel Krok, Albert Vilagrasa, Barbara Ceruti; p. 35 Ludovica Colussi, p. 36 Panini; p. 37 Wikimedia/Archivio Federale Tedesco; **Unità 3** p. 42-43 Bio House; p. 44 Arianna Ponzi; p. 45 Bio House, Emporium, Kube-design, Oradesign; p. 46 Raffaella Midiri; p. 47 toprural/Flickr, Ludovica Colussi, jm3/Flickr; p. 48 Bio House, Photoiq/Dreamstime; p. 50 Silvia Ziche/Rizzoli Lizard; p. 54 TriennMi Pasquale Formisano/Wikipedia, Phrontis/Wikipedia, Wikipedia, Holger.Ellgaard/Wikipedia; p. 55 Pava/Wikipedia, Alessi; **Unità 4** p. 56-57 wikipedia, Christian Abend/Wikipedia, adimas/Fotolia.com, Adolfo Hohenstein/Wikipedia, Wikimedia/AimeDupont, Nicolas genin/Wikipedia; p. 58 Getty Images, Wikipedia; p. 59 Getty Images, Wikipedia, Wikipedia/ Olivier Strecker; p. 60 Getty Iamges; p. 61 JRibaX/Wikipedia, Wikipedia; p. 62 Wikipedia; p. 63 Raffaella Midiri; p. 66 zavgsg/Fotolia.com, olly/Fotolia.com, Wikipedia/elenatorre; p. 67 Mina/Wikipedia; p. 68Gino Severini/Album; p. 69 Wikipedia; **Unità 5** p. 74-75 Raffaella Midiri; p. 76 Valentina Nanetti, Andersastphoto/Dreamstime.com; p. 77 Scott Griessel/Fotolia.com; p. 78 Raffaella Midiri, Grungybit/Dreamstime.com; p. 79 Doblekarias/Dreamstime.com, Thinkstock; p. 80 Raffaella Midiri; p. 81 Raffaella Midiri, Monkey Business Images/Dreamstime.com, Ludovica Colussi, Alessandra Serra; p. 85 Maurice Sand/Wikipedia; p. 86 Giunti Editore; p. 87 Minerva Studio/Fotolia.com, Marin Conic/Dreamstime.com, Imageegami/Dreamstime.com; **Unità 6** p. 88-89 Terme di Merano; p. 90 Idreamphotos/Dreamstime.com; p. 91 Stefano Lunardi/Dreamstime.com, Alexander Raths/Fotolia.com; p. 92 Walter Saporiti/flickr.com, Mopic/Fotolia.com, Wikimedia, Wikimedia/NASA, Wikimedia/Eric Kilby; p. 94 Wikimedia/Pia Gaarslev, Karen Roach/Dreamstime.com, Wikimedia/John O'Neill, Wikimedia/Hectonichus; p. 95 Wikimedia/saiko; p. 100 Wikimedia, Wikipedia; p. 101 Rich B-S/flickr, patapaf/flickr; **Unità 7**: p. 106-107 Jamie Hooper_Dreamstime.com, Phil Augustavo/iStock, Judith Frederich/Dreamstime.com, diego cervo/Fotolia.com, viappy_Fotolia.com; p. 108 X Regio, puckillustrations/Fotolia.com; p. 111 wtamas/Fotolia.com, WavebreakmediaMicro/Fotolia.com; p. 112 Wikimedia/Jollyroger, PIL/Fotolia.com; p. 116 Johnny Greig/iStock.com, Michaeljayberlin/Dreamstime.com; p.117 anghifoto/Fotolia.com; p. 118 Wikimedia; p. 119 Verrocchio/Wikimedia, Lippi/Sailko/Wikimedia; **Unità 8** p. 120-121 Martín Tognola; p. 122 Alina Isakovich/Fotolia.com; p. 123 Wikipedia/kiban, giuliaisabella/Fotolia.com, Wikimedia/Sibeaster, Giuliachristin/Dreamstime.com; p. 125 Luciano Mortula/Dreamstime.com, Eltoro69/Dreamstime.com; p. 126 white/Fotolia.com; p. 127 Provincia di Verona, vali_111/Fotolia.com; p. 130 Frank/Fotolia.com, lesniewski/Fotolia.com; p. 132 Romeocharly/Dreamstime.com, Giuseppe Porzani/Fotolia.com, Adriano Castelli/Dreamstime.com; p. 133 Rossini Opera Festival, Notte della Taranta, rook76/Fotolia.com; **Prove ufficiali** p. 103 Kzenon/Fotolia.com, Subbotina Anna/Fotolia.com; p. 135 william87/Fotolia.com, Adam Gregor/Fotolia.co; **Credenze popolari** p. 139 Stanko07/Dreamstime.com, Stefano Neri/Fotolia.com, Giuseppe Porzani/Fotolia.com, Subbotina/Dreamstime.com, lapas77/Fotolia.com; **Feste** p. 140-141 p. Wikimedia/Lupo, Wikipedia/Gregu61, Hamish Taylor/Flickr.com; p. 142-143 Comune di Arezzo/Wikipedia, Wikipedia/Inviaggiocommons, Avilon/Fotolia.com; **Giro d'Italia** p. 144-145 Regione Lombardia, Topdeq/Dreamstime.com, Wikipedia/Grasso83, Wikimedia/StefanoStabile, Wikipedia/Nicolago, Wikipedia/navigazione, Wikipedia/Goldmund100, Wikipedia/Zavattari; p. 146-147 Regione Trentino-Alto Adige, SMG Südtirol Marketing, Wikipedia/FiatLUX, Wikipedia/SenzaSenso, Wikipedia/Matteo Ianeselli; p. 148-149 Regione Friuli-Venezia Giulia, elpucik/Fotolia.com, Rocco Di Biagio/Fotolia.com, Wikipedia/SenzaSenso, Wikipedia, cronopio/Fotolia.com, Gruenemann/flickr; p. 150-151 Regione Liguria, Domenico Farone/Dreamstime.com, Freesurf/Fotolia.com, Wikipedia, maudanros/Fotolia.com, wjarek/Fotolia.com, Lsantilli/Dreamstime.com, Barbara Pheby/Fotolia.com; p. 152-153 Regione Umbria, Stefano G/Fotolia.com, Adbar/Wikimedia, Rick Henzel/Fotolia.com, Wikipedia/Giotto, Claudio Colombo/Fotolia.com, Flafab/Dreamstime.com, Perugina; p. 154-155 Regione Abruzzo, Nicola Loparco/Dreamstime.com, Buffy1982/Dreamstime.com, Wikipedia/Idefix, Wikipedia/Etrusko25, Wikipedia/RaBoe, Wikipedia/Ra Boe, Wikipedia; p. 156-157 Regione Campania, Wikipedia/Mentnafunangann, Rick Henzel/Fotolia.com, ronnybas/Fotolia.com, tenedos/Fotolia.com, Enrico Della Pietra/Dreamstime.com, Wikipedia/DanieleFlorio, Antonio Gravante/Fotolia.com, MarcoBagnoliElflaco/Fotolia.com; p. 158-159: Regione Basilicata, Mi.Ti./Fotolia.com, Fabio Lemma/Fotolia.com, Wikipedia/Christoph Irrgang, Wikipedia/Marie-Lan Nguyen, Wikipedia/W. Moens, Wikipedia, Mi.Ti./Fotolia.com; p. 160-161 Regione Calabria, Emberiza/Dreamstime.com, Wikipedia/Beppeveltri, Album, Wikipedia/Jastrow, Emberiza/Dreamstime.com, Saporob/Dreamstime.com; p. 162-163 Regione Sardegna, maurosanna/Fotolia.com, Alessio Orrù/Fotolia.com, asibiri/flickr, Udo Kruse/Fotolia.com, Wikipedia, Massimo Putzu/Fotolia.com, Marco Gabbin/Fotolia.com, Alessio Orrù/Fotolia.com.

ISBN: 978-84-15620-65-5

Deposito legale : B-13850-2013
Stampato in UE
1ª ristampa: marzo 2015